政大人文系列叢書

沈昌煥先生

年譜簡編

王文隆 編

《沈昌煥先生年譜簡編》編纂出版感言

　　5年前，2018年7月1日，「老成謀國—紀念沈昌煥先生逝世20周年研討會」假中國文化大學城區部大新館舉辦，活動結束後的晚宴上，劉維開教授對我說「令尊檔案資料甚多，可做年譜長編。」當時，我沒放在心上，直至蔣經國先生日記於美國史丹福大學胡佛研究所公開時，因為經國先生與家父關係密切，給我了觸動。我立即約了劉維開教授於忠孝東路四段西雅圖咖啡館商議，請他專程前往胡佛研究所選摘蔣經國日記中有關先父相關紀載，然因COVID-19疫情突發未能成行。

　　先父受先總統蔣公及蔣經國先生賞識信任，幸得機會為國服務，更在國家內外動盪飄搖之際，竭盡一己之力為維護國家安全與尊嚴付出。蔣經國先生日記的公開，使我憶起劉維開教授之建議，興起將與先父所思所為之相關檔案、報導、函牘、談話等資料蒐整編纂的念頭，據此呈現先父思維變化、處事態度、人際網絡和戮力從公的生平紀事，除便於學者研究外，亦得予後人明瞭1950至1980年代中華民國於國際上遭受何等嚴峻的危機與挑戰。

　　2020年4月邀請時任政治大學人文中心主任的劉維開教授主持「沈昌煥先生年譜編纂計畫」，議定3位學者共同編纂。年譜編纂時，關於「蔣經國日記」中有關先父相關紀載之蒐整，亦請專人完成摘錄，進而豐實年譜編纂內容。年譜初稿初成時，未盡完善，改由王文隆副教授專責增補編纂內容，並經審定補正，終成年譜定稿。

　　2023年4月25日「沈昌煥先生年譜編纂計畫第四次編輯會議」，

會中與劉維開教授、廖敏淑主任及王文隆副教授商定，先行出版年
譜簡編，並於2023年10月舉辦《沈昌煥先生年譜簡編》新書發表暨
特展以紀念先父110年冥誕。

　　《沈昌煥先生年譜簡編》之出版，得力於劉維開教授縝密的主
持規劃，王文隆副教授詳實的年譜文稿編纂，及人文中心廖敏淑主
任、李素瓊助教、陳詩翰助理、石翊君助理、黃瑜平助理等有條不
紊的事務執行，於此申致由衷謝意。

凡例

一、本譜採綱目體，簡編錄自長編，留綱略目，以中華民國紀年搭配西元紀年為序，全用陽曆，依照陽曆算法，出生時為零歲，滿一年為一歲，按月日排列，以譜主之生平事蹟為軸，如所記條目，時間不確，只知某年，則置放於該年年末；只知某月，則置放於該月月末。一日有兩事以上者，第二事起省略日期。

二、簡編中凡能呈現譜主思維變化、處事態度、人際網絡和戮力從公的內容，盡可能收錄其中，仍留註釋，以備信考。

三、譜中稱譜主為先生，其他人物皆以本名，不採字號，除非以字號行者。與譜主關係緊密之家人，在其姓名之前添加與譜主關係之稱謂。外國人名第一次出現時，出身英語系國家者加註英文名；出身非英語系國家者，中韓日越等漢字文化圈者以漢字名，非漢字文化圈者採英文譯轉，第二次以後出現時，不再加註。

四、由於兩岸政治分隔，用詞受政治型態影響。簡編內文雖能與時俱進，然為尊重史實，所引資料仍維持原貌不變。

目錄

民國2年（1913） 1歲

10月16日 出生。[1]

---

1 俞佩珊口述，謝文孫筆錄並考釋，〈追憶撥哥〉，收於：石之瑜編著，《寧靜致遠美麗人生：沈昌煥先生紀念文集》（臺北：沈大川自印，2001年），頁449-450；凌其翰，〈沈昌煥其人〉，收於：中國文史出版社編，《文史資料存稿選編：軍政人物（上）》（北京：中國文史出版社，2002年），頁477。

民國16年（1927） 14歲

5月18日 就讀大同大學中學部，反對學生會遭少數人把持。[1]

---

1 〈大同大學學生啟事〉，《申報》，上海，1927 年 5 月 18 日，第 2 版。

民國19年（1930） 17歲

2月14日 錄取光華大學一年級特別生。[1]

7月28日 錄取光華大學一年級生。[2]

---

1 〈光華大學暨附中錄取新生揭曉〉，《申報》，上海，1930 年 2 月 14 日，第 5 版。
2 〈光華大學暨附中錄取新生揭曉〉，《申報》，上海，1930 年 7 月 28 日，第 5 版。

民國20年（1931） 18歲

5月　　　率同學參加遊行，抗議《淞滬停戰協定》。[1]

1　周聯華，〈他叫沈昌煥〉，收於：石之瑜編著，《寧靜致遠美麗人生：沈昌煥先生紀念文集》，頁182。

民國21年（1932）　19歲

秋　　　　　就讀光華平民夜校。[1]
12月 9 日　　參加光華大學校內國語演說比賽受矚目。[2]

1　薛熾濤，〈附別社會人士與母校師長及同學書〉，《光華大學半月刊》，第 3 卷第 4 期（1934 年 11 月），頁 95；沈昌煥，〈兩年來旅行各地的感想〉，《光華大學同學會會刊》，第 18、19 期（1936 年 6 月），頁 5。
2　〈校聞：國語演說競賽〉，《光華大學半月刊》，第 1 卷第 5 期（1932 年 12 月），頁 20-21；〈張校長注重實學：紀念周報告　由沈昌煥說到教育部〉，《光華大學半月刊》，第 1 卷第 5 期（1932 年 12 月），頁 21。

民國22年（1933） 20歲

1月　　　　偕友遊覽揚州。[1]

5月2日　　長姊湘波結婚。[2]

6月6-7日　代表光華大學參加華東各大學中英文演說競賽。[3]
　　　　　　擔任《光華年刊》編輯。總編輯為屠啟東，編輯4人，
　　　　　　分別為穆時英、許聞淵、黃公達與沈昌煥。[4]

1　〈廣陵二日〉，《光華年刊》，第8期（1933年），頁30-32。

2　〈婚禮〉，《申報》，上海，1933年5月4日，第3版。湘波習醫，為中醫師，任職於
　　四明醫院。詳見：〈市衛生局第三屆中醫登記審查揭曉〉，《申報》，上海，1929年9
　　月23日，第14版；〈八仙橋攤販慰傷兵〉，《申報》，上海，1932年3月9日，第1版。

3　〈華東各大學　中文演說競賽〉，《申報》，上海，1933年6月7日，第5版；〈華東
　　英文演說賽交大又獲總錦標　個人第一光華沈昌煥中英文兼長〉，《申報》，上海，1933
　　年6月8日，第16版；〈華東各大學國語英語演說賽在本校舉行之盛況〉，《暨南校刊》，
　　第67期（1933年），頁27-28。

4　〈編輯：沈昌煥〉，《光華年刊》，第8期（1933年），頁1。

民國23年（1934）　21歲

夏	光華大學政治系畢業。[1]
8 月	前往華北、東北遊覽。
9 月	進入燕京大學研究院。[2]

1　〈校友簡訊：沈昌煥大學部一九三四級校友〉，《光華大學廿二周年紀念特刊》（上海：光華大學，1947 年），頁 17。

2　沈昌煥，〈兩年來旅行各地的感想〉，《光華大學同學會會刊》，第 18、19 期（1936 年 6 月），頁 5-6。

民國24年（1935） 22歲

1月 發表〈日本帝國主義真實的危機〉。[1]

3月28日 參訪西北10日。[2]

3月 參加燕京大學文理法三學院辯論大會。[3]

---

1 沈昌煥，〈日本帝國主義真實的危機〉，《華年》，第4卷第1期（1935年1月），頁4-6。

2 沈昌煥，〈從北平到歸綏：西北紀遊之一〉，《華年》，第4卷第18期（1935年5月），頁12-13；沈昌煥，〈歸綏一瞥：西北紀遊之二〉，《華年》，第4卷第19期（1935年5月），頁12-14；沈昌煥，〈兩年來旅行各地的感想〉，《光華大學同學會會刊》，第18、19期（1936年6月），頁6-7；沈昌煥，〈從歸綏到百靈廟（遊記）〉，《華年》，第4卷第35期（1935年9月），頁12-13。

3 沈昌煥，〈評論：從辯論大會回來〉，《燕大旬刊》，第8期（1935年3月），頁1-3。

民國25年（1936） 23歲

春　　　　燕京大學研究院肄業，於光華大學附中任教。[1]

8月3日　出席上海寰球中國學生會會所留學談話會。[2]

秋　　　　離開上海，負笈美國。[3]

1　沈昌煥，〈兩年來旅行各地的感想〉，《光華大學同學會會刊》，第 18、19 期（1936 年6 月），頁 5；周聯華，〈他叫沈昌煥〉，收於：石之瑜編著，《寧靜致遠美麗人生：沈昌煥先生紀念文集》，頁 182。

2　〈本屆出洋學生　昨舉行留學談話會　朱少屏指導沿途應注意事項　組學生團推各船負責召集人〉，《大公報》，上海，1936 年 8 月 4 日，第 15 版。

3　〈七八月間行將放洋之留學生　留美最多德英法次之　所習科目工程占多數〉，《申報》，上海，1936 年 6 月 20 日，第 16 版；〈行將放洋之留學生　留學國別美國最多　所習科目工程最多〉，《大公報》，上海，1936 年 6 月 20 日，第 7 版；〈最近一年之出洋學生寰球學生會調查　（十九）留美自費生（續）〉，《大公報》，上海，1936 年 8 月 6 日，第 7 版。《申報》與《大公報》皆稱沈昌煥到哥倫比亞大學修習國際政治，為自費生，然自光華大學畢業赴美之兩名同期同學夏建國、鄺阜民，皆入密西根大學；沈昌瑞，〈煥公留美　點滴心頭〉，收於：石之瑜編著，《寧靜致遠美麗人生：沈昌煥先生紀念文集》，頁 444-446。

民國26年（1937）　24歲

1月2日　　父親沈雨峰過世。[1]

夏　　　　取得碩士學位返國，任教於廣州中山大學。[2]

7月　　　　受聘任教於廣州中山大學政治系，並兼校長鄒魯之秘
　　　　　　書。[3]

1　〈退保並遺失圖章聲明〉，《申報》，上海，1937年1月7日，第2版。

2　Chang-huan Shen, "International law and Sino-Japanese Shanghai hostilities," (M.A. thesis,
　University of Michigan, 1937). 沈昌瑞，〈煥公留美　點滴心頭〉，收於：石之瑜編著，《寧
　靜致遠美麗人生：沈昌煥先生紀念文集》，頁446。

3　俞佩珊口述，謝文孫筆錄並考釋，〈追憶撥哥〉，收於：石之瑜編著，《寧靜致遠美麗人
　生：沈昌煥先生紀念文集》，頁459。鄒魯為黎民偉摯友，亦為黎佩蘭義父。詳見：黎錫，
　〈懷念昌煥世兄〉，收於：石之瑜編著，《寧靜致遠美麗人生：沈昌煥先生紀念文集》，
　頁473。由於黎佩蘭為鄒魯義女的緣故，沈昌煥於婚後亦稱鄒魯為寄爹（義父），詳見：〈沈
　昌煥致趙淑嘉其他之二之寄爹政躬康健〉（1943年9月12日），收於：程煥文、張靖編，
　《鄒魯未刊稿（上冊）》（桂林：廣西師範大學出版社，2008年），頁291。

民國27年（1938） 25歲

夏　　　奉鄒魯命前往漢口，請外交部協助中山大學假道法屬
　　　　印度支那西遷西南。[1]

10月　　中山大學西遷雲南澂江。[2]
　　　　轉入中央政治學校任教，遷居重慶。

1　凌其翰於 1938 年 8 月 1 日陪同外長王寵惠自武漢搭機撤往重慶，且外交部駐漢口辦事處
　主任調派日內瓦國聯在該年秋天，而沈昌煥 6 月底人還在上海，中山大學在廣州的校園於
　6 月 5 日遭轟炸，故沈昌煥持函往訪的時間可能在 7 月。詳見：凌其翰，〈沈昌煥其人〉，
　收於：中國文史出版社編，《文史資料存稿選編：軍政人物（上）》，頁 477；凌其翰，《我
　的外交官生涯——凌其翰回憶錄》（北京：中國文史出版社，1993 年），頁 34；聞黎明，
　《抗戰風雲中的國立西南聯合大學》（臺北：秀威資訊科技，2010 年），頁 75。
2　鄒魯，《回顧錄（第二冊）》（南京：獨立出版社，1947 年），頁 416。

民國28年（1939） 26歲

3月15日 與黎佩蘭女士結婚。[1]

7月6日 潘光迥兼代交通部公路運輸總局局長。[2]

參加渝社。[3]在《新政治》中，發表〈世界大戰在最近會不會爆發〉與〈書評：特別的不宣之戰〉兩文。[4]

---

1 沈大川，〈紀念父親沈昌煥百歲誕辰〉，收於：周琇環、蔡盛琦、陳世局編註，《沈昌煥日記：戰後第一年1946》（臺北：國史館，2013年），頁VIII；〈沈周鳳翼黎民偉為長男昌煥長女佩蘭結婚啓事〉，《申報》，上海，1939年3月13日，第5版。

2 兼代開始時間不詳，然陳體誠離任之後，直到1943年才有新的局長任命令。

3 渝社由周子亞等中央政治學校教授發起，為學術性社團，成員包括沈昌煥、黃堯、陳紀瀅等人，並未大量吸收成員，多為清談。參見：陳永忠，〈儲安平簡譜〉，收於：陳永忠，《儲安平生平與思想研究：國共不容的知識份子》（臺北：秀威資訊科技，2009年），頁361-362。

4 沈昌煥，〈世界大戰在最近會不會爆發〉，《新政治》，第2卷第4期（1939年），頁18-22；沈昌煥，〈書評：特別的不宣之戰〉，《新政治》，第2卷第6期（1939年），頁128-131。

民國29年（1940）　27歲

10月　　　　轉任交通部公路運輸總局秘書。[1]

1　〈沈昌煥簡歷〉，收於：石之瑜編著，《寧靜致遠美麗人生：沈昌煥先生紀念文集》，頁574。

民國30年（1941） 28歲

4月9日 代表交通部出席行政院審查設置國境警察會議。[1]

7月23日 妻黎佩蘭自重慶飛香港，居其父黎民偉處養胎。[2]

10月30日 長子沈瀚（沈大川）於香港出生。

12月7日 日本發動太平洋戰爭，香港陷於戰火。25日，香港英軍投降，香港淪陷。

12月 轉入外交部擔任專員。[3]

1　〈滇緬運輸—邊界檢查〉，《外交部》，國史館藏，數位典藏號：020-011110-0020。

2　黎錫編，《黎民偉日記》（香港：香港電影資料館，2003年），頁27。

3　凌其翰，〈沈昌煥其人〉，收於：中國文史出版社編，《文史資料存稿選編：軍政人物（上）》，頁477；凌其翰，《我的外交官生涯——凌其翰回憶錄》，頁44。

民國31年（1942）　29歲

3月16日　妻黎佩蘭離開香港。[1]

5月8日　岳父黎民偉率家族離開香港赴湛江。[2]

5月27日　代表外交部前往機場接印度訪華團沙福萊爵士（Muhammad Zafarullah Khan）一行。[3]

10月3日　負責接待美國總統羅斯福代表威爾基（Wendell Lewis Willkie）。[4]

11月　接待英國議會訪華團。[5]

12月20日　進入中央訓練團受訓。[6]

1　黎錫編，《黎民偉日記》，頁28。

2　黎錫編，《黎民偉日記》，頁28。

3　〈印度駐華總代表　沙福萊抵渝　發表談話同情我國抗戰〉，《大公報》，重慶，1942年5月28日，第2版。

4　〈威爾基參觀中訓團　對全體學員演說　迅速以大量武器援華〉，《大公報》，重慶，1942年10月4日，第2版。

5　〈英重視恢復滇緬路　反攻緬甸勢所必行　太平洋反攻愈速愈妙　英訪問團對西安新聞界談話〉，《大公報》，重慶，1942年12月2日，第2版；〈英議會訪問團　參觀河防前線　盛譽士兵作戰英勇　對我軍信念愈堅強〉，《大公報》，桂林，1942年12月2日，第3版。

6　中央訓練團編，《黨政訓練班第四年訓練實紀》（重慶：中央訓練團，1942年），頁19；《中央訓練團黨政訓練班第二十三期教職學員通訊錄》，頁42，收於〈中央訓練團黨政訓練班第十四至二十三期及社會工作人員訓練班第二期學員名冊〉，《總統府》，國史館藏，數位典藏號：011-090100-0025。

民國32年（1943） 30歲

1月24日　中央訓練團第23期結訓。

3月11日　受任為中國遠征軍少將參議。[1]

4月19日　黎民偉離開湛江。[2]

8月26日　隨同中國遠征軍長官陳誠接見美國國會議員訪華團。[3]

11月 1 日　黎民偉率全家前往桂林。[4]

11月20日　於昆明迎接國民參政會訪英團。[5]

12月 6 日　赴桂林，一家團聚。[6]

1　〈各機關人員任免〉，《國民政府》，國史館藏，數位典藏號：001-032000-00003-003；
　　凌其翰，〈沈昌煥其人〉，收於：中國文史出版社編，《文史資料存稿選編：軍政人物
　　（上）》，頁478。

2　黎錫編，《黎民偉日記》，頁29。

3　〈盟軍聯合作戰（三）〉，《蔣中正總統文物》，國史館藏，數位典藏號：002-080103-
　　00058-009。

4　黎錫編，《黎民偉日記》，頁29。

5　〈國民參政會主席團主席王世杰等訪問英國〉，《外交部》，國史館藏，數位典藏號：
　　020-100700-0042。

6　黎錫編，《黎民偉日記》，頁29。

民國33年（1944） 31歲

1月2日 於重慶向陳誠匯報遠征軍情況。[1]

1月 歸建外交部。[2]調任駐印度專員公署二等秘書，歸駐印度專員沈士華調度。[3]

---

1 〈陳誠副總統日記暨石叟日記（一）〉，《陳誠副總統文物》，國史館藏，數位典藏號：008-010204-00004-015。

2 〈沈昌煥簡歷〉，收於：石之瑜編著，《寧靜致遠美麗人生：沈昌煥先生紀念文集》，頁574。然這個時間可能有問題，一方面在陳誠的日記直到2月結束，都沒有提到沈昌煥離職，一方面1944年1月沈昌煥寫給吳國楨的信，信中稱到差逾半年，雖說發布任命與到職間可能有時間差，但差上半年的機會不大。參見：〈外交部政務次長吳國楨函稿（七）〉，《外交部》，國史館藏，數位典藏號：020-161601-0046。

3 駐印度專員公署沈士華向外交部請調一名刊物編輯，外交部政務次長吳國楨乃調沈昌煥充任。詳見：〈外交部政務次長吳國楨函稿（七）〉，《外交部》，國史館藏，數位典藏號：020-161601-0046。

民國34年（1945） 32歲

1月 舉報駐印度專員沈士華。[1]

8月 調往國民政府主席辦公室工作。[2]

8月18日 隨同駐印度專員沈士華同機於下午飛返重慶。

---

1 〈外交部政務次長吳國楨函稿（七）〉，《外交部》，國史館藏，數位典藏號：020-161601-0046。

2 〈沈昌煥簡歷〉，收於：石之瑜編著，《寧靜致遠美麗人生：沈昌煥先生紀念文集》，頁575。沈昌煥奉調回國，可能與蔣中正想起沈昌煥曾幫忙翻譯有關，因此向外交部政務次長吳國楨打探。詳見：凌其翰，〈沈昌煥其人〉，收於：中國文史出版社編，《文史資料存稿選編：軍政人物（上）》，頁478。然凌其翰的回憶稱，沈昌煥是接替調任陸軍總司令部政治部主任的李惟果遺缺。查李惟果就任是1945年年初，看來可能不是為了接替李惟果而被召回，而李惟果於1945年9月就任黨政接收計畫委員會秘書長。

民國35年（1946） 33歲

1月21日 陪同蘇聯駐華大使彼得羅夫（Apollon Aleksandrovich Petrov）晉見國府主席蔣中正。[1]

2月12日 隨同蔣中正於上海接見魏德邁將軍（Albert Coady Wedemeyer），次日隨同視察美國第七艦隊。[2]

2月24日 隨蔣中正自京飛滬，次日轉往重慶。[3]

2月26日 商調中國國民黨中央執行委員會秘書處。3月4日，國民政府文官處覆函同意。[4]

2月27日 呈蔣中正關於魏德邁建議開發中國交通等事業安置編餘官兵備忘錄之處理辦法。[5]

2月28日 參與第6次軍事三人小組會議翻譯工作。[6]

4月25日 妻兒乘車至加爾各答換船返國。[7]

5月16-22日 與妻兒團聚於南京。[8]

1　周琇環、蔡盛琦、陳世局編註，《沈昌煥日記：戰後第一年1946》，頁18。

2　〈主席今日舉行招待會　撫慰澗別八載父老　昨與魏德邁商談甚久〉，《申報》，上海，1946年2月13日，第1版；〈銅圖說明：（上）　蔣主席夫婦昨應柯克上將邀請，參觀美第七艦隊旗艦，並與柯克海軍上將（左）魏德邁二級上將（右）合影〉，《申報》，上海，1946年2月14日，第1版。

3　〈離京前與魏德邁長談　蔣主席昨過滬抵杭　勾留三數日即行返渝〉，《申報》，上海，1946年2月21日，第1版；〈主席夫婦返抵陪都　張道藩留滬處理未了事宜〉，《申報》，上海，1946年2月25日，第1版。

4　〈國民政府各部會借調人員（二）〉，《國民政府》，國史館藏，數位典藏號：001-032012-00002-000；〈國民政府各部會借調人員（二）〉，《國民政府》，國史館藏，數位典藏號：001-032012-00002-043。

5　〈革命文獻—政治：政經重要設施（一）〉，《蔣中正總統文物》，國史館藏，數位典藏號：002-020400-00036-020。

6　周琇環、蔡盛琦、陳世局編註，《沈昌煥日記：戰後第一年1946》，頁43。

7　周琇環、蔡盛琦、陳世局編註，《沈昌煥日記：戰後第一年1946》，頁104。

8　周琇環、蔡盛琦、陳世局編註，《沈昌煥日記：戰後第一年1946》，頁127-128。

5月25日　隨同蔣中正視察瀋陽，30日飛北平。[9]

7月14日　隨同蔣中正與美國特使馬歇爾（George Catlett Marshall, Jr.）自南京飛九江，登牯嶺。[10]

7月19日　隨同蔣中正出席美國駐華大使司徒雷登（John Leighton Stuart）呈遞到任國書儀式。[11]

8月6日　奉派送司徒雷登大使至九江搭機返南京。[12]

8月8日　奉命與醫官熊丸一同訪視蘇聯駐華大使彼得羅夫，探望其夫人病況。[13]

8月9日　陪同蘇聯駐華大使彼得羅夫謁見蔣中正。[14]

8月14日　國民政府主席蔣中正發表抗戰勝利一周年文告。[15]

8月16日　下午與蔣經國陪蘇聯駐華大使彼得羅夫遊覽仙人洞。[16]

8月17日　拜訪加拿大駐華公使歐德倫（Victor Wentworth Odlum）討論中加關係。[17]

9月19日　轉任署國民政府秘書，仍供職於軍事委員會委員長侍從室。[18]

9月28日　奉蔣中正命往訪美國駐華大使司徒雷登，討論停戰

9　周琇環、蔡盛琦、陳世局編註，《沈昌煥日記：戰後第一年1946》，頁129。

10　周琇環、蔡盛琦、陳世局編註，《沈昌煥日記：戰後第一年1946》，頁154。

11　周琇環、蔡盛琦、陳世局編註，《沈昌煥日記：戰後第一年1946》，頁169-171。

12　〈欲賡續和平談判須實施整軍方案主席明白表示政府態度　司徒大使返京當晚晤周恩來〉，《申報》，上海，1946年8月7日，第1版。

13　〈英大使抵京〉，《申報》，上海，1946年8月9日，第1版。

14　〈主席接見李濟琛等　周至柔昨抵牯兩度晉謁〉，《申報》，上海，1946年8月10日，第2版。

15　周琇環、蔡盛琦、陳世局編註，《沈昌煥日記：戰後第一年1946》，頁197。

16　《蔣經國日記》，1946年8月16日，史丹福大學胡佛研究所藏。

17　周琇環、蔡盛琦、陳世局編註，《沈昌煥日記：戰後第一年1946》，頁200-201。

18　〈國府令命〉（1946年9月20日），《國民政府公報》，第2629期，頁1；〈沈昌煥受任國府秘書〉，《民報》，臺北，1946年9月20日，第3版；〈文官處組織法令案（三）〉，《國民政府》，國史館藏，數位典藏號：001-012071-00010-002。

事。司徒雷登表達不修改原文的重要性。[19]

10月 8日　隨同蔣中正出席秘魯駐華大使李克遜（Carlos Nicholson Jefferson）、丹麥駐華大使穆克（Alex Mørch）呈遞到任國書儀式。[20]

10月12日　陪同英國下議院領袖克利浦斯夫人（Isobel Cripps）晉謁蔣中正。[21]

10月21日　隨同國民政府主席蔣中正伉儷搭機赴臺。[22]

10月27日　隨同國民政府主席蔣中正伉儷離臺返滬。[23]

10月31日　隨同蔣中正避壽，前往無錫。[24]

11月 7日　譯呈蔣中正關於中宣部顧問皮爾對於綏靖區內土地改革建議，並簽註意見，以為宜採更為澈底而有效之改革。[25]

11月10日　奉命向司徒雷登表達政府決不延後國民大會代表選舉的決定。[26]

11月15日　國民大會開幕。

19　司徒雷登，陳禮頌譯、傅涇波校訂，《司徒雷登日記：美國調停國共爭持期間前後》（合肥：黃山書社，2009年），頁16。

20　〈領袖照片資料輯集（五）〉，《蔣中正總統文物》，國史館藏，數位典藏號：002-050101-00007-224；〈領袖照片資料輯集（五）〉，《蔣中正總統文物》，國史館藏，數位典藏號：002-050101-00007-226。

21　〈領袖照片資料輯集（五）〉，《蔣中正總統文物》，國史館藏，數位典藏號：002-050101-00007-255。

22　〈主席夫婦飛抵臺灣　宣慰臺胞主持光復紀念　離京前特接見各方代表〉，《申報》，上海，1946年10月22日，第1版；周琇環、蔡盛琦、陳世局編註，《沈昌煥日記：戰後第一年1946》，頁261。

23　〈主席離滬返抵首都　當即召見政府政協代表　垂詢最近和平商談情形〉，《申報》，上海，1946年10月29日，第1版。

24　〈主席赴錫郊外度壽　小遊太湖　夕返京　夫人暨馬帥夫婦等偕行〉，《申報》，上海，1946年11月1日，第1版。

25　〈革命文獻—政治：政經重要設施（一）〉，《蔣中正總統文物》，國史館藏，數位典藏號：002-020400-00036-049。

26　周琇環、蔡盛琦、陳世局編註，《沈昌煥日記：戰後第一年1946》，頁284-286。

11月20日 往訪司徒雷登談國共停戰事。[27]

11月28日 再與司徒雷登談國內政情。[28]

12月 6 日 隨同蔣中正接見司徒雷登。[29]

12月30日 受任為國民政府秘書。[30]

27 周琇環、蔡盛琦、陳世局編註,《沈昌煥日記:戰後第一年1946》,頁289-290。
28 周琇環、蔡盛琦、陳世局編註,《沈昌煥日記:戰後第一年1946》,頁294-295。
29 周琇環、蔡盛琦、陳世局編註,《沈昌煥日記:戰後第一年1946》,頁338-340。
30 〈國府命令〉(1946年12月30日),《國民政府公報》,第2713期,頁1。

民國36年（1947）　34歲

4月3日　隨同中外記者視察團往訪延安。[1]

4月13日　隨同蔣中正接見韓國獨立運動領袖李承晚，並擔任翻譯。[2]

4月20日　蔣中正手令先生調任為行政院參事，免國民政府秘書。[3]

6月9日　與蔣經國談國事。[4]

6月24日　出席蔣中正為美國駐華大使司徒雷登71歲生日設宴祝壽。[5]

7月29日　出席五人會報。[6]

8月13日　出席蔣經國主持轉移風氣問題討論談話。[7]

8月24日　岳父黎民偉自上海乘夜車到南京，次日抵達，入住家中。[8]

8月28日　蔣中正指定先生與新聞局長董顯光、國防部政工局局長鄧文儀等組織宣傳研究小組，負責研討對外宣傳事

1　〈中外記者視察團定今晨飛赴延安〉，《申報》，上海，1947年4月3日，第1版；〈各地軍情（三）〉，《國民政府》，國史館藏，數位典藏號：001-070004-00003-016。

2　〈李承晚晉謁主席　代表韓人民致敬　主席對韓獨立極表同情〉，《申報》，上海，1947年4月14日，第1版。

3　〈蔣中正手令及批示（五）〉，《國民政府》，國史館藏，數位典藏號：001-016142-00012-019。

4　《蔣經國日記》，1947年6月9日，史丹福大學胡佛研究所藏。

5　〈領袖照片資料輯集（七）〉，《蔣中正總統文物》，國史館藏，數位典藏號：002-050101-00009-097。

6　〈中國國民黨黨務（三）〉，《國民政府》，國史館藏，數位典藏號：001-014100-00011-012。

7　《蔣經國日記》，1947年8月14日，史丹福大學胡佛研究所藏。

8　黎錫編，《黎民偉日記》，頁32。

宜。[9]

8月31日 與岳父黎民偉、妻黎佩蘭乘車，自南京往上海。[10]

9月 6日 一行乘夜車，自上海往南京。[11]

10月24日 和蔣經國聊青年運動。[12]

10月31日 司徒雷登宴請訪華的美國眾議院外交委員會委員周以德（Walter Henry Judd），先生應邀作陪。[13]

11月 5日 隨同蔣夫人前往下關、浦口，慰問過境官兵。[14]

11月15日 與李惟果、余紀忠往訪蔣經國。[15]

12月 1日 蔣經國至家中作客用餐閒聊。[16]

9　〈事略稿本—民國三十六年八月〉，《蔣中正總統文物》，國史館藏，數位典藏號：002-060100-00227-028。

10　黎錫編，《黎民偉日記》，頁32。

11　黎錫編，《黎民偉日記》，頁32。

12　《蔣經國日記》，1947年10月24日，史丹福大學胡佛研究所藏。

13　〈周以德由京飛滬　昨分訪張羣王世杰長談　定三日再赴京晉謁主席〉，《申報》，上海，1947年10月31日，第1版。

14　〈蔣夫人赴下關浦口　慰問過境部隊　盼官兵生活打成一片〉，《申報》，上海，1947年11月6日，第1版。

15　《蔣經國日記》，1947年11月15日，史丹福大學胡佛研究所藏。

16　《蔣經國日記》，1947年12月1日，史丹福大學胡佛研究所藏。

民國37年（1948）　35歲

1月20日　午後與司徒雷登長談。[1]

2月22日　電告蔣中正，美國駐華大使司徒雷登已約集駐京美籍記者說明渠對中國問題意見。[2]

另電蔣中正，謂巴大維（David Goodwin Barr）往臺灣視察印象佳，惟中國聯勤制度及空軍頗須改進。[3]

2月23日　致電蔣中正，告以司徒雷登鄭重澄清和談謠事，並相信北伐抗戰精神下必解決中國共黨問題，惟不能專恃軍事，應同時消除滋培共黨主義因素等。[4]

2月25日　致電宋美齡，請即日核定聯合國兒童救濟勸募委員名單及成立日期等。[5]

2月29日　獲聘為聯合國勸募兒童救濟金中國委員會常務委員。[6]

4月16日　接替凌其翰擔任外交部禮賓司司長。[7]

1　司徒雷登，陳禮頌譯、傅涇波校訂，《司徒雷登日記：美國調停國共爭持期間前後》，頁41。

2　〈革命文獻—對美外交：一般交涉（一）〉，《蔣中正總統文物》，國史館藏，數位典藏號：002-020400-00042-097。

3　〈革命文獻—對美外交：軍事部分〉，《蔣中正總統文物》，國史館藏，數位典藏號：002-020400-00044-117。

4　〈對美關係（五）〉，《蔣中正總統文物》，國史館藏，數位典藏號：002-090103-00006-069。

5　〈我與聯合國〉，《蔣中正總統文物》，國史館藏，數位典藏號：002-090103-00001-225。

6　〈聯合國勸募兒童救濟金　中國委會募額　決定一千億完〔元〕　十五日起開始勸募〉，《申報》，上海，1948年3月1日，第2版。

7　〈沈昌煥繼長外部禮賓司〉，《中央日報》，南京，1948年4月11日，第2版；〈新禮賓司長沈昌煥視事〉，《中央日報》，南京，1947年4月17日，第2版。據凌其翰回憶，此事是蔣中正下的決定，派令發布前，沈昌煥曾經去電凌其翰告知。詳見：凌其翰，《我的外交官生涯——凌其翰回憶錄》，頁188-189；凌其翰，〈沈昌煥其人〉，收於：中國文史出版社編，《文史資料存稿選編：軍政人物（上）》，頁479。

4月17日	代表政府前往菲律賓駐華公使館弔唁菲律賓總統曼努埃爾・羅哈斯（Manuel Roxas y Acuña）之喪。[8]
5月20日	正副總統就職典禮，代表外交部負責外賓招待工作。[9]
5月22日	代表外交部往迎蘇聯駐華大使羅申（Nikolai Vasilievich Roshchin）。[10]
6月 8 日	代表政府到機場迎接美國經濟合作局（Economic Cooperation Administration）執行長官駐華代表賴普漢（Roger Lapham）。[11]
7月 3 日	出席中美運用美援協定簽字儀式。[12]
7月31日	代表外交部迎接比利時新任駐華大使賴慎（Edouard le Ghait）。[13]
	致函陳誠，提議應發動輿論，指出美國重日輕華不合理等措施。[14]
8月27日	與蔣經國長談，勸他少說多做。[15]
10月23日	由南京至上海，曾與蔣經國會面。[16]
11月 3 日	赴車站迎接伊朗首任駐華大使華樂（Mehdi

8　〈沈昌煥代表主席　弔唁羅哈斯之喪〉，《申報》，上海，1948 年 4 月 18 日，第 3 版。

9　〈國大會堂舉行莊嚴盛典　總統副總統今就職　中外官員三千餘人觀禮〉，《申報》，上海，1948 年 5 月 20 日，第 1 版。

10　〈蘇新使羅申抵京　日內向蔣總統遞呈國書　羅氏談話強調中蘇盟約〉，《申報》，上海，1948 年 5 月 23 日，第 1 版。

11　〈賴普漢晉謁總統　定今返滬開展援華工作　貝祖詒今再飛美處理美援物資事宜〉，《申報》，上海，1948 年 6 月 9 日，第 1 版。

12　〈中美雙邊協定公布　適用範圍限於經濟援助　有效期至後年六月底止〉，《申報》，上海，1948 年 7 月 4 日，第 1 版。

13　〈比新使抵京〉，《申報》，上海，1948 年 8 月 1 日，第 1 版。

14　〈各種建議彙輯（十三）〉，《陳誠副總統文物》，國史館藏，數位典藏號：008-010202-00072-003。

15　何智霖編，《贛南與淞滬箚記（上冊）》（臺北：國史館，2009 年），頁 252。

16　何智霖編，《贛南與淞滬箚記（上冊）》，頁 277。

Farrokh）。[17]

11月18日　赴下關車站迎接澳洲首派駐華大使歐輔時（Keith Officer）。[18]

11月25日　妻黎佩蘭攜子沈瀚抵達廣州，暫居黎民偉東山屋。12月24日，妻攜子抵達香港。[19]

12月22日　行政院改組，孫科任行政院院長，先生任行政院新聞局長。[20]

12月28日　代表政府否認派出代表赴港磋商和談。[21]

12月30日　主持上任後首次中外記者招待會。[22]

17　〈伊朗首任大使　華樂抵京履新〉，《申報》，上海，1948 年 11 月 4 日，第 1 版。

18　〈澳洲駐華大使　歐輔時昨抵京〉，《申報》，上海，1948 年 11 月 19 日，第 1 版。

19　黎錫編，《黎民偉日記》，頁 33。

20　〈總統令〉（1948 年 12 月 22 日），《總統府公報》，第 185 期，頁 1。

21　〈孫院長發表聲明　絕對否認派特使赴港說　英外部發言人稱並未發動調解〉，《申報》，上海，1948 年 12 月 29 日，第 1 版。

22　〈閻錫山等參加總統官邸會議　傅作義留平　宋子文飛京〉，《申報》，上海，1948 年 12 月 31 日，第 1 版。

民國38年（1949） 36歲

1月6日 在記者會上回答中外記者關於總統文告相關問題。[1]

1月11日 妻黎佩蘭攜子自港返廣州。[2]

1月15日 與蔣經國談。[3]

1月16日 再與蔣經國談時局。[4]

1月20日 主持記者會，否認蔣中正總統有進退問題。[5]

1月21日 蔣中正總統宣布引退，前往機場送行。[6]

1月25日 辭行政院新聞局局長職，遺缺由行政院派外交部情報司長時昭瀛代理。[7]

1月26日 中華民國政府宣布移遷廣州，自2月3日起停止在京辦公，於2月5日起於廣州行使職權。

1月27日 電呈蔣中正，告以為保持政治立場，已向行政院長孫科請辭。[8]

1月30日 中國國民黨中央黨部決定於2月1日遷往廣州。

---

1 〈李宗仁張治中邵力子等 研商走向和談途徑 白崇禧邀張羣赴漢視察〉，《申報》，上海，1949年1月7日，第1版。

2 黎錫編，《黎民偉日記》，頁33。

3 《蔣經國日記》，1949年1月15日，史丹福大學胡佛研究所藏。

4 《蔣經國日記》，1949年1月16日，史丹福大學胡佛研究所藏。

5 〈中政會昨舉行臨時會 追認政院和平決議 並曾討論代表人選及方式地點 海陸空軍總部分遷台穗〉，《申報》，上海，1949年1月21日，第1版。

6 〈蔣總統離京抵杭 今晨將乘專機逕飛台灣 行前召集中常臨時會宣讀引退文告〉，《申報》，上海，1949年1月22日，第1版。

7 〈中共廣播對和平意見 談判地點將在北平 共方代表人選則未宣布〉，《申報》，上海，1949年1月26日，第1版；〈時昭瀛代理新聞局局長 沈昌煥辭職照准〉，《大公報》，上海，1949年1月27日，第1版。

8 〈總統引退及復行視事（一）〉，《蔣中正總統文物》，國史館藏，數位典藏號：002-080101-00020-002。

2月17日　　黎佩蘭攜子乘蔣緯國專機抵臺。[9]

3月12日　　與蔣經國、洪蘭友、唐縱等隨同蔣中正參觀寧波湖西
　　　　　　天一閣。[10]

3月14日　　蔣中正召見，討論今後黨部組織、理論與運動事，同
　　　　　　行的有任卓宣。[11] 16日復召見，同行的有任卓宣、謝
　　　　　　然之、徐佛觀等人。[12]

3月15日　　上午，和蔣經國談上海與臺灣事。[13]

3月20日　　蔣經國邀見於武嶺學校，談時局大事及組織等問題。[14]

3月31日　　電告蔣經國今抵京，約星期五回滬轉臺，如有指示，
　　　　　　請電外交部次長葉公超轉。[15]

4月5日　　　與蔣經國前往江北岸碼頭迎接張羣，談及共方和平條
　　　　　　件。[16]

4月6日　　　晚，蔣經國於奉化設宴餞別周靈鈞，先生應邀參加，
　　　　　　結束後同返溪口。[17]

4月18日　　與蔣經國談話。[18]

4月24日　　南京淪陷。

4月25日　　蔣中正、蔣經國離開奉化溪口，自象山乘太康號赴上

9　　黎錫編，《黎民偉日記》，頁33。

10　　〈領袖照片資料輯集（九）〉，《蔣中正總統文物》，國史館藏，數位典藏號：002-
　　　050101-00011-208。

11　　〈事略稿本—民國三十八年三月〉，《蔣中正總統文物》，國史館藏，數位典藏號：002-
　　　060100-00250-014。

12　　〈事略稿本—民國三十八年三月〉，《蔣中正總統文物》，國史館藏，數位典藏號：002-
　　　060100-00250-016。

13　　《蔣經國日記》，1949年3月15日，史丹福大學胡佛研究所藏。

14　　《蔣經國日記》，1949年3月20日，史丹福大學胡佛研究所藏。

15　　〈一般資料—各界上蔣經國文電資料（十二）〉，《蔣中正總統文物》，國史館藏，數位
　　　典藏號：002-080200-00659-038。

16　　《蔣經國日記》，1949年4月5日，史丹福大學胡佛研究所藏。

17　　《蔣經國日記》，1949年4月6、7日，史丹福大學胡佛研究所藏。

18　　《蔣經國日記》，1949年4月18日，史丹福大學胡佛研究所藏。

海。

5月3日 與蔣經國、周宏濤在上海飛達咖啡館喝茶，並至九如餐敘。[19]

5月7日 蔣中正自上海乘靜江輪赴舟山，轉機赴臺。

5月24日 電蔣經國，託帶函已親送夏伯母，又經國、周宏濤、曹聖芬三嫂均晤談，大小均好，請釋念。[20]

5月27日 上海淪陷。

6月2日 呈蔣中正關於魏德邁來函之分析及應採取之積極步驟，建設臺灣為反共基地等建議。[21]

6月14日 電蔣經國，閻錫山內閣成立，外交部長不宜久懸。胡適未必肯就，如即以葉公超為外交部長，前途當更有可為。[22]

6月21日 致電蔣中正，美國斯克利浦斯霍華德報系范華智（Clyde Farnsworth）擬趨謁致敬。[23]

6月24日 進謁蔣中正，商討對美外交及宣傳方針。[24]

6月28日 呈蔣中正請立法委員通電英美議會說明中國反共立場。[25]

7月1日 中國國民黨總裁辦公室成立，下設9組1委員會，先生

19　《蔣經國日記》，1949年5月3、4日，史丹福大學胡佛研究所藏。

20　〈一般資料—各界上蔣經國文電資料（十三）〉，《蔣中正總統文物》，國史館藏，數位典藏號：002-080200-00660-033。

21　〈對美國外交（六）〉，《蔣中正總統文物》，國史館藏，數位典藏號：002-080106-00028-005。

22　〈一般資料—各界上蔣經國文電資料（十三）〉，《蔣中正總統文物》，國史館藏，數位典藏號：002-080200-00660-064。

23　〈革命文獻—對美外交：一般交涉（二）〉，《蔣中正總統文物》，國史館藏，數位典藏號：002-020400-00043-043。

24　〈事略稿本—民國三十八年六月〉，《蔣中正總統文物》，國史館藏，數位典藏號：002-060100-00253-024。

25　〈革命文獻—對美外交：一般交涉（二）〉，《蔣中正總統文物》，國史館藏，數位典藏號：002-020400-00043-047。

受任為新聞組副組長，組長為董顯光。蔣中正於本日召見先生與董顯光，指示接見美國記者事宜。[26]

7月4日　與董顯光面謁蔣中正，討論接見美國記者事宜。下午4時半，蔣中正於草山第二賓館接見美國國際新聞社遠東總經理韓德曼，及美國斯克利浦斯霍華德報系遠東特派員暨駐華外籍記者聯誼會會長范華智。[27]

7月6日　與董顯光因接待美國記者事，受蔣中正責難。[28]

7月10日　以秘書身分，隨同蔣中正出席碧瑤會議。同行的還有吳國楨、黃少谷、王世杰及張其昀等，名義皆為「政治顧問」。俞濟時充軍事顧問，先生及周宏濤任秘書。[29] 11日，雙方發表聯合聲明。[30]

7月14日　隨同蔣中正自臺抵廣州。[31] 21日，隨同蔣中正乘輪自廣州抵廈門。23日，離廈返臺。[32]

7月25日　電菲律賓廈門領事館領事Romana，感謝款待並遺憾無法在廈門會面，希望來日再見。[33]

8月1日　蔣中正電告駐韓大使邵毓麟，將以私人身分訪問，隨

26　〈革命文獻—蔣總統引退與後方布置（二）〉，《蔣中正總統文物》，國史館藏，數位典藏號：002-020400-00029-009；〈事略稿本—民國三十八年七月〉，《蔣中正總統文物》，國史館藏，數位典藏號：002-060100-00254-001。

27　〈事略稿本—民國三十八年七月〉，《蔣中正總統文物》，國史館藏，數位典藏號：002-060100-00254-004。

28　《蔣經國日記》，1949年7月6日，史丹福大學胡佛研究所藏。

29　〈事略稿本—民國三十八年七月〉，《蔣中正總統文物》，國史館藏，數位典藏號：002-060100-00254-010。

30　〈碧瑤紀行（續昨）〉，《大公報》，重慶，1949年7月26日，第2版。

31　〈蔣總統昨由台抵穗　發表談話強調作戰到底　非常委會開幕後即來渝〉，《大公報》，重慶，1949年7月15日，第2版。

32　〈蔣總統蒞廈門　湯恩伯王敬久等往迎候〉，《大公報》，重慶，1949年7月25日，第2版；〈蔣總統離廈返台　曾召集東南將領舉行會議　商討閩省軍事部署等問題〉，《大公報》，重慶，1949年7月25日，第2版。

33　〈對韓菲越關係（二）〉，《蔣中正總統文物》，國史館藏，數位典藏號：002-090103-00010-201。

員有顧問王世杰、黃少谷、吳國楨、張其昀、俞濟時，秘書沈昌煥。[34]

8月4日 隨同蔣中正赴韓國訪問，途中轉定海停留一日。[35]

8月6日 隨同蔣中正自定海飛往韓國訪問。[36]

8月11日 出席總裁辦公室設計委員會第4次會議，決議成立革命實踐研究院。[37]

8月18日 傍晚，與蔣經國在山上散步。[38]

8月30日 與張其昀致電黃少谷，關於《民族報》主筆張鐵君被拘押事，查其為堅強反共者，請予從寬處置，擬請就近請示，並逕電臺灣省府主席陳誠暫予保釋，聽候處分。[39]

9月2日 應航校邀請，赴岡山演講2次。4日，應孫立人邀請，赴鳳山與臺南演講4次。7日，返回臺北。[40]

9月8日 與王世杰、吳國楨、董顯光等致電蔣中正，告知美參議院外交委員會議討論援華時，康乃利（Tom Connally）嚴苛批評蔣氏，並與諾蘭（William F. Knowland）激辯，建議即請閻錫山院長發表聲明，鄭

34 〈對韓菲越關係（一）〉，《蔣中正總統文物》，國史館藏，數位典藏號：002-090103-00009-052。

35 《蔣經國日記》，1949年8月4日，史丹福大學胡佛研究所藏。

36 〈對韓菲越關係（一）〉，《蔣中正總統文物》，國史館藏，數位典藏號：002-090103-00009-049。

37 「關於革命實踐研究院總講座代理人問題秘書長張曉峯認為可由委員崔書琴前往暫代」（1949年3月11日），〈大溪檔案黨務類〉，中國國民黨文化傳播委員會黨史館藏，館藏號：大黨 048/005。檔案時間應該有誤，推測應為1951年或是1952年。

38 《蔣經國日記》，1949年8月18日，史丹福大學胡佛研究所藏。

39 〈特交檔案（黨務）－中央宣傳（第０一九卷）〉，《蔣中正總統文物》，國史館藏，數位典藏號：002-080300-00025-008。

40 〈特交檔案（黨務）－中央宣傳（第０一六卷）〉，《蔣中正總統文物》，國史館藏，數位典藏號：002-080300-00022-005。

重駁斥，以正視聽。[41]

9月21日　與王世杰、張其昀聯名致電蔣中正，報告當日設計委員會會議，討論立法院集會及國防部長人選等問題，認為閻錫山主持行政院瓹堪欽佩，立法院集會時，本黨同志應一致擁護，不可予以攻擊。[42]

出席總裁辦公室設計委員會第5次會議，對於「政治改革綱要」草案發言。[43]

9月24日　出席總裁辦公室設計委員會第6次會議，會中討論革命實踐研究院籌備委員會，提軍事改革要點草案。[44]

9月29日　出席總裁辦公室設計委員會第7次會議，對於保衛臺灣問題發言。[45]

10月 1 日　中共建政，改北平為北京，成立中華人民共和國中央人民政府。

10月 6 日　出席總裁辦公室設計委員會第8次會議，討論鞏固臺灣案，受推選為政治小組成員，發言提出當前面臨的團結、經濟、軍事三方面問題。[46]

10月10日　列名陳誠所擬鞏固臺灣方案小組名單。[47]

41　〈對美關係（五）〉，《蔣中正總統文物》，國史館藏，數位典藏號：002-090103-00006-260。
42　〈各方建議（四）〉，《蔣中正總統文物》，國史館藏，數位典藏號：002-080101-00025-001。
43　〈中國國民黨總裁辦公室業務會報紀錄〉，《蔣中正總統文物》，國史館藏，數位典藏號：002-110701-00010-011。
44　〈中國國民黨總裁辦公室業務會報紀錄〉，《蔣中正總統文物》，國史館藏，數位典藏號：002-110701-00010-012。
45　〈中國國民黨總裁辦公室業務會報紀錄〉，《蔣中正總統文物》，國史館藏，數位典藏號：002-110701-00010-013。
46　〈中國國民黨總裁辦公室業務會報紀錄〉，《蔣中正總統文物》，國史館藏，數位典藏號：002-110701-00010-014。
47　〈特交檔案（黨務）－地方海外及特種黨部（第０二九卷）〉，《蔣中正總統文物》，國史館藏，數位典藏號：002-080300-00035-005。

10月11日 　與黃少谷等電蕭同茲，中央社非常時期業務計畫案經
　　　　　蔣中正核示，應即實施，臺北設置新聞廣播電臺所需
　　　　　經費，由行政院及臺灣省政府籌撥，已電閻錫山、陳
　　　　　誠辦理。[48]
　　　　　與黃少谷、董顯光、陶希聖電閻錫山、陳誠，中央社
　　　　　擬訂非常時期業務計畫，設置新聞廣播電臺，奉蔣中
　　　　　正諭示，應即實施，該社所需經費設法籌撥。[49]

10月12日 　中華民國政府宣布自10月15日起於重慶辦公。

10月13日 　出席總裁辦公室設計委員會第9次會議，提案美青年
　　　　　蕭特（Sholt）來臺對我宣傳方面及組織志願軍二事陳
　　　　　述意見提請研究。[50]

10月18日 　黃少谷致函陳誠，談及鞏固臺灣必須與王世杰、張道
　　　　　藩、沈昌煥交換意見。[51]

10月20日 　出席總裁辦公室設計委員會第10次會議。[52]

10月21日 　致函章昌平，忠黨愛國，何日駕臨臺北，俾便趨晤。[53]

10月22日 　黃少谷電董顯光、沈昌煥等，《民族報》社論一事，
　　　　　奉諭交省府新聞處負責處理，其原則為該報停刊一
　　　　　週，主筆張鐵君可予釋放，及責成該社長、總編輯不

48　〈特交檔案（黨務）－中央宣傳（第０一八卷）〉，《蔣中正總統文物》，國史館藏，數位典藏號：002-080300-00024-029。

49　〈特交檔案（黨務）－中央宣傳（第０一八卷）〉，《蔣中正總統文物》，國史館藏，數位典藏號：002-080300-00024-030。

50　〈中國國民黨總裁辦公室業務會報紀錄〉，《蔣中正總統文物》，國史館藏，數位典藏號：002-110701-00010-015。

51　〈特交檔案（黨務）－地方海外及特種黨部（第０二九卷）〉，《蔣中正總統文物》，國史館藏，數位典藏號：002-080300-00035-016。

52　〈中國國民黨總裁辦公室業務會報紀錄〉，《蔣中正總統文物》，國史館藏，數位典藏號：002-110701-00010-016。

53　〈特交檔案（黨務）－中央宣傳（第０一六卷）〉，《蔣中正總統文物》，國史館藏，數位典藏號：002-080300-00022-026。

得再犯錯誤等情。[54]

10月25日 金門古寧頭戰役爆發，27日戰爭結束。此役守住金門，穩定臺海局面。

11月15日 電中央社秘書曹蔭稗，請轉總裁辦公室，關於中央社請求對國外廣播設備費，准由政院撥發125,000元。[55]

11月16日 致電勵志社總幹事黃仁霖，請招待訪臺之美國參議員諾蘭。[56]

中國廣播公司召開股東大會，推先生為常務董事。[57]

11月21日 電告張其昀、陳舜耕、毛瀛初等，美籍蕭特中尉為求明瞭我反共軍事情勢，準備遊歷西南各省，請予協助。[58]

與黃少谷聯名報告蔣中正，稱美聯社報導蔣廷黻主張中國成立自由黨，以胡適為領袖新黨，將在自由主義旗幟下，於海內外為獨立而奮鬥。23日，先生奉命去電詢問皮宗敢。[59]

11月25日 隨同蔣中正接見美國參議員諾蘭夫婦。[60]

12月 7日 行政院院會通過中央政府遷設臺北，並於西昌成立大

---

54 〈特交檔案（黨務）－中央宣傳（第０一九卷）〉，《蔣中正總統文物》，國史館藏，數位典藏號：002-080300-00025-009。

55 〈特交檔案（黨務）－中央宣傳（第０一八卷）〉，《蔣中正總統文物》，國史館藏，數位典藏號：002-080300-00024-033。

56 〈美政要來訪（四）〉，《蔣中正總統文物》，國史館藏，數位典藏號：002-080106-00055-010。

57 〈特交檔案（黨務）－中央宣傳（第０一八卷）〉，《蔣中正總統文物》，國史館藏，數位典藏號：002-080300-00024-011。

58 〈美國輿情（二）〉，《蔣中正總統文物》，國史館藏，數位典藏號：002-080106-00037-007。

59 〈特交檔案（黨務）－各黨派動態（第０五四卷）〉，《蔣中正總統文物》，國史館藏，數位典藏號：002-080300-00060-006。

60 〈總統蔣公影輯－接見外賓（一）〉，《蔣中正總統文物》，國史館藏，數位典藏號：002-050106-00001-080。

本營。

致電陳誠，駐日代表團專門委員宋越倫告職，現日本提倡尊孔，其外務次長曾表示擬邀孔德成赴日講學，倘鈞座贊成此事，乞朱世明洽辦。[61]

12月10日 下午2時，隨同蔣中正自成都鳳凰山機場起飛赴臺，同行的有谷正綱、陶希聖、曹聖芬、俞濟時等。[62]

12月15日 出席總裁辦公室設計委員會第16次會議，討論政治改革綱要草案，決議照原草案修正，續待討論。[63]

12月18日 為處理中央、中國航空產權移轉，與黃少谷、徐柏園一同謁見行政院長閻錫山。[64]

12月19日 呈蔣中正，印度似已決定承認中共政權，應否仍飭保君建赴印協商。[65]

12月22日 出席總裁辦公室設計委員會第18次會議，討論政府遷臺後中央政制之簡化問題，決議建議緊縮中央機構之編制並硬性限制其員額。[66]

12月30日 出席總裁辦公室設計委員會第19次會議，繼續討論政府遷臺後中央政制之簡化問題。[67]

---

61 〈勝利受降（四）〉，《蔣中正總統文物》，國史館藏，數位典藏號：002-090105-00015-250。

62 〈事略稿本—民國三十八年十二月〉，《蔣中正總統文物》，國史館藏，數位典藏號：002-060100-00259-010。

63 〈中國國民黨總裁辦公室業務會報紀錄〉，《蔣中正總統文物》，國史館藏，數位典藏號：002-110701-00010-022。

64 〈各方建議（三）〉，《蔣中正總統文物》，國史館藏，數位典藏號：002-080101-00024-009。

65 〈訪問印度（一）〉，《蔣中正總統文物》，國史館藏，數位典藏號：002-080106-00071-022。

66 〈中國國民黨總裁辦公室業務會報紀錄〉，《蔣中正總統文物》，國史館藏，數位典藏號：002-110701-00010-024。

67 〈中國國民黨總裁辦公室業務會報紀錄〉，《蔣中正總統文物》，國史館藏，數位典藏號：002-110701-00010-025。

民國39年（1950）　37歲

1月23日　出席總裁辦公室設計委員會第20次會議，繼續討論簡化中央政府機構辦法草案。[1]

2月 8日　對谷正綱呈蔣總裁有關林蔭根等擬為闢建越南為反攻基地請資助越南國民革命聯盟意見書，簽註認為支助經費似無必要。[2]

　　　　　呈黃少谷摘錄新聞有關越南局勢之分析與報導並簽註意見。[3]

2月11日　出席總裁辦公室設計委員會第21次會議，報告關於緊縮預算安定經濟支持戡亂案之進行情形。[4]

2月22日　出席總裁辦公室第7次業務會報，報告第四組工作概況。[5]

2月24日　出席總裁辦公室設計委員會第22次會議，討論「建議組織軍用物資調查小組」。[6]

3月 1日　蔣中正總統復行視事。

1　〈中國國民黨總裁辦公室業務會報紀錄〉，《蔣中正總統文物》，國史館藏，數位典藏號：002-110701-00010-026。

2　〈各方建議（四）〉，《蔣中正總統文物》，國史館藏，數位典藏號：002-080101-00025-006。

3　〈一般外交（三）〉，《蔣中正總統文物》，國史館藏，數位典藏號：002-080106-00076-011。

4　〈中國國民黨總裁辦公室業務會報紀錄〉，《蔣中正總統文物》，國史館藏，數位典藏號：002-110701-00010-027。

5　〈中國國民黨總裁辦公室業務會報紀錄〉，《蔣中正總統文物》，國史館藏，數位典藏號：002-110701-00010-006。

6　〈中國國民黨總裁辦公室業務會報紀錄〉，《蔣中正總統文物》，國史館藏，數位典藏號：002-110701-00010-028。

3月3日　　蔣經國來訪，交換各方面消息。[7]

3月14日　出席總裁辦公室第8次業務會報。[8]

3月22日　蔣中正電鄭彥棻，兼臺灣省黨部主委陳誠請辭，請提
　　　　　常會，改鄧文儀為主委，又宣傳正副部長程天放、陶
　　　　　希聖均另調工作請辭，希提常會，改以張其昀、沈昌
　　　　　煥為正副部長。[9]

3月24日　蔣經國來訪，討論政工問題。[10]

3月28日　出席組織大陸災胞救濟委員會臺灣總會第1次籌備會
　　　　　議。[11]

4月9日　　蔣經國約同劉英士往訪，討論宣傳方面若干事宜。[12]

4月19日　行政院第126次會議，通過裁撤行政院新聞處，並指
　　　　　定先生為政府發言人，成立發言人辦公室。[13]

4月26日　蔣經國於午後探訪先生。[14]

5月15日　參加蔣中正主持之宣傳會議，研討定海撤軍之宣傳計
　　　　　畫。[15]

5月20日　蔣中正召見先生等，檢討美國在剩餘物資中應歸還我
　　　　　政府數額。[16]

7　《蔣經國日記》，1950年3月3日，史丹福大學胡佛研究所藏。

8　〈中國國民黨總裁辦公室業務會報紀錄〉，《蔣中正總統文物》，國史館藏，數位典藏號：
　002-110701-00010-007。

9　〈特交檔案（黨務）－中央人事（第○○八卷）〉，《蔣中正總統文物》，國史館藏，數
　位典藏號：002-080300-00014-070。

10　《蔣經國日記》，1950年3月24日，史丹福大學胡佛研究所藏。

11　「中國大陸災胞救濟總會檔案」，取自不當黨產處理委員會網頁：
　https://www.cipas.gov.tw/stories/273，擷取時間：2021/6/18。

12　《蔣經國日記》，1950年4月9日，史丹福大學胡佛研究所藏。

13　〈行政院會議議事錄　臺第三冊一二五至一二八〉，《行政院》，國史館藏，數位典藏號：
　014-000205-00030-002。

14　《蔣經國日記》，1950年4月26日，史丹福大學胡佛研究所藏。

15　秦孝儀總編纂，《總統蔣公大事長編初稿》（臺北：中正文教基金會，2002年），卷九，
　頁141。

16　秦孝儀總編纂，《總統蔣公大事長編初稿》，卷九，頁145。

5月26日	電駐菲公使陳質平，經王世杰諭囑，請秘密告知馬尼拉外籍記者發表蘇聯以潛艦運送日共、菲共及軍火事。[17]
6月25日	北韓共軍越過北緯38度線，向南韓發動攻擊，韓戰爆發。先生應蔣中正召見，報告情勢發展。[18]
6月26日	參加蔣中正召集會議，研商韓戰發生後相關事宜。[19] 美國第七艦隊奉命實施臺海中立化。
6月28日	出席蔣中正召集軍政首長會議，研商答覆美國杜魯門總統（Harry S. Truman）備忘錄內容等。[20]
7月 1日	美援恢復。
7月14日	函周宏濤轉呈總統，韓戰爆發後英國、印度對中華民國之態度報告及分析。[21]
7月26日	中國國民黨總裁蔣中正根據《中國國民黨改造方案》，任命先生為中央改造委員。[22]
7月31日	出席蔣中正歡迎援韓盟軍最高統帥麥克阿瑟將軍（Douglas MacArthur）及其同行人員來華訪問晚宴。[23]
8月 5日	宣誓就任中央改造委員，旋出席中國國民黨中央改造委員會第1次會議。[24]
8月20日	出席中國國民黨中央改造委員會第8次會議，與陶希

17　〈對韓菲越關係（二）〉，《蔣中正總統文物》，國史館藏，數位典藏號：002-090103-00010-215。

18　秦孝儀總編纂，《總統蔣公大事長編初稿》，卷九，頁180-181。

19　秦孝儀總編纂，《總統蔣公大事長編初稿》，卷九，頁182。

20　秦孝儀總編纂，《總統蔣公大事長編初稿》，卷九，頁185。

21　〈重要聲明（一）〉，《蔣中正總統文物》，國史館藏，數位典藏號：002-080106-00001-010。

22　中央研究院，戰後台灣歷史年表網頁，https://twstudy.iis.sinica.edu.tw/twht/。

23　秦孝儀總編纂，《總統蔣公大事長編初稿》，卷九，頁218。

24　〈中國國民黨中央改造委員會會議紀錄〉，《陳誠副總統文物》，國史館藏，數位典藏號：008-011002-00002-012。

聖、張道藩、谷鳳翔、胡健中等，受推成立小組，負
責研議當前重大問題，由陶希聖任召集人。[25]

8月24日 出席中國國民黨中央改造委員會第10次會議，受任為
中央通訊社整理委員會委員。[26]

9月2日 出席中國國民黨中央改造委員會第14次會議，受任為
中央日報黨股代表人。[27]

9月5日 出席中國國民黨中央改造委員會第15次會議，與陶希
聖、張道藩、谷鳳翔、蕭自誠、連震東等受推負責審
議「本黨現階段政治主張案」。[28]

9月20日 出席中國國民黨中央改造委員會第21次會議，受推與
曾虛白、崔書琴、谷鳳翔、郭澄成立審議中央日報、
中華日報董事及監察人小組，由曾虛白任召集人。[29]

9月21日 出席中國國民黨中央改造委員會第22次會議，受推與
曾虛白、崔書琴、胡健中、蕭自誠、連震東、陶希聖
成立研究國際情勢小組，由曾虛白擔任召集人。[30]

9月22日 經中國國民黨中央改造委員會第23次會議通過，擔任
中央日報常務董事。[31]

---

25 「中改會第八次會議紀錄」（1950年8月20日），〈會議紀錄〉，中國國民黨文化傳播
委員會黨史館藏，館藏號：會6.42/2.8。

26 「中改會第十次會議紀錄」（1950年8月24日），〈會議紀錄〉，中國國民黨文化傳播
委員會黨史館藏，館藏號：會6.42/2.10。

27 「中改會第十四次會議紀錄」（1950年9月2日），〈會議紀錄〉，中國國民黨文化傳
播委員會黨史館藏，館藏號：會6.42/3.4。

28 「中改會第十五次會議紀錄」（1950年9月5日），〈會議紀錄〉，中國國民黨文化傳
播委員會黨史館藏，館藏號：會6.42/3.5。

29 「中改會第二十一次會議紀錄」（1950年9月20日），〈會議紀錄〉，中國國民黨文化
傳播委員會黨史館藏，館藏號：會6.42/4.1。

30 「中改會第二十二次會議紀錄」（1950年9月21日），〈會議紀錄〉，中國國民黨文化
傳播委員會黨史館藏，館藏號：會6.42/4.2。

31 「中改會第二十三次會議紀錄」（1950年9月22日），〈會議紀錄〉，中國國民黨文化
傳播委員會黨史館藏，館藏號：會6.42/4.3。

9月	先生嘗言「兼職就是失敗的開始」，蔣經國深有所感。[32]
10月 3日	出席中國國民黨中央改造委員會第33次會議，會中通過總裁核定中央日報董事監察人選名單，先生為常務董事。[33]
10月19日	中共志願軍越過鴨綠江，進入朝鮮。25日，與聯合國軍交鋒。
10月26日	出席中國國民黨中央改造委員會第41次會議，針對聯合陣線問題發言。[34]
11月 2日	出席中國國民黨中央改造委員會第44次會議，針對自由中國陣線計畫發言。[35]
11月 3日	出席行政院第157次會議，發言表示美國對遠東的目標是使(1)臺灣中立化、(2)韓國戰事局部化、(3)中共狄托化，現在韓越戰事的演變對於美國「臺灣中立化」的政策恐可能有所影響。[36] 晚，出席蔣中正於官邸召集之會談，研商韓國局勢可能發展。[37]
12月 6日	晚，出席蔣中正召集之會談，研商對《美國新聞及世界報導》雜誌詢問10項問題之答覆內容。[38]

---

32 《蔣經國日記》，1950年9月，史丹福大學胡佛研究所藏。
33 「中改會第三十三次會議紀錄」（1950年10月3日），〈會議紀錄〉，中國國民黨文化傳播委員會黨史館藏，館藏號：會6.42/5.3。
34 「中改會第四十一次會議紀錄」（1950年10月26日），〈會議紀錄〉，中國國民黨文化傳播委員會黨史館藏，館藏號：會6.42/6.1。
35 〈中國國民黨中央改造委員會會議紀錄〉，《陳誠副總統文物》，國史館藏，數位典藏號：008-011002-00002-002。
36 〈行政院會議議事錄 臺第十冊一五三至一五八〉，《行政院》，國史館藏，數位典藏號：014-000205-00037-005。
37 秦孝儀總編纂，《總統蔣公大事長編初稿》，卷九，頁289。
38 秦孝儀總編纂，《總統蔣公大事長編初稿》，卷九，頁311。

12月25日　出席中國國民黨中央改造委員會第67次會議，受指派
　　　　　　與谷鳳翔、曾虛白共同調查臺灣省改造委員會有無派
　　　　　　員策動鐵路、公路黨部簽名反對改隸中央事。[39]

12月28日　出席中國國民黨中央改造委員會第69次會議，受推任
　　　　　　總動員問題案小組成員。[40]

39　「中改會第六十七次會議紀錄」（1950 年 12 月 25 日），〈會議紀錄〉，中國國民黨文
　　化傳播委員會黨史館藏，館藏號：會 6.42/8.7。
40　「中改會第六十九次會議紀錄」（1950 年 12 月 28 日），〈會議紀錄〉，中國國民黨文
　　化傳播委員會黨史館藏，館藏號：會 6.42/8.9。

民國40年（1951）　38歲

1月18日　蔣中正電俞鴻鈞，自本年度1月份起繼續發給沈昌煥國際宣傳費每月美金1,000元整。[1]

2月15日　出席中國國民黨中央改造委員會第86次會議，並輪值會議主席，會中通過先生參與研擬的〈擬具國民總動員之先決問題〉與〈國民動員之原則〉兩篇研究報告。[2]

2月　圓山軍官訓練團成立。

3月 5日　中國國民黨中央改造委員會第93次會議通過中國廣播公司黨股代表人名單，共58名，先生列名其中。[3]

3月12日　接蔣經國來函，婉拒外籍記者訪問。[4]

3月29日　出席中國國民黨中央改造委員會第105次會議，會中推先生等7人負責調查自由中國聯盟文件消息發布之責任問題。[5] 4月10日，中央改造委員會第111次會議，通過自由中國聯盟文件消息發布之責任調查報告。[6]

4月 2日　出席中國國民黨中央改造委員會第107次會議，會中

1　〈一般資料—民國四十年（一）〉，《蔣中正總統文物》，國史館藏，數位典藏號：002-080200-00344-019。

2　「中改會第八十六次會議紀錄」（1951年2月15日），〈會議紀錄〉，中國國民黨文化傳播委員會黨史館藏，館藏號：會 6.42/10.6。

3　「中改會第九十三次會議紀錄」（1951年3月5日），〈會議紀錄〉，中國國民黨文化傳播委員會黨史館藏，館藏號：會 6.42/11.3。

4　〈民國四十年蔣經國手札〉，《蔣經國總統文物》，國史館藏，數位典藏號：005-010502-00760-002。

5　「中改會第一○五次會議紀錄」（1951年3月29日），〈會議紀錄〉，中國國民黨文化傳播委員會黨史館藏，館藏號：會 6.42/12.5。

6　「中改會第一一一次會議紀錄」（1951年4月10日），〈會議紀錄〉，中國國民黨文化傳播委員會黨史館藏，館藏號：會 6.42/13.1。

推先生等5人組織小組，負責核議〈反共抗俄時期僑務政策草案〉。[7] 16日，中央改造委員會第116次會議，會中同意照審查意見修正通過〈反共抗俄時期僑務政策草案〉。[8]

4月18日 出席中國國民黨中央改造委員會第117次會議，會中推先生等9人針對美國新聞處出版農民報計畫提出應對方案。[9]

5月 1日 美國軍事援助顧問團（Military Assistance Advisory Group, Republic of China）成立，蔡斯（William Curtis Chase）少將為首任團長。

5月 5日 出席中國國民黨中央改造委員會第126次會議，會中推先生等7人針對美軍顧問團有關問題組織小組提出建議，由先生任該小組召集人。[10]

5月 9日 出席中國國民黨中央改造委員會第128次會議，並輪值主席，會中提報美軍顧問團有關問題報告。[11]

5月10日 出席中國國民黨中央改造委員會第129次會議，針對加強自由地區基層黨務發言。[12]

5月14日 蔣經國來函說明無法出席週五的談話會。[13]

---

7 「中改會第一○七次會議紀錄」（1951年4月2日），〈會議紀錄〉，中國國民黨文化傳播委員會黨史館藏，館藏號：會6.42/12.7。

8 「中改會第一一六次會議紀錄」（1951年4月16日），〈會議紀錄〉，中國國民黨文化傳播委員會黨史館藏，館藏號：會6.42/13.6。

9 「中改會第一一七次會議紀錄」（1951年4月18日），〈會議紀錄〉，中國國民黨文化傳播委員會黨史館藏，館藏號：會6.42/13.7。

10 「中改會第一二六次會議紀錄」（1951年5月5日），〈會議紀錄〉，中國國民黨文化傳播委員會黨史館藏，館藏號：會6.42/14.6。

11 「中改會第一二八次會議紀錄」（1951年5月9日），〈會議紀錄〉，中國國民黨文化傳播委員會黨史館藏，館藏號：會6.42/14.8。

12 「中改會第一二九次會議紀錄」（1951年5月10日），〈會議紀錄〉，中國國民黨文化傳播委員會黨史館藏，館藏號：會6.42/14.9。

13 〈民國四十年蔣經國手札〉，《蔣經國總統文物》，國史館藏，數位典藏號：005-010502-

5月28日　　出席中國國民黨中央改造委員會第142次會議，受任
　　　　　　參與小組，負責研議對外宣傳問題。[14]

6月7日　　　出席中國國民黨中央改造委員會第149次會議，受推
　　　　　　參與研議〈臺灣青年夏令營組織簡則草案訓練計
　　　　　　畫〉。[15] 11日，中央改造委員會第151次會議，通過
　　　　　　〈臺灣青年夏令營組織簡則草案訓練計畫〉。[16]

6月11日　　中國國民黨中央改造委員會第151次會議，通過行政
　　　　　　院參加政治小組名單，先生以政府發言人列名。[17]

7月5日　　　出席中國國民黨中央改造委員會第166次會議，會中
　　　　　　針對社會調查工作發言。[18]

7月11日　　出席中國國民黨中央改造委員會第169次會議，會中
　　　　　　針對對日和約發言。[19]

7月12日　　出席中國國民黨中央改造委員會第170次會議，會中
　　　　　　針對行政院長陳誠所提對日和約草案發言。[20]

7月17日　　出席一般會談，由蔣中正主持，商談發表講稿之方式
　　　　　　與內容等事宜。[21]

00760-002。

14　「中改會第一四二次會議紀錄」（1951 年 5 月 28 日），〈會議紀錄〉，中國國民黨文化
　　傳播委員會黨史館藏，館藏號：會 6.42/16.2。

15　「中改會第一四九次會議紀錄」（1951 年 6 月 7 日），〈會議紀錄〉，中國國民黨文化
　　傳播委員會黨史館藏，館藏號：會 6.42/16.9。

16　「中改會第一五一次會議紀錄」（1951 年 6 月 11 日），〈會議紀錄〉，中國國民黨文化
　　傳播委員會黨史館藏，館藏號：會 6.42/17.1。

17　「中改會第一五一次會議紀錄」（1951 年 6 月 11 日），〈會議紀錄〉，中國國民黨文化
　　傳播委員會黨史館藏，館藏號：會 6.42/17.1。

18　「中改會第一六六次會議紀錄」（1951 年 7 月 5 日），〈會議紀錄〉，中國國民黨文化
　　傳播委員會黨史館藏，館藏號：會 6.42/18.6。

19　「中改會第一六九次會議紀錄」（1951 年 7 月 11 日），〈會議紀錄〉，中國國民黨文化
　　傳播委員會黨史館藏，館藏號：會 6.42/18.9。

20　「中改會第一七〇次會議紀錄」（1951 年 7 月 12 日），〈會議紀錄〉，中國國民黨文化
　　傳播委員會黨史館藏，館藏號：會 6.42/18.10。

21　秦孝儀總編纂，《總統蔣公大事長編初稿》（臺北：中正文教基金會，2003 年），卷十，

7月18日　奉蔣中正指示，與來臺訪問的美國紐約州州長杜威
　　　　　（Thomas Edmund Dewey）研究東方反共有效方法。[22]

7月25日　應邀到蔣經國家中午飯，談及杜威訪臺經過。[23]

7月30日　出席中國國民黨中央改造委員會第177次會議，提交
　　　　　國內對日和約的輿論反應報告一份。同日，於會中通
　　　　　過改造委員會下成立國際研究會，受聘為委員，並與
　　　　　陶希聖、董顯光一同受任為召集人。[24]

8月19日　參加蔣中正召集之會談，商討對毛邦初案處理之方針
　　　　　與步驟。[25]

8月21日　空軍副總司令兼出席聯合國安全理事會軍事參謀團中
　　　　　國代表毛邦初因失職抗命，著先停止本兼各職，並限
　　　　　即日回國，聽候查辦。

8月31日　參加蔣中正召集之會談，研商中日和約問題。[26]

9月1日　出席「討論處置毛邦初案」會議，並為會議紀錄。[27]

9月3日　中國國民黨中央改造委員會第199次會議，對於《自
　　　　　由中國》雜誌刊載〈政府不可誘民入罪〉一文，推先
　　　　　生等成立小組，定期與雷震、彭孟緝溝通。[28]
　　　　　回答記者詢問，重申我政府對日媾和所應有之權利與

頁216。

22　秦孝儀總編纂，《總統蔣公大事長編初稿》，卷十，頁216。

23　《蔣經國日記》，1951年7月25日，史丹佛大學胡佛研究所藏。

24　「中改會第一七七次會議紀錄」（1951年7月30日），〈會議紀錄〉，中國國民黨文化
　　傳播委員會黨史館藏，館藏號：會6.42/19.7。

25　秦孝儀總編纂，《總統蔣公大事長編初稿》，卷十，頁247-248。

26　秦孝儀總編纂，《總統蔣公大事長編初稿》，卷十，頁258。

27　〈毛邦初案（三）〉，《總統府》，國史館藏，數位典藏號：011-100100-0003，頁10-
　　12。

28　「中改會第一九九次會議紀錄」（1951年9月3日），〈會議紀錄〉，中國國民黨文化
　　傳播委員會黨史館藏，館藏號：會6.42/21.9。

地位，決不因《舊金山和約》而受任何影響。[29]

9月5日　　出席中國國民黨中央改造委員會第200次會議，針對《自由中國》雜誌案協調情形發言。[30]

9月8日　　出席「協助處理毛邦初失職抗命案臨時小組第1次臨時會議」，會中報告毛邦初、向惟萱自8月31日以來在美進行宣傳、詆毀政府詳情。[31]

9月11日　出席「協助處理毛邦初失職抗命案臨時小組第2次臨時會議」，會中決議交先生與陶希聖、蕭自誠、時昭瀛全權處理相關宣傳事宜。[32]

9月14日　中國國民黨中央改造委員會第206次會議，因立法院舉行院務檢討會議引發是非問題，受推組織小組調查。[33]

9月19日　出席「毛案小組第5次會議」，會中針對宣傳工作提出建議。[34]

9月21日　蔣中正召見先生等毛邦初案研究成員，研商毛案處理辦法。[35]

10月3日　出席中國國民黨中央改造委員會第216次會議，第四組匯報關於新聞紙類分配問題，述及政府發言人配合

29　秦孝儀總編纂，《總統蔣公大事長編初稿》，卷十，頁261。

30　「中改會第二〇〇次會議紀錄」（1951年9月5日），〈會議紀錄〉，中國國民黨文化傳播委員會黨史館藏，館藏號：會6.42/21.10。

31　〈毛邦初案（三）〉，《總統府》，國史館藏，數位典藏號：011-100100-0003，頁16-20。

32　〈毛邦初案（三）〉，《總統府》，國史館藏，數位典藏號：011-100100-0003，頁23-25。

33　「中改會第二〇六次會議紀錄」（1951年9月14日），〈會議紀錄〉，中國國民黨文化傳播委員會黨史館藏，館藏號：會6.42/22.6。

34　〈毛邦初案（三）〉，《總統府》，國史館藏，數位典藏號：011-100100-0003，頁35-41。

35　秦孝儀總編纂，《總統蔣公大事長編初稿》，卷十，頁291。

說明與參與溝通的過程。[36]

10月15日 出席中國國民黨中央改造委員會第223次會議，會中針對立法院爭議發言。[37]

10月17日 行政院院會通過先生擔任出席聯合國第六屆大會代表團顧問。[38]

10月18日 上午出席中國國民黨中央改造委員會第225次會議，針對中央委員溝通及全國代表大會問題發言。[39]下午受邀在臺北賓館中國國民黨舉行之記者招待會分析國際局勢。[40]

10月20日 與蔣經國談話，建議宣傳效忠領袖不可過火。[41]

10月24日 在革命實踐研究院講當前國際與外交。[42]

10月26日 發言否認外電報導中、日兩國政府已定於11月下旬起開始在臺北直接談判簽訂雙邊和約事。[43]

10月28日 啟程前往巴黎，出席聯大第六屆會議，於11月1日抵達。[44]

---

36 「中改會第二一六次會議紀錄」（1951 年 10 月 3 日），〈會議紀錄〉，中國國民黨文化傳播委員會黨史館藏，館藏號：會 6.42/23.6。

37 「中改會第二二三次會議紀錄」（1951 年 10 月 15 日），〈會議紀錄〉，中國國民黨文化傳播委員會黨史館藏，館藏號：會 6.42/24.3。

38 〈行政院會議議事錄 臺第二一冊二〇三至二〇八〉，《行政院》，國史館藏，數位典藏號：014-000205-00048-006。

39 「中改會第二二五次會議紀錄」（1951 年 10 月 18 日），〈會議紀錄〉，中國國民黨文化傳播委員會黨史館藏，館藏號：會 6.42/24.5。

40 〈蕭自誠昨招待記者 報告當前局勢 徐柏園報告財政金融 沈昌煥分析國際情勢〉，《聯合報》，臺北，1951 年 10 月 19 日，第 1 版。

41 《蔣經國日記》，1951 年 10 月 20 日，史丹佛大學胡佛研究所藏。

42 〈吳俊才革命實踐研究院課程講述紀錄書課程題目：沈昌煥講當前國際與外交（影本）〉，《襃揚史料》，國史館藏，入藏登錄號：1550850180005A。

43 〈中日談判雙邊條約說 政府發言人昨鄭重否認〉，《聯合報》，臺北，1951 年 10 月 27 日，第 1 版。

44 〈出席聯大六屆會議 時昭瀛沈昌煥定今啟程赴法〉，《聯合報》，臺北，1951 年 10 月 28 日，第 1 版；〈蔣廷黻一行 抵達巴黎〉，《聯合報》，臺北，1951 年 11 月 2 日，第 1 版。

11月 4 日 　晚間在中國駐法大使館向大使館人員及當地華僑領袖
　　　　　　　做有關臺灣進步及其問題的演說。[45]

11月13日 　中國國民黨中央改造委員會第238次會議，決議提請
　　　　　　　先生就近視導中國國民黨駐法國總支部。[46]

11月14日 　在巴黎僑胞歡迎中國代表團的宴會中說明我政府領袖
　　　　　　　對完成反共抗俄大業，不但具堅定決心，且具充分信
　　　　　　　念。[47]

11月18日 　出席旅法僑胞歡迎代表團活動，並發表演講。[48]

12月 3 日 　出席巴黎近郊歌梅驛華僑歡迎茶會，並受邀致詞。

45　〈巴黎我使館一盛會　蔣廷黻博士　宴團員僑領　沈昌煥報告台灣情形〉，《聯合報》，
　　臺北，1951 年 11 月 6 日，第 1 版。

46　「中改會第二三八次會議紀錄」（1951 年 11 月 13 日），〈會議紀錄〉，中國國民黨文
　　化傳播委員會黨史館藏，館藏號：會 6.42/25.8。

47　〈巴黎我國僑胞　歡迎我代表團〉，《聯合報》，臺北，1951 年 11 月 15 日，第 1 版。

48　〈旅法僑胞歡迎我代表團　蔣廷黻等演說　指出四事保證收復大陸　前途雖艱相信可以克
　　服〉，《聯合報》，臺北，1951 年 11 月 19 日，第 1 版。

民國41年（1952） 39歲

1月14日 以私人名義訪問西德，在波昂表示中國軍隊如獲得武器，在若干月內即可反攻大陸。[1]

1月23日 致函蔣經國，抵法後曾分訪比、英、義、瑞士及德國，與其朝野及僑胞多方聯絡，建議蔣經國在適當時機出國一行。[2]

2月6日 中國國民黨中央改造委員會第291次會議，秘書處報告接先生來電報稱，控蘇案已經聯合國大會通過。[3]

2月27日 中國國民黨中央改造委員會第302次會議，通過列名總動員運動會報文化組成員。[4]

2月29日 自歐洲返臺。[5]

2月 函覆杭立武，同意擔任華美協進會在臺顧問。[6]

3月2日 臺北市報業公會於鐵路飯店歡宴先生歸國。[7]

3月5日 在行政院第228次會議報告出席聯大常會情形及歐洲

---

1 〈國軍如獲武器　六月後反攻　沈昌煥在德談話〉，《聯合報》，臺北，1952年1月16日，第1版。

2 〈國防部總政治部任內文件（五）〉，《蔣經國總統文物》，國史館藏，數位典藏號：005-010100-00054-002。

3 「中改會第二九一次會議紀錄」（1952年2月6日），〈會議紀錄〉，中國國民黨文化傳播委員會黨史館藏，館藏號：會6.42/31.1。

4 「中改會第三○二次會議紀錄」（1952年2月27日），〈會議紀錄〉，中國國民黨文化傳播委員會黨史館藏，館藏號：會6.42/32.2。

5 〈沈昌煥昨返台　談旅歐觀感　西歐經濟長足進步　共黨遭人惡厭唾棄　華僑咸願返國效力〉，《聯合報》，臺北，1952年2月29日，第1版；〈沈昌煥昨返台　談旅歐觀感〉，《聯合報》，臺北，1952年3月1日，第1版。

6 〈華美協進社等（一）〉，《外交部》，國史館藏，典藏號：020-090901-0102。

7 〈沈昌煥昨報告我在聯大所獲成就　已得多國道義支持　旅歐華僑擁護政府〉，《聯合報》，臺北，1952年3月3日，第1版。

局勢。[8]

3月 6日　出席行政院暨所屬各單位國父紀念月會，致詞報告歐遊觀感。[9]

3月10日　在中國國民黨中央改造委員會總理紀念週報告歐洲各國華僑近況。[10]

3月19日　上午，出席中國大陸災胞救濟總會第二屆第2次理監事聯席會議，報告聯合國救災組織情形。[11]

下午，中國國民黨中央改造委員會第314次會議，通過中央日報董監事名單，先生續任董事。[12]

向立法院外交委員會報告本屆聯合國大會情形及國際形勢。[13]

3月31日　出席行政院對日和約問題研究小組會議。[14]

4月 7日　於基隆市黨政軍各界4月份聯合國父紀念月會演講我國在第六屆聯合國大會所獲成就。[15]

4月 8日　出席對日和約小組集會，就日方所採對我備忘錄之書面意見，詳加研究。[16]

8　〈行政院會議議事錄　臺第二六冊二二四至二二八〉，《行政院》，國史館藏，數位典藏號：014-000205-00053-005。

9　〈行政院月會中　沈昌煥談歐遊觀感　我在聯大獲兩勝利　歐人刻苦實堪效法〉，《聯合報》，臺北，1952年3月7日，第1版。

10　〈沈昌煥在改造委會　報告歐洲僑情　華僑熱愛祖國擁護政府　希望早日反攻收復大陸〉，《聯合報》，臺北，1952年3月11日，第1版。

11　〈大陸救災總會　理監聯席會議〉，《聯合報》，臺北，1952年3月20日，第2版。

12　「中改會第三一四次會議紀錄」（1952年3月19日），〈會議紀錄〉，中國國民黨文化傳播委員會黨史館藏，館藏號：會6.42/33.4。

13　〈立院外交委會　定今聽取葉外長報告　立院祕長李中襄視事〉，《聯合報》，臺北，1952年3月20日，第1版。

14　〈革命文獻—對日議和（三）〉，《蔣中正總統文物》，國史館藏，數位典藏號：002-020400-00055-003。

15　〈基隆國父紀念月會上　沈昌煥出席演講　控俄案勝利成因　民主國家清楚認識匪幫暴行　我國在國際上地位日漸提高〉，《聯合報》，臺北，1952年4月8日，第5版。

16　〈對日和約小組昨集會　研討日書面意見　對處理歧見有所決定　陳揆葉外長會後謁總

4月11日 中國國民黨中央改造委員會第325次會議決議，選拔優秀幹部份子赴海外工作，推定由先生與張道藩、胡健中、曾虛白、連震東組織甄審小組，由先生擔任召集人。[17]

4月17日 上午8時，出席對日和約最高決策小組於行政院長陳誠官邸舉行的小組會議。[18]

10時，出席中國國民黨中央改造委員會第328次會議，於聽取鄭彥棻報告視察泰越黨務情形後，就爭取僑胞變更使領館之組織，以及加強國際宣傳問題等發表意見。[19]

4月23日 舉辦茶會，介紹來臺度假的聯合國副祕書長胡世澤與中國報界人士相見。[20]

4月24日 出席中國國民黨中央改造委員會第332次會議，受任負責審查〈中國青年反共救國團學校團務高中以上學校學生軍事訓練配合實施要點〉與〈中國青年反共救國團組織系統草案〉。[21]

4月28日 《中日和平條約》在臺北簽字。

5月7日 吉田首相私人代表日本前國務大臣緒方竹虎抵臺，奉

統〉，《聯合報》，臺北，1952年4月10日，第1版。

17 「中改會第三二五次會議紀錄」（1952年4月11日），〈會議紀錄〉，中國國民黨文化傳播委員會黨史館藏，館藏號：會6.42/34.5。

18 〈締和決策小組 昨舉行會議 雙方正式會議昨停開〉，《聯合報》，臺北，1952年4月18日，第1版。

19 「中改會第三二八次會議紀錄」（1952年4月17日），〈會議紀錄〉，中國國民黨文化傳播委員會黨史館藏，館藏號：會6.42/34.8。

20 〈政府發言人辦公室昨招待胡世澤 與新聞界晤面 王秘長陳院長宴胡氏〉，《聯合報》，臺北，1952年4月24日，第1版。

21 「中改會第三三二次會議紀錄」（1952年4月24日），〈會議紀錄〉，中國國民黨文化傳播委員會黨史館藏，館藏號：會6.42/35.2。

命前往機場接機。[22]次日晚上8時，行政院長陳誠在官邸設宴招待緒方竹虎及嘉治隆等外賓，出席作陪。[23]

5月8日　出席中國國民黨中央改造委員會第338次會議，會中通過先生等組織小組審議之〈中國青年反共救國團學校團務高中以上學校學生軍事訓練配合實施要點〉與〈中國青年反共救國團組織系統草案〉意見。[24]

5月9日　於英文《自由中國評論》月刊（*Free China Review*）第2卷第3期5月號，發表〈歐洲反共的進展〉一文。[25]

5月14日　出席中國國民黨中央改造委員會第341次會議，並擔任主席，受推與陳雪屏、谷正綱等組織小組，討論改造完成後中國國民黨中央機構組織問題。[26]

5月15日　中國國民黨中央改造委員會第342次會議，決議推先生與陳雪屏、谷正綱等組織小組，研討全國代表大會籌備事宜。[27]

5月26日　出席中國國民黨中央改造委員會第345次會議，針對《全民日報、民族報、經濟時報聯合版》刊登社論指謫政府實施配紙辦法，提出補充報告。[28]

---

22 〈緒方竹虎抵台　昨曾晉謁總統致敬　並分訪我政府首長〉，《聯合報》，臺北，1952年5月8日，第1版。

23 〈緒方定今日再度謁總統　對中日未來合作提建議〉，《聯合報》，臺北，1952年5月9日，第1版。

24 「中改會第三三八次會議紀錄」（1952年5月8日），〈會議紀錄〉，中國國民黨文化傳播委員會黨史館藏，館藏號：會6.42/35.8。

25 Shen Chang-huan, "Europe Makes Headway Against Communism", *Free China Review*, 2:3 (May 1952), pp. 6-8.

26 「中改會第三四一次會議紀錄」（1952年5月14日），〈會議紀錄〉，中國國民黨文化傳播委員會黨史館藏，館藏號：會6.42/36.1。

27 「中改會第三四二次會議紀錄」（1952年5月15日），〈會議紀錄〉，中國國民黨文化傳播委員會黨史館藏，館藏號：會6.42/36.2。

28 「中改會第三四五次會議紀錄」（1952年5月26日），〈會議紀錄〉，中國國民黨文化傳播委員會黨史館藏，館藏號：會6.42/36.5。

6月9日 中國國民黨中央改造委員會第351次會議,通過選拔
優秀幹部赴海外工作意見。[29]

6月20日 前往機場迎接《紐約時報》發行人塞資柏格(Arthur
Hays Sulzberger)。[30] 22日下午7時半,蔣中正總統於
官邸宴請塞資柏格,先生出席作陪。[31]

6月26日 出席中國國民黨中央改造委員會第359次會議,報告
接待塞資伯格情形。[32]

6月30日 在中國國民黨中央改造委員會第360次會議,受派代
表出席國民大會黨團幹事會第二屆第1次大會,報告
國內外大勢。[33]

7月7日 中國國民黨中央改造委員會第364次會議,通過中央
改造委員會四十一年度上半年工作檢討審查小組名
單,奉命擔任第四小組召集人。[34]

7月10日 出席中國國民黨中央改造委員會第366次會議,會中
針對程天放報告美國在華教會學校聯合董事會擬在臺
籌設教會大學一事發言。[35]

7月17日 出席「協助處理毛邦初失職抗命案小組第10次會

---

29 「中改會第三五一次會議紀錄」(1952年6月9日),〈會議紀錄〉,中國國民黨文化
傳播委員會黨史館藏,館藏號:會 6.42/37.1。

30 〈塞資柏格昨抵台 下機後即謁總統 定今參觀我陸軍訓練〉,《聯合報》,臺北,1952
年6月21日,第1版。

31 〈總統夫婦昨舉行茶會 招待回國四僑團 兩僑團代表呈獻寶劍地圖 總統下午並歡宴賽
資柏格〉,《聯合報》,臺北,1952年6月23日,第1版。

32 「中改會第三五九次會議紀錄」(1952年6月26日),〈會議紀錄〉,中國國民黨文化
傳播委員會黨史館藏,館藏號:會 6.42/37.9。

33 「中改會第三六〇次會議紀錄」(1952年6月30日),〈會議紀錄〉,中國國民黨文化
傳播委員會黨史館藏,館藏號:會 6.42/37.10。

34 「中改會第三六四次會議紀錄」(1952年7月7日),〈會議紀錄〉,中國國民黨文化
傳播委員會黨史館藏,館藏號:會 6.42/38.4。

35 「中改會第三六六次會議紀錄」(1952年7月10日),〈會議紀錄〉,中國國民黨文化
傳播委員會黨史館藏,館藏號:會 6.42/38.6。

議」。[36]復於本月24日、28日、30日出席第11至13次會議。

7月21日 中國國民黨中央改造委員會第369次會議，會中推派先生等6人擔任《加強中日文化合作政策草案》審查小組，負責審查該案。[37]該案於25日，中央改造委員會第373次會議修正通過。[38]

7月30日 就香港交通銀行起義四志士來臺發表談話。[39]

8月12日 就任中國國民黨中央改造委員會第四組主任職。[40]

8月14日 臺北市新聞記者公會與報業公會假鐵路飯店聯合舉行茶會，祝賀先生就任新職。[41]

8月21日 出席中國國民黨中央改造委員會第388次會議，以第四組主任身分報告周恩來訪問俄國情形及國內外輿論對於此事之反映意見。[42]

出席北市報業公會假鐵路飯店舉行茶會，歡送董顯光出使日本。[43]

8月26日 發言否認東京外電所傳我國政府正與日本洽商訂立中

---

36 〈毛邦初案（三）〉，《總統府》，國史館藏，數位典藏號：011-100100-0003。

37 「中改會第三六九次會議紀錄」（1952年7月21日），〈會議紀錄〉，中國國民黨文化傳播委員會黨史館藏，館藏號：會6.42/38.9。

38 「中改會第三七三次會議紀錄」（1952年7月25日），〈會議紀錄〉，中國國民黨文化傳播委員會黨史館藏，館藏號：會6.42/39.3。

39 〈香港交行四志士來歸 沈昌煥發表談話 盼望匪區同胞效法奮起立功〉，《聯合報》，臺北，1952年7月31日，第1版。

40 〈台灣新生報照片冊（12）〉，《台灣新生報》，國史館藏，數位典藏號：150-029900-0012-007。

41 〈記者公會·報業公會 歡迎沈昌煥等 沈氏蕭自誠分別致詞 馬星野特撰聯語祝賀〉，《聯合報》，臺北，1952年8月15日，第1版。

42 秦孝儀總編纂，《總統蔣公大事長編初稿》（臺北：中正文教基金會，2004年），卷十一，頁230-231。

43 〈本市報業公會 昨歡送董顯光〉，《聯合報》，臺北，1952年8月22日，第1版。

日軍事協定等事。[44]

9月1日　發表記者節獻詞。[45]

9月3日　出席中國國民黨中央改造委員會第393次會議，會中奉派參加中央通訊社管理委員會擬具中央社企業化組織原則審查小組。[46]

9月4日　出席中國國民黨中央改造委員會第394次會議，會中奉派參加「本黨當前新聞宣傳指導綱要草案」審查小組，並擔任召集人。[47]

9月5日　發表談話指斥某外國通訊社謂「中國政府現正在實施間接的新聞檢查制度」無事實根據。[48]

9月10日　出席中國國民黨中央改造委員會第397次會議。秘書長張其昀轉達總裁指示，交先生與曾虛白、李士英、陶希聖、黃少谷、許靜芝起草七全大會政治報告，由先生負責執筆。[49]

10月2日　應日本媒體邀請，就日本大選結果發表感想。[50]

10月3日　出席中國青年反共救國團第1次團務指導委員會議，議決並通過團章。[51]

44　〈中日商訂軍事協定　係無根據傳說　沈昌煥斥東京謠諑〉，《聯合報》，臺北，1952年8月27日，第7版。

45　〈記者節獻詞〉，《聯合報》，臺北，1952年9月1日，第1-2版。

46　「中改會第三九三次會議紀錄」（1952年9月3日），〈會議紀錄〉，中國國民黨文化傳播委員會黨史館藏，館藏號：會6.42/41.3。

47　「中改會第三九四次會議紀錄」（1952年9月4日），〈會議紀錄〉，中國國民黨文化傳播委員會黨史館藏，館藏號：會6.42/41.4。

48　〈新聞檢查說　無事實根據　沈昌煥斥謠言〉，《聯合報》，臺北，1952年9月6日，第1版。

49　「中改會第三九七次會議紀錄」（1952年9月10日），〈會議紀錄〉，中國國民黨文化傳播委員會黨史館藏，館藏號：會6.42/41.7。

50　〈日本總選自由黨獲勝　沈昌煥發表感想　中日邦交前途必可更趨合作　日將增進對遠東反共國關係　日本人民業已清楚認清共黨〉，《聯合報》，臺北，1952年10月3日，第1版。

51　〈中國青年反共救國團　本月卅一日成立　首次團務指導委議決並通過團章　蔣經國主任

10月 4 日　在臺北市編輯人協會第四屆會員大會發表演講。[52]

10月 9 日　中央改造委員會舉行最後一次會議。[53]

10月10日　中國國民黨第七次全國代表大會於陽明山召開，至20日結束。

10月14日　在香港中華廠商聯合會會員回國參展團記者會致詞。[54]介紹參加中國國民黨第七次全國代表大會的東南亞代表及僑領與新聞界會晤。[55]

10月20日　當選中國國民黨第七屆中央委員。

10月23日　發言否認蔣中正總統重提派遣國軍赴韓對共黨作戰的說法。[56]

10月25日　發言否認外傳政府將撤回目前滯留越南國軍的報導。[57]

10月31日　中國青年反共救國團成立，由蔣中正擔任團長，蔣經國擔任副團長，先生受聘為團務指導委員。[58]

11月 5 日　對艾森豪（Dwight David Eisenhower）當選美國下屆總統發表談話。[59]

11月19日　出席陳納德將軍（Claire Lee Chennault）夫婦為慶祝

報告籌備經過〉，《聯合報》，臺北，1952年10月4日，第1版。

52 〈北市編輯人協會決定　舉辦新聞學講座　並籌開世界新聞事業展覽會　昨舉行四屆會員大會〉，《聯合報》，臺北，1952年10月5日，第3版。

53 〈領袖照片資料輯集（九十）〉，《蔣中正總統文物》，國史館藏，數位典藏號：002-050101-00092-106。

54 〈沈昌煥昨呼籲僑胞　展開對匪經濟作戰　歡迎僑胞參加祖國建設〉，《聯合報》，臺北，1952年10月15日，第3版。

55 〈七全大會第六次會議　分五組審查提案　大會收到提案一百五十三件　東南亞僑胞代表談反共事蹟〉，《聯合報》，臺北，1952年10月15日，第1版。

56 〈國軍赴韓建議　總統並未重提　政府發言人鄭重闢謠〉，《聯合報》，臺北，1952年10月24日，第1版。

57 〈留越國軍運台　政府堅決否認〉，《聯合報》，臺北，1952年10月26日，第1版。

58 〈中國青年反共救國團　昨正式宣告成立　各級幹部舉行隆重宣誓典禮　陳揆勗勉青年須具四項條件〉，《聯合報》，臺北，1952年11月1日，第1版。

59 〈沈昌煥談觀感　中美未來必增進合作〉，《聯合報》，臺北，1952年11月6日，第1版。

中央、中國兩航訟案勝利並與各界朋友會晤餐會。[60]

11月26日 陪同行政院長陳誠在信義路陳院長官邸歡宴招待胡適。[61]

11月28日 設宴招待美國《生活》（*Life*）、《時代》（*Time*）、《幸福》（*Fortune*）三大雜誌主編魯斯夫婦（Henry Robinson Luce）晚宴。30日下午，陪同魯斯夫婦遊覽，當晚陳誠院長設宴款待魯斯夫婦，出席作陪。[62]

12月 6日 在陸軍官校演講國際形勢。[63]

12月23日 出席臺北市「記者之家」揭幕活動。[64]

---

60 〈慶祝兩航訟案勝利　陳納德夫婦　昨舉行酒會　到賀客三百餘人〉，《聯合報》，臺北，1952 年 11 月 20 日，第 1 版。

61 〈陳揆昨宴胡適　今復酒會招待　王世杰定今晚邀宴〉，《聯合報》，臺北，1952 年 11 月 27 日，第 1 版。

62 〈魯斯・范善德　參觀國軍訓練　總統昨晚歡宴魯斯〉，《聯合報》，臺北，1952 年 11 月 30 日，第 1 版。

63 〈沈昌煥　在軍校講國際形勢〉，《聯合報》，臺北，1952 年 12 月 7 日，第 1 版。

64 〈記者之家揭幕誌盛〉，《聯合報》，臺北，1952 年 12 月 24 日，第 3 版。

民國42年（1953）　40歲

1月4日　　出席影劇講習班結業禮。[1]

1月5日　　就菲國逮捕共諜嫌疑犯牽涉華僑人數甚多發表談話。[2]

2月3日　　就美國艾森豪總統國會咨文解除臺海中立化事，為「美國之音」錄製節目向海外僑胞廣播。[3]

2月5日　　出席中國國民黨第七屆第12次中央委員會工作會議，會中檢陳《中央常務委員會處理重要政治案件要點草案》及《促進黨政關係注意事項草案》各一種，決議推舉谷正綱為召集人，先生及吳國楨、黃少谷、陳雪屏、袁守謙、陶希聖、唐縱、鄭彥棻、崔書琴等組織小組研議。[4]

2月10日　　出席中國國民黨第七屆第17次中央委員會工作會議，會中決議設立革命實踐研究院臺灣分院，推舉周宏濤為召集人，先生及唐縱、鄭介民、鄭彥棻、郭澄、任覺五等組織小組。[5]

2月17日　　出席中國國民黨第七屆第18次中央委員會工作會議，會中決議擬訂中央委員會文書處理規則草案，推舉周

1　　〈影劇講習班　昨行結業禮〉，《聯合報》，臺北，1953年1月5日，第3版。
2　　〈菲國逮捕共諜嫌疑犯　僑胞應提高警覺　菲為法治國家必能秉公處斷　政府發言人沈昌煥昨談話〉，《聯合報》，臺北，1953年1月6日，第1版。
3　　〈沈昌煥讚揚美新政策　認立場準確堅定　艾森豪將以全球性戰略反共　并勉國人為反攻復國而努力〉，《聯合報》，臺北，1953年2月4日，第1版。
4　　〈中國國民黨第七屆中央委員會常務委員會工作會議紀錄彙編〉，《陳誠副總統文物》，國史館藏，數位典藏號：008-011002-00005-012。
5　　〈中國國民黨第七屆中央委員會常務委員會工作會議紀錄彙編〉，《陳誠副總統文物》，國史館藏，數位典藏號：008-011002-00005-085。

宏濤為召集人，先生及谷鳳翔、郭澄、唐縱、鄭彥棻、崔書琴、羅家倫、張壽賢等組織小組審查。[6]

2月23日 發表談話，指我國廢止《中蘇友好條約》，國際法上有根據。[7]

3月 5 日 史達林（Joseph Stalin）過世，次日發言評論史達林逝世後中蘇共關係。[8]

3月16日 出席蔣中正在官邸歡迎美國報業鉅子斯克利浦斯霍華德報系主持人霍華德夫婦（Roy W. Howard）訪華晚宴。[9]次日，亦出席宴會作陪。[10] 21日，霍華德離臺，前往機場送機。[11]

3月18日 出席中國青年反共救國團團務指導委員會，通過該團四十二年度之工作計劃及該團團歌。[12]

3月19日 出席中國國民黨第七屆第20次中央委員會工作會議，報告四十二年度宣傳與訓練工作重點以及謀求改進之處。[13]

關於留學生的爭取，決議推張其昀為召集人，先生及張道藩、鄭彥棻、程天放、陳雪屏、崔書琴、羅家倫、唐縱、杭立武等組織小組，研擬計畫與辦法。

---

6 〈中國國民黨第七屆中央委員會常務委員會工作會議紀錄彙編〉，《陳誠副總統文物》，國史館藏，數位典藏號：008-011002-00005-085。

7 〈沈昌煥發表談話 我廢止中蘇友好條約 國際法上有根據 此與美廢除奴役性密約無關 深信他國必寄予同情〉，《聯合報》，臺北，1953年2月24日，第1版。

8 〈沈昌煥談話 匪共不會變成狄托 俄將加緊控制附庸 侵略政策絕無變更〉，《聯合報》，臺北，1953年3月7日，第1版。

9 〈總統昨宴霍華德 台北報界今茶會招待〉，《聯合報》，臺北，1953年3月17日，第1版。

10 〈霍華德 訪葉外長〉，《聯合報》，臺北，1953年3月18日，第1版。

11 〈霍華德夫婦 昨離台飛日〉，《聯合報》，臺北，1953年3月22日，第1版。

12 〈救國團今年工作 指導會昨予通過 著重於加強政治教育〉，《聯合報》，臺北，1953年3月19日，第3版。

13 〈中國國民黨第七屆中央委員會常務委員會工作會議紀錄彙編〉，《陳誠副總統文物》，國史館藏，數位典藏號：008-011002-00005-020。

3月21日　　出席蔣中正在官邸歡送來華訪問之美國民主黨領袖史蒂文生（Adlai Stevenson）晚宴。[14]次日，前往機場送機。[15]

3月26日　　出席中國國民黨第七屆第21次中央委員會工作會議，報告臺灣各地旅館、菜館、戲院骯髒情形。[16]　　出席第二屆廣播節慶祝會並致詞。[17]

4月2日　　　出席外交部長葉公超歡迎美國駐華大使藍欽（Karl Lott Rankin）到任宴會。[18]

4月5日　　　出席中央日報股份有限公司第四屆第1次股東大會並致詞。[19]

4月9日　　　出席中國國民黨第七屆第23次中央委員會工作會議，提報爭取留學生計劃及辦法。[20]

4月15日　　出席臺北市報業公會會員大會並發表演說，呼籲報人團結反共，策劃反攻準備工作。[21]

4月25日　　設宴為合眾社臺北分社主任高爾雅（A. M. Goul）餞

14　〈總統昨晚在官邸　設宴款待嘉賓　中美高級官員均參加　史氏定今晨離台飛港〉，《聯合報》，臺北，1953年3月22日，第1版。

15　〈史蒂文生昨抵港　離台前談話謂此行收穫豐碩　台灣在太平洋防衛上甚重要　美人將道義支持我重返大陸〉，《聯合報》，臺北，1953年3月23日，第1版。

16　〈中國國民黨第七屆中央委員會常務委員會工作會議紀錄彙編〉，《陳誠副總統文物》，國史館藏，數位典藏號：008-011002-00005-021。

17　〈廣播界人士昨慶廣播節　我們的聲音　已經在登陸　陶希聖沈昌煥致詞　強調廣播戰重要性〉，《聯合報》，臺北，1953年3月27日，第3版。

18　〈典禮莊肅隆重　葉外長昨午宴藍欽　藍欽定今招待記者〉，《聯合報》，臺北，1953年4月3日，第1版。

19　〈中央日報易長　胡健中任董事長　陳訓悆繼任社長〉，《聯合報》，臺北，1953年4月6日，第3版。

20　〈中國國民黨第七屆中央委員會常務委員會工作會議紀錄彙編〉，《陳誠副總統文物》，國史館藏，數位典藏號：008-011002-00005-023。

21　〈政府發言人沈昌煥　呼籲報人團結反共　並促策劃反攻準備工作〉，《聯合報》，臺北，1953年4月16日，第2版。

行。[22]

5月2日　宣布對中國大陸禁運新措施。[23]

5月5日　上午，出席於陽明山莊大禮堂舉行的中國國民黨第七屆第2次全體會議。該會議舉行3天，於7日閉幕。[24]

5月12日　出席中國國民黨第七屆第31次中央委員會工作會議，會中提報革命實踐研究院臺灣分院設立計畫草案，決議設置革命實踐研究院臺灣分院籌備會，推唐縱為籌備會主任，先生及周宏濤、郭澄、鄭介民、鄭彥棻、任覺五、連震東、張炎元、徐柏園、倪文亞、上官業佑為委員，籌備工作至6月15日完成，7月1日起開訓。[25]

5月13日　出席中國國民黨第七屆第32次中央委員會工作會議，會中秘書處報告總裁對先生於第21次會議所提旅館、菜館、戲院衛生問題建議之裁示。[26]

5月29日　中華國樂會召開第一屆第2次理事會，通過敦聘先生等17人為名譽理事。[27]

6月26日　出席中國國民黨第七屆第38次中央委員會工作會議。[28]

6月29日　晚間在發言人辦公室設宴款待美國探險家威爾士夫

---

22 〈高爾雅返美　沈昌煥餞行〉，《聯合報》，臺北，1953年4月26日，第1版。

23 〈加強對匪禁運　我採取新措施　凡進入我自由區商輪　須保證決不駛往匪區〉，《聯合報》，臺北，1953年5月3日，第1版。

24 〈中國國民黨第七屆中央委員會第二次全體會議紀錄〉，《陳誠副總統文物》，國史館藏，數位典藏號：008-011002-00016-005。

25 〈中國國民黨第七屆中央委員會常務委員會工作會議紀錄彙編〉，《陳誠副總統文物》，國史館藏，數位典藏號：008-011002-00005-099。

26 〈中國國民黨第七屆中央委員會常務委員會工作會議紀錄彙編〉，《陳誠副總統文物》，國史館藏，數位典藏號：008-011002-00005-032。

27 〈記者之家映無晃皇后　愛國歌曲向海外宣揚〉，《聯合報》，臺北，1953年5月30日，第3版。

28 〈中國國民黨第七屆中央委員會常務委員會工作會議紀錄彙編〉，《陳誠副總統文物》，國史館藏，數位典藏號：008-011002-00005-106。

婦。[29]

夏 赴國防部總政治部假政工幹校開辦「軍聞班」授課。[30]

7月 3日 發言聲明我國海軍完成撤退羈留越南之中國反共軍民
來臺工作，並無外國艦艇護航。[31]

7月10日 下午6時30分於記者之家舉行「臺北市各報副刊編者
及作者聯誼會」中，邀約自由中國文藝作家，發動愛
國文學運動。[32]

7月25日 在宣傳會談中批評政治部和軍聞社。[33]

7月31日 近期對政治部等意見引起蔣經國的不滿。[34]

8月 1日 出席中國國民黨第七屆第50次中央委員會工作會議，
會中報告韓境反共戰俘之慰勞問題。[35]

8月 2日 參加反共抗俄宣傳列車開車典禮，報告宣傳列車舉辦
意義及籌備經過。[36]

8月12日 出席中國國民黨第七屆第52次中常會，會中報告對大
陸宣傳之現況與今後計畫。[37]

8月27日 以「我們的信心和方向」為題發表廣播演說，鼓勵華
僑報人喚起華僑團結反共抗俄的力量。[38]

---

29 〈總統今邀見 戚爾士夫婦〉，《聯合報》，臺北，1953 年 6 月 30 日，第 1 版。

30 〈人物憶往 聽新聞局長沈昌煥講課〉，《聯合報》，臺北，1998 年 10 月 20 日，第 39 版。

31 〈沈昌煥發表聲明 撤運留越國軍 係我海軍擔任 美否認曾派軍艦護航〉，《聯合報》，
臺北，1953 年 7 月 4 日，第 1 版。

32 〈省市簡訊〉，《聯合報》，臺北，1953 年 7 月 11 日，第 3 版。

33 《蔣經國日記》，1953 年 7 月 25 日，史丹福大學胡佛研究所藏。

34 《蔣經國日記》，1953 年 7 月 31 日，史丹福大學胡佛研究所藏。

35 〈中國國民黨第七屆中央委員會常務委員會工作會議紀錄彙編〉，《陳誠副總統文物》，
國史館藏，數位典藏號：008-011002-00005-050。

36 〈反共抗俄宣傳列車 今舉行開車禮 上午在站公開展覽〉，《聯合報》，臺北，1953
年 8 月 2 日，第 3 版。

37 〈中國國民黨第七屆中央委員會常務委員會工作會議紀錄彙編〉，《陳誠副總統文物》，
國史館藏，數位典藏號：008-011002-00005-052。

38 〈擔負振聾發瞶〔聵〕使命 喚起僑胞反共 沈昌煥告華僑報人〉，《聯合報》，臺北，

9月4日　出席中國國民黨第七屆第47次中央委員會工作會議，受推派與周宏濤、唐縱、郭澄、張炎元、崔書琴等組織小組，審查「幹部政策與人事制度」檢討報告草案。

9月6日　陪同美國參議院多數黨領袖諾蘭赴左營海軍總部拜會。[39]次日，陪訪金門、澎湖、臺南及高雄。[40]

9月16日　出席中國國民黨第七屆第59次中常會，會中受派參與心理作戰綜合小組。

9月17日　發言聲明我國政府對執行聯合國要求李彌部隊自緬甸撤出之決議案已盡最大努力。[41]

9月21日　在國民黨中央委員會總理紀念週報告「韓境反共義士奮鬥情形」。[42]

9月25日　出席中國國民黨第七屆第50次中央委員會工作會議，奉命與周宏濤、唐縱、郭澄、張炎元、李士英等組織小組審查「分區督導黨務暫行辦法」。[43]

10月3日　發表聲明指責印軍違反中立原則，破壞韓戰停戰協定。[44]

10月9日　出席中國國民黨第七屆第52次中央委員會工作會議，受推與周宏濤、谷鳳翔、唐縱、鄭彥棻、郭澄、張炎

1953年8月28日，第1版。

39　〈諾蘭今將參觀噴氣飛行訓練〉，《聯合報》，臺北，1953年9月7日，第1版。

40　〈諾蘭昨在南部　參觀空軍訓練　晚在高雄晤俞鴻鈞　商談台灣經濟情形〉，《聯合報》，臺北，1953年9月8日，第1版。

41　〈促使李彌部隊自緬甸撤退案　我已盡最大努力　游擊將領保證遵聯合國決議　緬甸若干官員談話實非公允　沈昌煥發表嚴正聲明〉，《聯合報》，臺北，1953年9月17日，第1版。

42　〈中央紀念週　沈昌煥報告〉，《聯合報》，臺北，1953年9月22日，第1版。

43　〈中國國民黨第七屆中央委員會常務委員會工作會議紀錄彙編〉，《陳誠副總統文物》，國史館藏，數位典藏號：008-011002-00005-118。

44　〈沈昌煥發表聲明　斥印違反中立　破壞停戰協定　促請聯軍採取步驟〉，《聯合報》，臺北，1953年10月4日，第1版。

元、崔書琴、沈祖懋、李士英、徐柏園等組織小組，審查中國國民黨四十三年度工作目標草案。[45]

10月11日 陪同首批由韓國戰場返國的63位反共義士拜會行政院長陳誠。[46]

10月14日 出席中國國民黨第七屆第63次中常會，報告援助在韓我反共義士工作情形。[47]

10月22日 應邀在國際扶輪社慶祝「聯合國週」活動發表演講。[48]

10月26日 處事引起蔣經國批評，認為有官僚習氣。[49]

11月 4 日 應中國國民黨秘書長張其昀之邀，出席討論謝副秘書長東閔提報視察日本黨務報告。[50]

11月12日 出席中國國民黨第七屆中央委員會第3次全體會議，至14日止。[51]

11月27日 赴機場迎接大韓民國（韓國）總統李承晚來訪。[52]次日，參加行政院長陳誠在其信義路官邸歡迎李承晚晚宴。[53]

11月29日 陪同來訪的李承晚總統舉行記者會。[54]

---

45 〈中國國民黨第七屆中央委員會常務委員會工作會議紀錄彙編〉，《陳誠副總統文物》，國史館藏，數位典藏號：008-011002-00005-120。

46 〈接見六十三反共義士 陳院長慰勉有加 希望共同努力獻身反共事業 政府決依志願專長安置工作〉，《聯合報》，臺北，1953年10月12日，第1版。

47 〈中國國民黨第七屆中央委員會常務委員會工作會議紀錄彙編〉，《陳誠副總統文物》，國史館藏，數位典藏號：008-011002-00005-063。

48 〈國際扶輪社慶祝「聯合國週」 沈昌煥發表演說 聯合國應勿容匪入會 韓境義士勿容受威脅〉，《聯合報》，臺北，1953年10月23日，第1版。

49 《蔣經國日記》，1953年10月26日，史丹佛大學胡佛研究所藏。

50 〈中國國民黨第七屆中央委員會常務委員會工作會議紀錄彙編〉，《陳誠副總統文物》，國史館藏，數位典藏號：008-011002-00005-068。

51 〈中國國民黨第七屆中央委員會第三次全體會議紀錄〉，《陳誠副總統文物》，國史館藏，數位典藏號：008-011002-00017-003。

52 〈李承晚訪華拾零〉，《聯合報》，臺北，1953年11月28日，第3版。

53 〈陳揆昨宴 卞榮泰等〉，《聯合報》，臺北，1953年11月29日，第1版。

54 〈太平洋聯盟組織 可成為軍事同盟 中韓兩國並無成見 盼與各國共商大計〉，《聯合

12月 3 日　　行政院第320次會議，通過任命先生為外交部政務次長。[55]

12月 4 日　　參加反共抗俄公路宣傳列車開車典禮，並報告宣傳列車舉辦意義及籌備經過。[56]

12月17日　　總統於本日發布命令，任命先生為外交部政務次長。[57]

報》，臺北，1953 年 11 月 30 日，第 1 版。

55　〈行政院會議議事錄　臺第五三冊三二○至三二一〉，《行政院》，國史館藏，數位典藏號：014-000205-00080-001。

56　〈加強反共抗俄宣傳　公路宣傳列車　明晨出發工作　俞主席將主持開車典禮　環島工作時間預定兩月〉，《聯合報》，臺北，1953 年 12 月 3 日，第 3 版。

57　〈總統令〉（1953 年 12 月 17 日），《總統府公報》，第 454 期，頁 1。

民國43年（1954） 41歲

1月 1 日 行政院新聞局正式成立，政府發言人辦公室同時宣告結束，其業務由行政院新聞局接續，先生與首任新聞局長吳南如進行交接。[1]

1月11日 就任外交部政務次長職。[2]

2月16日 出席中國國民黨第七屆中央委員會臨時全體會議，通過蔣中正擔任中華民國第二屆總統國民黨候選人。[3]

3月 5 日 在臺灣省新聞處召開的全省新聞行政工作人員座談會致詞。[4]

4月 4 日 出席第四屆中國大陸災胞救濟總會年會並致詞，對該會撫輯流亡、爭取人心、安定社會之努力表示讚佩。[5]

4月 5 日 發言稱中華民國政府與人民對大韓民國發起在韓國鎮海舉行之東南亞洲反共國家人民聯合戰線會議，將予以充分之支持。[6]

4月10日 中國大陸災胞救濟總會舉行第五屆第1次理監事聯席會議，先生當選常務理事。[7]

---

1 〈新聞局昨告成立　吳南如宣誓就職盼報界合作　陳院長致詞備致勗勉〉，《聯合報》，臺北，1954年1月2日，第1版。

2 〈外部新任政次　沈昌煥昨視事〉，《聯合報》，臺北，1954年1月12日，第1版。

3 〈中國國民黨第七屆中央委員會臨時全體會議紀錄〉，《陳誠副總統文物》，國史館藏，數位典藏號：008-011002-00015-001。

4 〈新聞行政人員　座談會昨結束　俞主席吳南如均致詞〉，《聯合報》，臺北，1954年3月6日，第3版。

5 〈大陸災胞救濟總會四屆年會　通過本年工作計劃　策勵大陸義士　展開滅匪運動　接應大陸人民逃出鐵幕〉，《聯合報》，臺北，1954年4月5日，第1版。

6 〈外次沈昌煥發表談話　我支持鎮海會議　代表團人選正遴定中　將由民間團體領袖擔任代表〉，《聯合報》，臺北，1954年4月6日，第1版。

7 〈谷正綱連任　救總理事長〉，《聯合報》，臺北，1954年4月11日，第3版。

4月23日　出席日本青年飛行親善團歡迎午宴並致詞。[8]

4月29日　出席行政院第340次會議，報告外交問題。[9]

5月3日　在中國國民黨中央聯合紀念週，以「中華民國與聯合國的關係」為題，講述我國在聯合國中歷年努力的經過。[10]

5月6日　出席行政院第341次會議，報告我國出席國際勞工組織第三十七屆大會問題之會商結果。[11]

5月12日　代表政府與法國駐華代辦賈棠公使（Georges Cattand）簽署《中法貿易協定》。[12]

5月22日　出席監察院外交、僑政、財政三委員會開會，報告越戰、日內瓦會議情形等問題。[13]

5月24日　中國國民黨中央委員會第四組主辦第2次反共抗俄宣傳列車出發，先生說明籌辦經過。[14]

5月26日　陪同外交團各國使節及家屬50餘人南下做4天旅行。[15]

6月3日　出席行政院第344次會議。與經濟部會呈我與法方簽署《中法貿易協定》暨《中法貿易付款協定》之情

8　〈沈昌煥向日飛行團致詞　強調中日兩國　應謀共存共榮　該團昨曾拜會陳揆〉，《聯合報》，臺北，1954年4月24日，第3版。

9　〈政院會議　通過要案多起〉，《聯合報》，臺北，1954年4月30日，第1版；〈行政院會議議事錄　臺第六一冊三四〇至三四一〉，《行政院》，國史館藏，數位典藏號：014-000205-00088-001。

10　〈中央紀念週席上　沈昌煥報告　我與聯合國〉，《聯合報》，臺北，1954年5月4日，第1版。

11　〈行政院會議議事錄　臺第六一冊三四〇至三四一〉，《行政院》，國史館藏，數位典藏號：014-000205-00088-002。

12　〈中法貿易協定　昨經雙方簽字　有效期間定為一年〉，《聯合報》，臺北，1954年5月13日，第1版。

13　〈監院委會　聽取外交財政報告〉，《聯合報》，臺北，1954年5月23日，第1版。

14　〈沿鐵路線宣揚反共抗俄國策　第二次宣傳列車　明出發環島工作　俞鴻鈞將主持授旗禮并致詞〉，《聯合報》，臺北，1954年5月23日，第3版。

15　〈外交團人員　今南下旅行〉，《聯合報》，臺北，1954年5月26日，第3版。

形，並議覆關於我國重新選定參加國際勞工組織各工業委員會一案。[16]

6月 4日　連任新內閣外交部政務次長。[17]

6月23日　中華民國海軍截捕蘇聯油輪陶甫斯（*Tuapse*）號。

6月26日　出席中國國民外交協會四十三年度會員大會，並致詞。[18]

6月28日　在中國國民黨中央委員會總理紀念週報告最近國際局勢。[19]

7月 3日　出席新任政軍首長聯合宣誓就職典禮。[20]

7月 8日　出席行政院第351次會議，報告外交問題。[21]

7月22日　於立法院僑政、外交兩委員會報告東南亞外交部署。[22]

7月29日　出席行政院第354次會議，呈送中薩（薩瓦多）友好條約稿，並請派王季徵為商訂《中薩友好條約》全權代表。[23]

8月 2日　出席中國國民黨七屆四中全會，5日結束。[24]

16　〈行政院會議議事錄　臺第六三冊三四三至三四五〉，《行政院》，國史館藏，數位典藏號：014-000205-00090-002。

17　〈總統令〉（1954 年 6 月 4 日），《總統府公報》，第 502 期，頁 2。

18　〈國民外交協會　昨開會員大會　通過擁護亞洲聯盟案　協助解決東南亞僑務〉，《聯合報》，臺北，1954 年 6 月 27 日，第 3 版。

19　〈中央委會舉行紀念週　沈昌煥報告國際局勢　指責匪俄宣傳詭計無益和平　呼籲自由世界人民提高警覺〉，《聯合報》，臺北，1954 年 6 月 29 日，第 1 版。

20　〈新任政軍首長聯合宣誓就職　總統親臨監誓　勗勉盡忠報國　完成反共復國建國使命〉，《聯合報》，臺北，1954 年 7 月 4 日，第 1 版。

21　〈復設置政治大學　政院核定聘妥籌委　中央圖書館亦同時恢復〉，《聯合報》，臺北，1954 年 7 月 9 日，第 1 版。

22　〈東南亞安定重要因素　在華僑安居樂業　鄭彥棻促亞洲國家放棄狹隘觀念　並呼籲僑胞團結自救救國〉，《聯合報》，臺北，1954 年 7 月 23 日，第 1 版。

23　〈行政院會議議事錄　臺第六六冊三五三至三五四〉，《行政院》，國史館藏，數位典藏號：014-000205-00093-002。

24　〈中國國民黨第七屆中央委員會第四次全體會議紀錄〉，《陳誠副總統文物》，國史館藏，數位典藏號：008-011002-00018-004。

8月18日	中國國民黨第七屆中央委員會常務委員會第134次會議，通過先生請辭國民黨中央委員會第四組主任。[25] 遺缺由馬星野繼任，沈錡、秦孝儀為副主任。[26]
9月3日	本日下午5時左右，共軍集結重砲，向金門發射；5日，國軍金門防衛司令部砲兵部隊進行反擊，是為「九三砲戰」，第一次臺海危機發生。
9月4日	中國國民黨中央委員會第四組新舊任主任交接典禮。[27]
9月15日	於外交部長葉公超率團出席聯合國大會期間暫行代理部務。[28]
9月16日	出席行政院第362次會議，報告外交問題。[29]
9月17日	首次列席立法院院會，並備質詢。[30]
9月18日	發表聲明：撤退緬邊游擊武裝，我政府已完成應負責任，拒撤人員未來行為我政府不再負責。[31]
9月20日	美國駐華大使藍欽來談。[32] 代表部長葉公超前往革命實踐研究院木柵分院講外交政策。

---

25 〈中國國民黨第七屆中央委員會臨時全體會議紀錄〉，《陳誠副總統文物》，國史館藏，數位典藏號：008-011002-00015-034。

26 〈國民黨中央第四組 馬星野氏繼任主任 沈錡秦孝儀為副主任〉，《聯合報》，臺北，1954年8月19日，第1版。

27 〈國民黨中央第四組主任 馬星野昨就職 表示願為新聞界服務〉，《聯合報》，臺北，1954年9月5日，第1版。

28 〈出席聯大會議 葉公超今啟程 昨夕曾謁總統請示〉，《聯合報》，臺北，1954年9月15日，第1版。

29 〈政院例會〉，《聯合報》，臺北，1954年9月17日，第1版。

30 〈立院質詢外交 沈昌煥說正培養人才 外部設有外文補習班〉，《聯合報》，臺北，1954年9月18日，第1版；〈第一屆第十四會期第二次會議速記錄〉（1954年9月17日），《立法院公報》，第14會期第3期，頁36-37。

31 〈外交部昨發表聲明 撤退緬邊游擊武裝 我已完成應負責任 拒撤人員未來行為我不再負責〉，《聯合報》，臺北，1954年9月19日，第1版。

32 〈新任首長及機關成立等〉，《外交部》，國史館藏，數位典藏號：020-130800-0065。

9月21日　蔣中正召見藍欽大使，在場作陪。蔡斯稱雷德福（Arthur William Radford）電示美方「開案」仍維持原有人數，蔣中正表示美方對我漠不關心，實在太輕視臺灣。[33]

9月22日　上午10時，陪同蔣中正與美國駐華大使藍欽及蔡斯將軍，會談有關美國對華軍事經濟援助方案。[34]

接蔣中正電話，指示協案不必寄部長，也不必交藍欽，爾後國防部交來協案修正稿。[35]

9月23日　下午5時，藍欽來談。[36]

9月27日　陪同蔣中正與美國駐韓第八軍團司令泰勒（Maxwell Davenport Taylor），會談有關韓戰停止後北韓情形及臺灣外島目前情勢。[37]

召集毛案小組會議，決議關於處理毛案所需100,000美元，由行政院撥付。[38]

9月28日　美第八軍團司令泰勒將軍前來外交部拜會，下午5時30分會談有關協助韓戰華籍戰俘遣返事及美韓關係問題。[39]

9月29日　出席蔣中正頒授大綬一等雲麾勳章予美國第八軍團司

33　〈新任首長及機關成立等〉，《外交部》，國史館藏，數位典藏號：020-130800-0065。按：「開案」為政府於1953年12月向美方提出總計13億美元之特別軍援計畫。

34　〈外交—蔣中正接見美方代表談話紀錄（十六）〉，《蔣經國總統文物》，國史館藏，數位典藏號：005-010205-00078-005。

35　〈新任首長及機關成立等〉，《外交部》，國史館藏，數位典藏號：020-130800-0065。按：「協案」為向美方提出軍協一億元計畫案。

36　〈新任首長及機關成立等〉，《外交部》，國史館藏，數位典藏號：020-130800-0065。

37　〈外交—蔣中正接見美方軍事將領談話紀錄（二）〉，《蔣經國總統文物》，國史館藏，數位典藏號：005-010205-00109-001。

38　〈新任首長及機關成立等〉，《外交部》，國史館藏，數位典藏號：020-130800-0065。

39　〈外交—葉公超與美方代表談話紀錄等〉，《蔣經國總統文物》，國史館藏，數位典藏號：005-010205-00114-003。

令泰勒將軍典禮。[40]蔣中正表示，希望美方注意日本目前政治動向，因蘇聯與中共正積極引誘日本，使日本有中立傾向。[41]

9月30日　出席陳誠副總統召集之會議，會中邀集行政院長俞鴻鈞、總統府祕書長張羣，討論美方要求我方同意發表雅爾達會議及商定中蘇友好條約有關之外交文書，當即決定發表。[42]

10月6日　召集外交部有關司主管舉行會議，討論法國斡旋俄輪陶甫斯號事。[43]

10月7日　下午與立法院外交僑務委員會召集人鄒志奮等討論營救印尼僑領章勳義。[44]

10月9日　在立法院外交、僑政兩委員會祕密會議席上答覆立委的詢問。[45]

10月10日　以外交部代理部長身分，偕夫人晚間假臺北賓館舉行雞尾酒會，招待各國駐華使節、武官及刻正在臺訪問之外賓，與會500餘人。[46]

10月12日　下午4時，行政院長俞鴻鈞約商陶甫斯號油輪問題。[47]
　　　　　5時10分，美國主持遠東事務之助理國務卿勞勃森

40 〈總統昨款宴泰勒　並授贈雲麾勛章　泰勒昨南下參觀我軍事基地　定今午離台飛返韓國〉，《聯合報》，臺北，1954年9月30日，第1版。
41 〈新任首長及機關成立等〉，《外交部》，國史館藏，數位典藏號：020-130800-0065。
42 〈新任首長及機關成立等〉，《外交部》，國史館藏，數位典藏號：020-130800-0065。
43 〈法向我接洽　願為油輪事　作中間斡旋〉，《聯合報》，臺北，1954年10月7日，第1版。
44 〈新任首長及機關成立等〉，《外交部》，國史館藏，數位典藏號：020-130800-0065。
45 〈對印尼濫捕反共僑領　我正進行交涉中　沈昌煥昨在立院答詢　立委促政府速採取營救對策〉，《聯合報》，臺北，1954年10月10日，第2版。
46 〈今逢四十三年雙十節　海內外同胞歡欣慶祝　中樞在總統府舉行紀念會　總統校閱海陸空三軍部隊〉，《外交部》，國史館藏，數位典藏號：020-130800-0065；〈今逢四十三年雙十節　海內外同胞歡欣慶祝〉，《聯合報》，臺北，1954年10月10日，第1版。
47 〈新任首長及機關成立等〉，《外交部》，國史館藏，數位典藏號：020-130800-0065。

（Walter Spencer Robertson）等由華盛頓乘星座專機飛抵臺北。[48]次日，列席總統與勞勃森、國務院中國科長馬康衛（Walter Patrick McConaughy, Jr）及國外業務署援華方案執行人特納舉行之會議。[49]

10月13日　上午8時，陪同蔣中正於總統府與美國助理國務卿勞勃森舉行第一次會談，討論關於紐西蘭政府將在聯合國安理會中提出外島停火案及訂立中美雙邊條約問題。[50] 11時，舉行第2次會談。下午7時30分，舉行第3次會談。[51]

10月15日　與美國藍欽大使上、下午兩度在外交部談話。[52]
　　　　　會晤日本駐華大使館公使空岐章，晤談內容可能與現正被我扣留在基隆的資共日輪「日洲丸」號有關。[53]

10月18日　美國駐華大使藍欽來談蘇聯在聯合國控訴美國案。[54]

10月20日　在立法院外交委員會秘密會議進行外交報告。[55]

10月21日　上午9時出席行政院第367次會議，代表外交部報告參加聯合國大會第九屆常會情況。[56]

---

48 〈美主管遠東事務助理國務卿　勞勃森昨來台訪問　商談美國援華方案　定今謁　蔣總統並與我政府首長會談〉，《聯合報》，臺北，1954 年 10 月 13 日，第 1 版。

49 〈勞勃森昨兩謁總統　舉行中美機密會談　定今晨返美行前將發表聲明〉，《聯合報》，臺北，1954 年 10 月 14 日，第 1 版。

50 〈外交─蔣中正接見美方代表談話紀錄（十）〉，《蔣經國總統文物》，國史館藏，數位典藏號：005-010205-00072-002。

51 〈石叟叢書資料彙編（一）〉，《陳誠副總統文物》，國史館藏，數位典藏號：008-010110-00002-012。

52 〈勞勃森訪華離台後　中美官員接觸頻繁　立院外委會將質詢政府〉，《聯合報》，臺北，1954 年 10 月 16 日，第 1 版。

53 〈資匪輪日洲丸　載煤悉沒收　釋放問題正考慮中〉，《聯合報》，臺北，1954 年 10 月 16 日，第 1 版。

54 〈新任首長及機關成立等〉，《外交部》，國史館藏，數位典藏號：020-130800-0065。

55 〈勞勃森最近訪華　任務高度機密　對中美關係有良好成就　沈昌煥昨在立院外委會報告〉，《聯合報》，臺北，1954 年 10 月 21 日，第 1 版。

56 〈行政院會議議事錄　臺第七十一冊三六七至三六八〉，《行政院》，國史館藏，數位典藏

10月28日 出席行政院第368次會議，報告關於章勳義案交涉經過，及中日民用航空協定換文、外交人員購買飛機票免徵防衛捐、留美學生回國服務之洽辦等。[57]

10月29日 上午接見韓國駐華大使金弘一，談及美韓商談情形與韓國對日態度；與美國駐華大使藍欽談話。[58]

11月 5 日 國防會議秘書長周至柔函請外交部長葉公超同意派先生兼任國防會議秘書長辦公室研究委員。[59]13日，因葉部長公出，代為回覆同意。[60]

11月 6 日 上午，列席立法院外交僑政兩委員會聯席會議，討論營救印尼僑領章勳義事。[61]晚上7時前往士林官邸，向蔣中正面報「棠案」並請示。[62]

11月 7 日 蔣總統約午膳談「棠案」，陳誠、俞鴻鈞、王世杰、張道藩、張羣、黃少谷、張厲生在座。[63]

11月11日 蔣總統召集會議談「棠案」，出席報告。[64]

11月12日 上午11時，赴機場迎接日本外相岡崎勝男，並於下午3時在外交部接見岡崎勝男，就中日兩國問題交換意

號：014-000205-00098-001。

57 〈行政院會議議事錄　臺第七一冊三六七至三六八〉，《行政院》，國史館藏，數位典藏號：014-000205-00098-002。

58 〈新任首長及機關成立等〉，《外交部》，國史館藏，數位典藏號：020-130800-0065。

59 〈外交部政務次長胡慶育沈昌煥函電〉，《外交部》，國史館藏，數位典藏號：020-161601-0051。

60 〈外交部政務次長胡慶育沈昌煥函電〉，《外交部》，國史館藏，數位典藏號：020-161601-0051。

61 〈立院昨開祕密會　審議中央決算　今審查國家總決算　經委會聽取經濟部報告〉，《聯合報》，臺北，1954 年 11 月 6 日，第 1 版。

62 〈新任首長及機關成立等〉，《外交部》，國史館藏，數位典藏號：020-130800-0065。按：「棠案」為與美方磋商中美共同防禦條約之代號。

63 〈新任首長及機關成立等〉，《外交部》，國史館藏，數位典藏號：020-130800-0065。

64 〈新任首長及機關成立等〉，《外交部》，國史館藏，數位典藏號：020-130800-0065。

見。[65]

11月13日 上午與岡崎外相在陽明山第一賓館早餐，同席有芳澤謙吉大使、張羣。11時30分送至機場。[66]

11月14日 中午出席蔣中正於官邸召開的會議，討論大陳戰況以及太平艦沉沒事。[67]

11月18日 副總統陳誠約宴，討論亞洲人民反共聯盟事。[68]

11月19日 在革命實踐研究院講「世界現勢與我國外交」。[69]

11月20日 晚，於臺北賓館向中國國民黨中央常務委員報告《中美共同防禦條約》談判經過。[70]

11月24日 下午5時，與美國藍欽大使磋商中美雙邊協定內容。[71]

11月30日 上午10時30分，蔣中正召見，關切與美國商議共同防禦條約進程。[72]

12月 1 日 在立法院秘密會議報告《中美共同防禦條約》談判情形。中午應蔣中正邀宴中央評議委員、中央常務委員，報告與美國談判共同防禦條約事。[73]

下午5時，出席中國國民黨臨時中常會。9時，出席行政院臨時院會，報告《中美共同防禦條約》約文。[74]

---

65 〈新任首長及機關成立等〉，《外交部》，國史館藏，數位典藏號：020-130800-0065；〈對日本外交（二）〉，《蔣中正總統文物》，國史館藏，數位典藏號：002-080106-00065-016。

66 〈新任首長及機關成立等〉，《外交部》，國史館藏，數位典藏號：020-130800-0065。

67 〈新任首長及機關成立等〉，《外交部》，國史館藏，數位典藏號：020-130800-0065。

68 〈新任首長及機關成立等〉，《外交部》，國史館藏，數位典藏號：020-130800-0065。

69 〈新任首長及機關成立等〉，《外交部》，國史館藏，數位典藏號：020-130800-0065。

70 《蔣經國日記》，1954年11月21日，史丹福大學胡佛研究所藏。

71 〈藍欽大使　訪沈昌煥〉，《聯合報》，臺北，1954年11月25日，第1版。

72 〈新任首長及機關成立等〉，《外交部》，國史館藏，數位典藏號：020-130800-0065。

73 〈沈昌煥昨在立院報告　中美談判安全協定經過情形〉，《聯合報》，臺北，1954年12月2日，第1版。

74 〈新任首長及機關成立等〉，《外交部》，國史館藏，數位典藏號：020-130800-0065。

12月 2 日　發表談話，說明《中美共同防禦條約》之意義。[75]

於晚上9時至11時行政院舉行臨時院會第374次會議上報告關於締結《中美共同防禦條約》兩國政府發表共同聲明之經過情形。[76]

12月 3 日　《中美共同防禦條約》在美國華府簽字。

於中外記者招待會說明《中美共同防禦條約》之條文內容與意義。[77]

12月 4 日　應立法院外交、僑政兩委員會之請，於上午9時列席兩委員會第3次聯席會議，報告赴美定額及特別移民案。[78]

12月13日　在中國國民黨中央委員會總理紀念週，報告《中美共同防禦條約》簽訂經過及各方之反應。[79]

晚上8時30分，參加宣傳指導小組，討論《中美共同防禦條約》簽署後對中共之對策。[80]

12月14日　在革命實踐研究院指導討論「我國對世界主要國家之外交政策」。[81]

12月15日　偕夫人出席行政院長俞鴻鈞夫婦晚上7時30分在臺北賓館，設宴為即將退休的日本駐華大使芳澤謙吉餞

75　〈我與美國締約盟邦　業已增進合作關係　沈昌煥就中美締約談話　中美業已堅定反共立場〉，《聯合報》，臺北，1954 年 12 月 3 日，第 1 版。

76　〈行政院會議議事錄　臺第七三冊三七三至三七八〉，《行政院》，國史館藏，數位典藏號：014-000205-00100-002。

77　〈我方反攻復國國策　今後繼續執行　不受任何干涉　沈昌煥次長答記者問〉，《外交部》，國史館藏，數位典藏號：020-130800-0065；〈今後繼續執行　不受任何干涉〉，《聯合報》，臺北，1954 年 12 月 4 日，第 1-2 版。

78　〈我國赴美移民　每年均不足額　鄭彥棻昨列席立院報告〉，《聯合報》，臺北，1954 年 12 月 5 日，第 1 版。

79　〈中央紀念週〉，《聯合報》，臺北，1954 年 12 月 14 日，第 1 版。

80　〈新任首長及機關成立等〉，《外交部》，國史館藏，數位典藏號：020-130800-0065。

81　〈新任首長及機關成立等〉，《外交部》，國史館藏，數位典藏號：020-130800-0065。

別。[82]

12月16日　出席行政院第377次會議，報告《中美共同防禦條約》
簽訂後，中美雙方對於該條約實施事項商談及換文經
過，決議備查。[83]

下午4時，日本駐華宮崎章公使來談日本漁船山田丸
兩艘在大陳島附近海域被擊沉之責任歸屬。[84]

12月17日　出席監察院外交委員會，報告外交問題。[85]

12月19日　日本駐華大使芳澤謙吉奉召返國，到場送機。[86]

12月21日　上午10時，出席國防會議，報告《中美共同防禦條
約》簽訂後之國際形勢與我國外交政策。[87]

12月22日　藍欽來談。[88]

12月23日　出席行政院第378次會議，報告外交事項。[89]

12月28日　在立法院說明中美締約原則並備詢。[90]

12月29日　下午3時，參加立法院秘密會議，報告《中美共同防
禦條約》事。[91]

12月30日　出席行政院會議，做外交報告。[92]

82　〈俞院長設宴　餞芳澤謙吉〉，《聯合報》，臺北，1954年12月16日，第1版。

83　〈行政院會議議事錄　臺第七三冊三七三至三七八〉，《行政院》，國史館藏，數位典藏
號：014-000205-00100-005。

84　〈新任首長及機關成立等〉，《外交部》，國史館藏，數位典藏號：020-130800-0065；〈日
漁船山田丸被擊沈〉，《外交部》，國史館藏，數位典藏號：020-010106-0028。

85　〈新任首長及機關成立等〉，《外交部》，國史館藏，數位典藏號：020-130800-0065。

86　〈日大使芳澤夫婦　昨離台抵港　謂日新政府成立後　對華基本政策不變〉，《聯合報》，
臺北，1954年12月20日，第3版。

87　〈新任首長及機關成立等〉，《外交部》，國史館藏，數位典藏號：020-130800-0065。

88　〈新任首長及機關成立等〉，《外交部》，國史館藏，數位典藏號：020-130800-0065。

89　〈行政院例會　黃鎮球沈昌煥　報告軍政外交〉，《聯合報》，臺北，1954年12月24日，
第1版。

90　〈新任首長及機關成立等〉，《外交部》，國史館藏，數位典藏號：020-130800-0065；〈沈
次長在立院會議　報告中美締約原則〉，《聯合報》，臺北，1954年12月29日，第1版。

91　〈新任首長及機關成立等〉，《外交部》，國史館藏，數位典藏號：020-130800-0065。

92　〈新任首長及機關成立等〉，《外交部》，國史館藏，數位典藏號：020-130800-0065。

民國44年（1955） 42歲

1月5日 在立法院院會報告《中薩友好條約》經過。[1]

列席立法院外交、國防兩委員會聯席會議審查《中美共同防禦條約》並備詢。[2]

1月8日 再度列席立法院外交、國防兩委員會聯席會議，審查《中美共同防禦條約》。[3]

1月18日 一江山戰役爆發。20日，一江山島淪陷。

1月22日 下午5時，蔣中正總統與美國駐華大使藍欽，會談有關大陳撤退之建議及堅決反對金門停火，先生負責翻譯工作。[4]

1月25日 傍晚與蔣經國、董顯光、黃少谷討論美國協助大陳撤退事宜。[5]

2月7日 金剛計畫：大陳撤退。

2月9日 出席立法院外交委員會並做報告。[6]

2月10日 出席行政院第386次會議，報告《中美共同防禦條約》、亞非會議及召開亞洲人民反共會議等外交事務。[7]

1　〈沈昌煥報告　締約經過〉，《聯合報》，臺北，1955年1月5日，第1版。

2　〈立院外交國防委會　審查中美新約　沈次長報告簽約後反應　指出匪幫驚恐萬狀〉，《聯合報》，臺北，1955年1月6日，第1版。

3　〈立院國防外交兩委會　審查通過中美新約　對提供基地認係締約國義務　開始草擬報告即提院會批准〉，《聯合報》，臺北，1955年1月9日，第1版。

4　〈外交—蔣中正接見美方代表談話紀錄（十八）〉，《蔣經國總統文物》，國史館藏，數位典藏號：005-010205-00080-003。

5　《蔣經國日記》，1955年1月25日，史丹福大學胡佛研究所藏。

6　〈立院外委會祕會　聽取外交報告〉，《聯合報》，臺北，1955年2月10日，第1版。

7　〈行政院會議議事錄　臺第七五冊三八三至三八七〉，《行政院》，國史館藏，數位典藏

2月17日 出席行政院第388次會議，報告外交事項。[8]

3月1日 出席中國國民黨第七屆五中全會，會議至3日結束。[9]

3月24日 出席對美宣傳會議。[10]

3月 葉公超贈送先生《中美共同防禦條約》影印本，感謝先生於其赴美交涉期間，代理部務之辛勞。[11]

4月3日 當選《中央日報》常務董事。[12]

4月15日 代表政府與法國完成《中法貿易暨付款協定》換文。[13]

5月18日 在立法院僑政委員會批評印尼與中共締約行為，違背《聯合國憲章》。[14]

5月25日 郭廷亮共諜案爆發。28日總統府參軍長孫立人因郭廷亮為其舊部受到牽累，遭解除職務軟禁。

6月12日 陪同蔣經國視察國軍政工淡水訓練班。[15]

6月27日 中午，代表政府授予法國駐華代辦賈棠景星勳章。[16]

7月1日 應邀至僑生暑期聯誼會做國際形勢專題演講。[17]

致函總統府祕書長張羣，關於陳納德轉達毛邦初之律

號：014-000205-00102-004。

8　〈行政院會議議事錄　臺第七六冊三八八至三八九〉，《行政院》，國史館藏，數位典藏號：014-000205-00103-001。

9　〈中國國民黨第七屆中央委員會第五次全體會議紀錄〉，《陳誠副總統文物》，國史館藏，數位典藏號：008-011002-00019-002。

10　〈國防情報及宣傳（二）〉，《蔣中正總統文物》，國史館藏，數位典藏號：002-080106-00009-004。

11　沈大川先生提供。

12　〈中央日報　開股東會　胡健中連任董事長〉，《聯合報》，臺北，1955年4月4日，第3版。

13　〈中法貿易暨付款協定　昨在外部換文　在台北設立工作委員會　雙方派員隨時開會商討〉，《聯合報》，臺北，1955年4月16日。第4版。

14　〈印尼與匪締約　違聯合國憲章　我將向人權會控訴　沈昌煥鄭彥棻告僑政委會〉，《聯合報》，臺北，1955年5月19日，第1版。

15　《蔣經國日記》，1955年6月12日，史丹福大學胡佛研究所藏。

16　〈我昨對法代辦賈棠　授景星勳章　賈棠今飛港轉巴黎〉，《聯合報》，臺北，1955年6月28日，第1版。

17　〈成績優良僑生　百餘人昨受獎〉，《聯合報》，臺北，1955年7月2日，第3版。

師建議和解一事，仍以不予具體答覆為妥善，乞轉陳核示。[18]

7月 5日 再函總統府祕書長張羣，談毛邦初案。[19]

8月11日 赴美視察我駐美大使館及5個領事館和駐聯合國辦事處的業務，[20]實際任務為向美方解釋孫立人案。[21]

8月15日 於華府拜會國務院主管遠東事務代理助理國務卿賽鮑爾（Villiam J. Sebald）。[22]

8月20日 由華府飛抵紐約，視察紐約總領事館和中華民國駐聯合國代表團工作。[23]

8月23日 蔣中正致電駐美大使顧維鈞轉先生，請走訪蔡斯將軍問候其夫人病情，並告知孫立人案內容。[24]

8月29日 前往墨西哥，視察中華民國駐墨西哥大使館。[25]

9月 7日 經東京返臺，在日本停留兩天。[26]

9月11日 結束出訪行程，返抵國門，否認專為孫案赴美，純為視察使領館務。[27]

9月17日 於立法院會報告赴美視察情況並備詢。[28]

10月 9日 出席美副國務卿胡佛（Herbert Hoover Jr.）、國際合作

---

18 〈毛邦初案（十七）〉，《總統府》，國史館藏，數位典藏號：011-100100-0017。

19 〈毛邦初案（十七）〉，《總統府》，國史館藏，數位典藏號：011-100100-0017。

20 〈沈昌煥昨飛美 傳與美匯會談有關〉，《聯合報》，臺北，1955年8月12日，第1版。

21 《蔣經國日記》，1955年8月10日，史丹福大學胡佛研究所藏。

22 〈沈昌煥 訪賽鮑爾〉，《聯合報》，臺北，1955年8月17日，第1版。

23 〈沈昌煥 抵紐約〉，《聯合報》，臺北，1955年8月22日，第1版。

24 〈籌筆—戡亂時期（二十五）〉，《蔣中正總統文物》，國史館藏，數位典藏號：002-010400-00025-031。

25 〈沈昌煥 赴墨西哥〉，《聯合報》，臺北，1955年8月31日，第1版。

26 〈沈昌煥 抵東京〉，《聯合報》，臺北，1955年9月8日，第1版。

27 〈沈昌煥返台 否認專為孫案赴美 純為視察使領館務〉，《聯合報》，臺北，1955年9月12日，第1版。

28 〈立院昨續開會 沈昌煥報告赴美墨經過 再否認與孫立人案有關〉，《聯合報》，臺北，1955年9月18日，第1版。

總署署長賀利斯特（John B. Hollister）等來臺而舉辦的中美會議，討論美援問題。[29]

10月11日　列席立法院秘密會議，說明「行政院函請迅予審議對德終止戰爭狀態案」，並備質詢。[30]

10月14日　與美國駐華大使藍欽會談有關蘇聯籍陶甫斯號油輪船員聲請庇護，要求赴美國已獲應允，及美方部份人士對「反攻大陸」一詞之疑懼等事項。[31]

10月26日　以代理外交部長身分致電越南共和國（南越），宣布承認越南共和國政府。[32]

10月31日　菲律賓宿務三民播音社播放先生錄製之為蔣總統賀壽談話。[33]

10月　與蔣經國談及美國方面各界人士對於蔣經國的看法。[34]

12月 8 日　在行政院會議報告外蒙古入會問題。[35]

29　〈中美昨開會議　檢討美援問題　胡佛賀利斯特俞鴻鈞徐柏園等與會　我曾提出增加美援要求〉，《聯合報》，臺北，1955 年 10 月 10 日，第 1 版。

30　〈立法院昨秘會通過　終止對德戰爭狀態　送請行政院依法宣佈〉，《聯合報》，臺北，1955 年 10 月 12 日，第 1 版。

31　〈外交—蔣中正接見美方代表談話紀錄（十八）〉，《蔣經國總統文物》，國史館藏，數位典藏號：005-010205-00080-016。

32　〈我外交部昨日宣佈　正式承認越南政府　總統昨特電吳廷琰致賀〉，《聯合報》，臺北，1955 年 10 月 27 日，第 1 版。

33　〈外交部長及次長題詞及箋函〉，《外交部》，國史館藏，典藏號：020-090103-0016。

34　《蔣經國日記》，1958 年 10 月上月反省錄，史丹福大學胡佛研究所藏。

35　〈藍欽大使面謁總統　傳係懇商外蒙問題　葉外長亦向總統報告外交情勢　我國立場無變更跡象〉，《聯合報》，臺北，1955 年 12 月 9 日，第 1 版。

民國45年（1956） 43歲

2月　在國民大會代表聯誼會報告近期國際情勢的重要演變。[1]

3月24日　出席行政院副院長黃少谷召集之外交會議，與會者還有葉公超、蔣廷黻、沈錡、朱撫松。[2]

4月19日　泰國訪華團來臺訪問，受訪談中泰關係。[3]

5月31日　參與外交部內部討論南海問題的會議。[4]

6月21日　於葉公超部長率團赴泰訪問期間，代理部務。[5]

6月28日　行政院第462次會議通過，派任先生為行政院戶口普查處副普查長。[6] 7月7日發布總統令。[7]

7月5日　應立法院國防、外交兩委員會之邀請，於聯席秘密會議說明我國確保南沙的政策。[8]

7月12日　獲多明尼加共和國頒贈大官員勛章，由多駐華公使畢律茲（Miguel Roman Perez）代表贈授。[9]

1　〈對第一屆國民大會四十四及四十七至五十年度年會提案辦理情形〉，《外交部》，國史館藏，數位典藏號：020-130400-0053。

2　〈我政府首長　商國際局勢　陳副總統宴蔣廷黻〉，《聯合報》，臺北，1956年3月25日，第1版。

3　〈沈昌煥談話〉，《聯合報》，臺北，1956年4月20日，第1版。

4　〈傳行政院昨曾考慮　派軍駐守南沙　葉外長曾與國防部會商　陳大使昨再訪菲副總統〉，《聯合報》，臺北，1956年6月1日，第1版。

5　〈赴泰訪問團今啟行　總統昨日召見全體團員　指示增進邦交注意僑情　訪問團將赴高棉作非正式訪問〉，《聯合報》，臺北，1956年6月21日，第1版。

6　〈行政院會議議事錄　臺第九九冊四六二至四六五〉，《行政院》，國史館藏，數位典藏號：014-000205-00126-001。

7　〈總統令〉（1956年7月7日），《總統府公報》，第721期，頁1。

8　〈我已準備派遣武力　駐戍南沙主要島嶼　沈昌煥馬紀壯昨列席立院委會　強調我有決心維護主權〉，《聯合報》，臺北，1956年7月6日，第1版。

9　〈陳誠副總統數位照片—綜合照片集〉，《陳誠副總統文物》，國史館藏，數位典藏號：

8月 8日	於立法院邊政委員會報告西藏抗暴問題。[10]
8月14日	代表政府與美簽署《農產剩餘物資協定》。[11]
9月 6日	於行政院會議報告外交部、僑務委員會呈請擬具關於簡化雙重國籍華僑來臺出入境手續之辦法。[12]
9月29日	獲瓜地馬拉政府贈勳。[13]
12月 6日	約晤日本駐華大使堀內謙介，要求澄清日本首相鳩山一郎有關調解海峽兩岸政府的言論。[14]
12月11日	接受瓜地馬拉訪華特使季諾奈博士頒贈「戈札文官勳章」。[15]
12月24日	應邀於光復大陸設計研究委員會作外交報告。[16] 下午，出席中國國民黨設計考核委員會第4次會議，報告聯合國工作。[17]

008-030800-00009-024。

10　〈立院邊政委會舉行座談　研討蒙藏抗暴問題　劉廉克委員長談蒙藏抗暴經過　指出星星之火可以燎原〉，《聯合報》，臺北，1956年8月9日，第1版。

11　〈農產剩餘物資　中美今簽協定〉，《聯合報》，臺北，1956年8月14日，第1版。

12　〈行政院會議議事錄　臺第一○二冊四七三至四七五〉，《行政院》，國史館藏，數位典藏號：014-000205-00129-001。

13　〈瓜地馬拉政府　贈我總統最高勳章〉，《聯合報》，臺北，1956年10月2日，第1版。

14　〈沈次長邀晤日大使　要求澄清鳩山謬論〉，《聯合報》，臺北，1956年12月7日，第1版。

15　〈瓜特使今舉行酒會　贈勳葉外長等〉，《聯合報》，臺北，1956年12月11日，第1版。

16　〈國軍完成反攻準備　鐵幕國家普呈不安　馬紀壯沈昌煥向光復設計會　報告國防概況外交措施〉，《聯合報》，臺北，1956年12月25日，第1版。

17　王文隆主編，《吳忠信日記》（臺北：民國歷史文化學社，2021年），1956年12月24日，頁149-150。

民國46年（1957） 44歲

1月4日 代表外交部出席行政院對外業務協調委員會第6次會議。[1]

1月12日 發致美國駐華大使藍欽照會與備忘錄，重申行政院對外業務協調委員會之意願，盼美國當局立即採取步驟，速予實施。[2]

1月27日 應邀在僑生新春聯歡會報告外交形勢。[3]

2月14日 出席行政院第496次會議，口頭報告《中義貿易協定》簽字、法國同意我在安塔那那利佛恢復領事館，以及西班牙馬德里國際貿易公司向我國採購砂糖10,000噸三事。[4]

2月15日 答覆立法委員楊一峰就日本石橋內閣主張與大陸中共擴大貿易問題對行政院提出之質詢。[5]

2月19日 在立法院院會說明我國政府對旅越僑胞國籍問題立場。[6]

2月21日 出席行政院第497次會議，呈報關於越南政府修改國

1 〈任臺灣省政府主席時：對外業務協調委員會資料（一）〉，《嚴家淦總統文物》，國史館藏，數位典藏號：006-010301-00012-015。

2 〈任臺灣省政府主席時：對外業務協調委員會資料（一）〉，《嚴家淦總統文物》，國史館藏，數位典藏號：006-010301-00012-016。

3 〈匪俄統治瀕臨崩潰　自由世界前途光明　沈昌煥昨向僑生報告國際局勢　強調我已贏得正義支持〉，《聯合報》，臺北，1957年1月28日，第1版。

4 〈外交部長、次長院會報告資料〉，《外交部》，國史館藏，典藏號：020-049912-0029。

5 〈日本擬與匪幫擴大貿易　我已向日提出忠告〉，《聯合報》，臺北，1957年2月16日，第1版。

6 〈沈昌煥次長答覆立委質詢　旅越僑胞國籍問題　我正向越據理交涉　傳越對返國就讀僑生拒予出境簽證〉，《聯合報》，臺北，1957年2月20日，第1版。

籍法案之交涉經過及發展情形、呈請派員出席聯合國
婦女地位委員會第十一屆會議。[7]

3 月 1 日 在立法院院會答覆立法委員質詢，說明我國與中東各
國外交情況。[8]

3 月 9 日 在立法院外交委員會秘密會議報告國際情勢。[9]

3 月15日 在立法院院會答覆駐美技術團併入駐美大使館相關問
題。[10]

4 月20日 在立法院外交、僑政兩委員會聯席會議報告越南華僑
國籍問題交涉經過。[11]

5 月23日 美軍事法庭於本日判決，3月20日持槍射殺劉自然之
美軍上士雷諾（Robert G. Reynolds）無罪。是夜，民
情激憤，相關單位緊急召開會議定調新聞報導，議決
次日新聞冷處理，不發短評。[12]

5 月24日 劉自然事件（五二四事件）爆發，美國駐華大使館被
搗毀。

5 月25日 下午5時接見美國駐華大使藍欽就有關美國駐華大使
館遭群眾破壞事談話。[13]

7　〈外交部長、次長院會報告資料〉，《外交部》，國史館藏，典藏號：020-049912-0029。

8　〈沈昌煥昨告立委　我與中東各國　友好關係增進〉，《聯合報》，臺北，1957年3月2
日，第1版。

9　〈立院外委會　昨開秘密會　沈次長報告國際局勢〉，《聯合報》，臺北，1957年3月
10日，第1版。

10　〈我駐美技術團　決併入大使館　沈昌煥昨列席立院　解釋外交人事制度〉，《聯合報》，
臺北，1957年3月16日，第1版。

11　〈越南侵犯基本人權　我有妥善對策　維護僑胞利益　沈昌煥鄭彥棻昨告立委〉，《聯合
報》，臺北，1957年4月21日，第1版。

12　〈任臺灣省政府主席時：四十六年五二四對美大使館騷動事件〉，《嚴家淦總統文物》，
國史館藏，數位典藏號：006-010304-00001-026。

13　〈外交—蔣中正沈昌煥與美方等代表談話紀錄〉，《蔣經國總統文物》，國史館藏，數位
典藏號：005-010205-00118-001。

6月14日　於立法院院會說明五二四事件後中美間外交問題。[14]

6月15日　於監察院外交、僑政兩委員會聯席會議報告接運、安置越南僑胞問題。[15]

6月22日　覆中華民國各界維護越南華僑後援會主席團馬超俊來函，說明外交部對越南華僑國籍爭議立場。[16]

7月2日　奉派為中華民國訪問中南美洲各國特使，暨慶賀多明尼加共和國總統杜琦樂（Héctor Bienvenido Trujillo Molina）就職典禮特使。[17]

7月6日　受頒二等景星勳章。[18]

7月9日　總統、副總統召見訪中南美特使團。[19]

7月10日　特使團啟程，經東京、取道美國，前往中南美洲20個國家作為期3個多月的友好訪問。
特使團於下午抵達東京，停留3天，定於13日搭機離此飛往南美。[20]

7月11日　在東京拜訪日本副首相石井光次郎等官員。[21]

---

14 〈聽取不幸事件處理經過　立委紛紛提出質詢　對此事件一致感到沉痛　指責當局未能防範未然〉，《聯合報》，臺北，1957年6月15日，第3版。

15 〈府接運越南僑胞　決定六原則　監院聽取外交僑務報告　首批名單已送交越政府〉，《聯合報》，臺北，1957年6月16日，第1版。

16 〈越南國籍法案宣傳（二）〉，《外交部》，國史館藏，數位典藏號：020-011007-0106；〈維護越南華僑權益　各界後援會昨成立　分電吳廷琰蔣廷黻等為越南華僑聲援　發表宣言籲請越南公平解決〉，《聯合報》，臺北，1957年6月27日，第1版。

17 〈總統令〉（1957年7月2日），《總統府公報》，第824期，頁1。

18 〈總統令〉（1957年7月6日），《總統府公報》，第825期，頁1。

19 〈我訪中南美特使團　總統今予召見　副總統亦將以茶點餞行　沈特使一行定明午首途〉，《聯合報》，臺北，1957年7月9日，第1版。

20 〈促進中南美對我睦誼　我特使團出國報聘　離台抵日即可轉美〉，《聯合報》，臺北，1957年7月11日，第1版。

21 〈特使沈昌煥訪中南美洲（二）〉，《外交部》，國史館藏，數位典藏號：020-100700-0023；〈沈昌煥次長　訪日副首相　會談中日有關問題〉，《聯合報》，臺北，1957年7月12日，第1版。

7月13日 飛離東京前往洛杉磯。[22]

7月15日 抵達洛杉磯。

7月19日 抵達瓜地馬拉，晉謁卡司蒂優總統（Carlos Castillo Armas），並拜會外交部長、最高法院院長、國會議長等官員。[23] 23日，先生所率領我國赴中南美洲友好訪問團，於離開瓜地馬拉前，曾在瓜國總統府受贈啄木鳥（按係瓜地馬拉國徽）大綬勳章，其他團員亦均接受贈勳。[24]

7月24日 抵達薩爾瓦多。[25] 25日謁見薩國總統來慕斯（José María Lemus）並贈勳。[26]

7月27日 抵達宏都拉斯，拜會該國官員；30日，贈勳宏都拉斯軍人聯合執政團二位執政。[27]

8月 1 日 在尼加拉瓜贈勳尼國總統蘇慕薩（Luis Somoza Debayle），並拜訪該國外交部長阿古埃洛（Alejandro Montiel Argüello）。[28]

8月 3 日 謁見哥斯大黎加總統費益瑞斯（José Figueres

---

22 〈沈昌煥離日 轉赴中南美〉，《聯合報》，臺北，1957年7月14日，第1版。

23 〈特使沈昌煥訪中南美洲（二）〉，《外交部》，國史館藏，數位典藏號：020-100700-0023；〈沈昌煥特使 謁瓜總統 并與瓜國朝野會晤〉，《聯合報》，臺北，1957年7月21日，第1版。

24 〈薩爾瓦多總統 接見我特使團〉，《聯合報》，臺北，1957年7月27日，第1版。

25 〈我使團離瓜地馬拉 轉抵薩爾瓦多訪問 預定卅日赴尼加拉瓜〉，《中央日報》，臺北，1957年7月25日，第1版。

26 〈特使沈昌煥訪中南美洲（二）〉，《外交部》，國史館藏，數位典藏號：020-100700-0023；〈我訪問團抵薩爾瓦多 沈特使謁薩總統 代表蔣總統贈勳〉，《中央日報》，臺北，1957年7月26日，第1版。

27 〈特使沈昌煥訪中南美洲（二）〉，《外交部》，國史館藏，數位典藏號：020-100700-0023；〈我訪中南美特使團 訪宏都拉斯 備受宏朝野禮遇〉，《聯合報》，臺北，1957年8月1日，第1版。

28 〈特使沈昌煥訪中南美洲（二）〉，《外交部》，國史館藏，數位典藏號：020-100700-0023；〈沈特使在尼 贈勳尼總統〉，《聯合報》，臺北，1957年8月3日，第1版。

Ferrer）。[29]

8月 4日　於哥斯大黎加舉行記者會，警告勿對中共存幻想。[30]

8月 6日　在哥國師範學校發表演講。[31]

8月 8日　在巴拿馬贈勳巴國總統拉瓜地亞（Ernesto de la Guardia Navarro）特種大綬卿雲勳章。[32]

8月 9日　獲巴國政府頒贈勳章，拜訪巴拿馬華僑。[33]

8月11日　率特使團抵邁阿密。[34]

8月14日　抵達多明尼加，次日拜會多明尼加外交部長，出席多明尼加華僑協會公宴並發表演說。16日出席多明尼加總統杜琦樂就職典禮。[35]

8月18日　謁見多明尼加新任總統杜琦樂。[36]

8月19日　在多明尼加設宴招待各國特使與駐在使節。[37]

8月20日　抵達古巴，次日在古巴總統府贈勳古巴總統巴蒂斯塔（Fulgencio Batista）大綬景星勳章。[38]

29　〈駐哥斯大黎加公使張道行檢附沈昌煥特使團訪哥五日紀及藤田芳千來函盼我鞭策日政府勿使社會黨得逞〉，《行政院》，國史館藏，數位典藏號：014-020200-0149；〈沈特使等　抵達哥京〉，《聯合報》，臺北，1957年8月5日，第1版。

30　〈特使沈昌煥訪中南美洲（二）〉，《外交部》，國史館藏，數位典藏號：020-100700-0023；〈沈特使告哥國記者　匪在中美洲　正進行活動　警告勿對匪存幻想〉，《聯合報》，臺北，1957年8月6日，第1版。

31　〈哥斯大黎加　歡迎沈特使〉，《聯合報》，臺北，1957年8月8日，第1版。

32　〈特使沈昌煥訪中南美洲（二）〉，《外交部》，國史館藏，數位典藏號：020-100700-0023；〈沈特使代表我政府　贈勳巴總統〉，《聯合報》，臺北，1957年8月10日，第1版。

33　〈沈特使等　訪問科隆〉，《聯合報》，臺北，1957年8月11日，第1版。

34　〈沈特使等　抵邁阿密〉，《聯合報》，臺北，1957年8月12日，第1版。

35　〈特使沈昌煥訪中南美洲（二）〉，《外交部》，國史館藏，數位典藏號：020-100700-0023；〈我特使團　賀多總統就職〉，《聯合報》，臺北，1957年8月16日，第1版。

36　〈特使沈昌煥訪中南美洲（二）〉，《外交部》，國史館藏，數位典藏號：020-100700-0023；〈多新任總統　接見沈特使〉，《聯合報》，臺北，1957年8月19日，第1版。

37　〈沈特使在多　宴各國使節〉，《聯合報》，臺北，1957年8月21日，第1版。

38　〈特使沈昌煥訪中南美洲（二）〉，《外交部》，國史館藏，數位典藏號：020-100700-0023；〈沈特使代表我政府　贈勳古巴總統〉，《聯合報》，臺北，1957年8月23日，第1版。

8月25日	在古巴舉行記者會，並訪問古巴獨立戰爭退伍軍人全國協會。[39]
8月27日	抵達哥倫比亞首都波哥大，次日拜會哥國外交部長，並於總統府與五人軍事團會面。[40]
9月1日	特使團抵秘魯，並展開活動。[41]
9月3日	接受秘魯所贈親善勳章。[42]
9月5日	抵達巴西，次日分別拜會外交部長與巴西總統庫比契克（Juscelino Kubitschek）。[43]
9月11日	接受巴西頒贈大綬南十字勳章。[44]
9月12日	抵達巴拉圭，次日謁見巴拉圭總統斯特洛斯納（Alfredo Stroessner Matiauda）並贈勳。[45]
9月16日	特使團於烏拉圭展開外交活動。[46]
9月18日	出席烏拉圭外交活動，贈勳烏國外交部長。[47]
9月19日	抵達阿根廷，次日謁見阿根廷總統阿蘭布茹（Pedro Eugenio Aramburu）並頒贈特種大綬卿雲勳章。[48]
9月25日	特使團抵智利，次日謁見智利總統伊本茲（Carlos

---

39 〈古退伍軍協主席稱　古巴決支援　我反共鬥爭　沈特使在古酬忙〉，《聯合報》，臺北，1957年8月27日，第1版。

40 〈特使沈昌煥訪中南美洲（二）〉，《外交部》，國史館藏，數位典藏號：020-100700-0023。

41 〈特使沈昌煥訪中南美洲（二）〉，《外交部》，國史館藏，數位典藏號：020-100700-0023；〈沈昌煥特使　抵秘魯訪問〉，《聯合報》，臺北，1957年9月2日，第1版。

42 〈沈昌煥特使等　離秘魯赴巴西〉，《聯合報》，臺北，1957年9月6日，第1版。

43 〈特使沈昌煥訪中南美洲（二）〉，《外交部》，國史館藏，數位典藏號：020-100700-0023。

44 〈巴西以勳章　授贈沈特使〉，《聯合報》，臺北，1957年9月13日，第4版。

45 〈特使沈昌煥訪中南美洲（二）〉，《外交部》，國史館藏，數位典藏號：020-100700-0023；〈巴拉圭總統　接受我贈勳〉，《聯合報》，臺北，1957年9月15日，第4版。

46 〈我特使團在烏　展開正式活動〉，《聯合報》，臺北，1957年9月18日，第4版。

47 〈沈昌煥特使　贈勳烏外長〉，《聯合報》，臺北，1957年9月20日，第1版。

48 〈特使沈昌煥訪中南美洲（二）〉，《外交部》，國史館藏，數位典藏號：020-100700-0023；〈我友好訪問團　贈勳阿國總統〉，《聯合報》，臺北，1957年9月25日，第1版。

Ibáñez del Campo），27日參觀全球最大的銅礦場。[49]

10月 2 日 抵達玻利維亞，4日頒贈玻利維亞總統西洛士（Hernán Siles Zuazo）特種大綬景星勳章。[50]

10月 7 日 抵達厄瓜多爾京城奎多，次日頒贈厄瓜多爾總統龐斯（Camilo Ponce Enríquez）特種大綬卿雲勳章。[51]

10月10日 獲厄瓜多頒贈默瑞多大綬勳章。[52]

中國國民黨第八次全國代表大會於陽明山召開，至23日結束。

10月13日 抵達委內瑞拉，16日贈勳委內瑞拉總統畢律茲（Marcos Pérez Jiménez）特種大綬卿雲勳章。[53]

10月18日 抵達古巴，經此前往海地參加海地總統杜伐列（François Duvalier）就職典禮。[54]

10月25日 抵達海地，次日謁見海地總統並進行相關外交活動。[55]

10月27日 返抵古京夏瓦拿（哈瓦那），次日抵舊金山，經檀香山、東京轉機返臺。[56]

---

49 〈特使沈昌煥訪中南美洲（二）〉，《外交部》，國史館藏，數位典藏號：020-100700-0023。

50 〈特使沈昌煥訪中南美洲（二）〉，《外交部》，國史館藏，數位典藏號：020-100700-0023；〈沈特使贈勳玻總統〉，《聯合報》，臺北，1957年10月6日，第4版。

51 〈特使沈昌煥訪中南美洲（二）〉，《外交部》，國史館藏，數位典藏號：020-100700-0023；〈沈昌煥 贈勳厄國總統〉，《聯合報》，臺北，1957年10月9日，第4版。

52 〈特使沈昌煥訪中南美洲（二）〉，《外交部》，國史館藏，數位典藏號：020-100700-0023；〈沈昌煥特使 訪巴拿馬 昨轉飛委京〉，《聯合報》，臺北，1957年10月13日，第1版。

53 〈特使沈昌煥訪中南美洲（二）〉，《外交部》，國史館藏，數位典藏號：020-100700-0023；〈沈昌煥特使 贈勳委總統〉，《聯合報》，臺北，1957年10月19日，第4版。

54 〈特使沈昌煥訪中南美洲（二）〉，《外交部》，國史館藏，數位典藏號：020-100700-0023。

55 〈特使沈昌煥訪中南美洲（二）〉，《外交部》，國史館藏，數位典藏號：020-100700-0023；〈沈昌煥特使 謁海地總統 並贈勳魯緬外長〉，《聯合報》，臺北，1957年10月29日，第4版。

56 〈特使沈昌煥訪中南美洲（二）〉，《外交部》，國史館藏，數位典藏號：020-100700-0023；〈沈昌煥特使 兼程返台北〉，《聯合報》，臺北，1957年10月31日，第1版。

11月 3 日	結束美洲行，返抵臺北。[57]
11月 4 日	與記者暢談出訪觀感。[58]
11月 5 日	在葉公超部長率團訪中東友邦期間，代理部務。[59]
11月16日	總統召見並嘉勉中南美洲特使團。[60]
11月30日	代表政府與美方簽署協定，恢復富爾布萊特計畫，促進中美文化交流。[61]
11月	外交部編輯《我與各國互訪成果》，其中有〈沈特使之成就〉節，敘述先生率團訪問中南美洲各國之成果。[62]
12月 3 日	在中國南美經濟協會活動談中南美與我國未來貿易前途的展望。[63]

---

57 〈沈特使昨返國宣稱　中南美洲各國　堅決反對共黨　誠懇表示支持我國〉，《聯合報》，臺北，1957年11月4日，第4版。

58 〈中南美各國均反共　僑胞備受當地尊敬　沈昌煥特使談訪問觀感〉，《聯合報》，臺北，1957年11月5日，第3版。

59 〈訪問中東五個友邦　葉外長昨首途　經馬尼拉曾晤菲代外長　預計午後過泰飛貝魯特〉，《聯合報》，臺北，1957年11月6日，第1版。

60 〈總統召見沈昌煥等〉，《聯合報》，臺北，1957年11月17日，第1版。

61 〈富爾勃來特交換計劃　中美代表昨日簽字　今後三年內每年將以約廿五萬美元充作增加兩國交換教師學生之用〉，《聯合報》，臺北，1957年12月1日，第3版。

62 〈我與各國互訪成果〉，《外交部》，國史館藏，數位典藏號：020-100800-0030。

63 〈沈昌煥昨談稱　我對中南美貿易　應先調查其需要　再設法製造輸出〉，《聯合報》，臺北，1957年12月4日，第2版。

民國47年（1958） 45歲

1月2日 蔣經國設宴為即將離任的美國駐華大使藍欽餞別，出席作陪。[1]

1月8日 當選留美同學會理事並為常務理事。[2]

1月28日 對接受預備軍官教育的大專畢業學生發表演說。[3]

2月7日 應臺北市編輯人協會邀請，在該會第十三屆會員大會中，就美、蘇成功發射人造衛星後的國際局勢發表專題演講。[4]

3月8日 與日本駐華大使堀內謙介共同主持1958年度中日貿易計劃會議。[5]

3月11日 於立法院會說明我國外交政策。[6]

3月13日 出席中國國民黨第八屆第34次中常會，針對日本與中共貿易有所發言。[7]

3月18日 於立法院表示，我國在日本政府對與大陸貿易所持之態度未澄清前，暫停與日方簽訂任何購貨合約。[8]

---

1 〈蔣經國照片資料輯集—民國四十六年至四十七年〉，《蔣經國總統文物》，國史館藏，數位典藏號：005-030204-00002-005。

2 〈社團消息〉，《聯合報》，臺北，1958年1月9日，第2版。

3 〈沈次長強調 核子大戰最近不致爆發〉，《聯合報》，臺北，1958年1月29日，第1版。

4 〈沈昌煥昨在編協演講 分析當前國際局勢 人造衛星不能影響基本因素 我具堅強信心反共復國必成〉，《聯合報》，臺北，1958年2月8日，第1版。

5 〈中日貿易計劃會議 昨天揭幕研商議程 沈昌煥堀內等分別致詞 盼能開誠布公互諒互助〉，《聯合報》，臺北，1958年3月9日，第4版。

6 〈我國外交政策 向極堅定明朗 沈昌煥答立委外交詢問 喬一凡抨擊駐美日大使〉，《聯合報》，臺北，1958年3月12日，第3版。

7 〈中國國民黨第八屆中央委員會常務委員會會議紀錄（三）〉，《陳誠副總統文物》，國史館藏，數位典藏號：008-011002-00028-014。

8 〈日匪貿易情勢澄清前 我決暫停向日購貨 多項商務合同業已中止簽訂 工商界五團體聲明支持政府強硬立場〉，《聯合報》，臺北，1958年3月19日，第1版。

3月20日 在監察院報告我國對日本欲與大陸進行貿易的立場。[9]

3月2日 出席中國國民黨第八屆第38次中常會，針對年度施政計畫發言。[10]

4月4日 中國大陸災胞救濟總會召開第八屆年會，獲選為理事。[11]

4月20日 行政院副院長黃少谷函副總統陳誠，討論駐美大使及外交部長人選，外交部長人選中建議由駐聯合國大使蔣廷黻返國接任行政院副院長兼任，或是由行政院長俞鴻鈞兼任，而將部務交沈昌煥負責，甚而建議先將部務交沈昌煥代理，之後再真除。[12]

5月2日 日本爆發長崎國旗事件，中共旗幟遭辱，使中共與日本貿易一度中斷。

5月3日 蔣經國自記對沈昌煥的印象。[13]

5月17日 出席立法院外交、僑政兩委員會聯席會議，報告最近印尼局勢及當地僑胞情形。[14]

5月20日 獲古巴頒贈古巴大十字榮譽功績勳章。[15]

5月26日 出席中國國民黨第八屆中央委員會常務委員會第53次

9　〈監院外委會支持政府　對日採取強硬立場　政院昨決定繼續授權葉外長適時處理　沈覲鼎大使發表正式聲明〉，《聯合報》，臺北，1958年3月21日，第1版。

10　〈中國國民黨第八屆中央委員會常務委員會會議紀錄（三）〉，《陳誠副總統文物》，國史館藏，數位典藏號：008-011002-00028-019。

11　〈救災總會昨開年會　通過本年工作綱要　谷正綱籲各方繼續支持救災工作　副總統俞撥分別頒訓致詞〉，《聯合報》，臺北，1958年4月5日，第3版。

12　〈石叟叢書資料彙編（二）〉，《陳誠副總統文物》，國史館藏，數位典藏號：008-010110-00003-008。

13　《蔣經國日記》，1958年5月3日，史丹福大學胡佛研究所藏。

14　〈印尼反華蔑視人權　立委要求　強硬對付〉，《聯合報》，臺北，1958年5月18日，第1版。

15　〈古代辦以勳章七座　贈我外部官員　昨日酒會舉行贈勳儀式〉，《聯合報》，臺北，1958月5月21日，第1版。

會議。[16]

5月29日 在立法院外交委員會報告《中哥文化專約》。[17]

6月4日 出席中國國民黨第八屆中央委員會常務委員會第56次會議，陳報中國國民黨四十七年度黨務工作目標修訂草案。[18]

6月8日 多明尼加共和國宣布，贈勳先生大十字銀質勳章。[19]

7月3日 美國國慶前，在留美同學會就中美兩國友誼發表演講。[20]

7月7日 陪同美國駐華大使莊萊德（Everett Drumright）等，飛往花蓮參觀橫貫公路東段工程。[21]

7月24日 與美國駐華大使莊萊德會談，談及最近中東局勢及其有關問題。[22]

7月30日 與美國駐華大使莊萊德會談，就中美間若干問題及國際局勢交換意見。[23]

7月31日 隨內閣總辭，再奉派為外交部政務次長。[24]

8月23日 共軍發動大規模砲戰，向金門發射砲彈數萬發，國軍砲兵還擊，第二次臺海危機爆發。

10月21日 參與蔣中正總統與美國國務卿杜勒斯（John Foster

---

16 〈中國國民黨第八屆中央委員會常務委員會會議紀錄（二）〉，《陳誠副總統文物》，國史館藏，數位典藏號：008-011002-00027-007。

17 〈立院外交委會 通過中哥文化專約〉，《聯合報》，臺北，1958 年 5 月 30 日，第 1 版。

18 〈中國國民黨第八屆中央委員會常務委員會會議紀錄（二）〉，《陳誠副總統文物》，國史館藏，數位典藏號：008-011002-00027-009。

19 〈多總統贈勳 俞院長等〉，《聯合報》，臺北，1958 年 6 月 10 日，第 1 版。

20 〈今為美國慶 留美同學會昨晚會 招待在華美國人士〉，《聯合報》，臺北，1958 年 7 月 4 日，第 3 版。

21 〈莊萊德等 飛花參觀〉，《聯合報》，臺北，1958 年 7 月 7 日，第 3 版。

22 〈莊萊德大使 訪晤沈次長〉，《聯合報》，臺北，1958 年 7 月 25 日，第 1 版。

23 〈莊萊德大使 訪晤沈外次〉，《聯合報》，臺北，1958 年 7 月 31 日，第 1 版。

24 〈總統令〉（1958 年 7 月 31 日），《總統府公報》，第 936 期，頁 2。

Dulles）之會議，就有關臺灣海峽情勢及有關共同防
衛問題初步交換意見。[25]

11月 7 日　在立法院秘密院會報告中美外交情勢。[26]

11月13日　在監察院外交、僑政兩委員會聯席會議，就印尼壓迫
　　　　　華僑事件進行報告。[27]

11月20日　於行政院會議報告外交事項。[28]

11月27日　於行政院會議報告外交事項。[29]

12月 5 日　電駐美大使葉公超轉知金門前線情況。[30]

25　〈就中美共同防衛問題　總統杜卿首次會談　陳兼院長勞勃森等均曾參加　氣氛和諧雙方
　　意見頗為一致〉，《聯合報》，臺北，1958 年 10 月 22 日，第 1 版。
26　〈立院昨開秘會　聽取中美外交情勢報告　對中美會議提出質詢〉，《聯合報》，臺北，
　　1958 年 11 月 8 日，第 1 版。
27　〈政府決以最大努力　維護華僑權益　陳清文沈昌煥昨在監院　報告印尼迫害華僑情
　　勢〉，《聯合報》，臺北，1958 年 11 月 14 日，第 1 版。
28　〈營業用汽油及柴油　增收二成作養路費　政院會議昨日核定實行　馬紀壯沈昌煥各報告
　　軍事外交〉，《聯合報》，臺北，1958 年 11 月 21 日，第 3 版。
29　〈行政院會議議事錄　臺第一四二冊五九二至五九五〉，《行政院》，國史館藏，數位典
　　藏號：014-000205-00169-002；〈十九年次體位升等役男　決定停止徵集　行政院會昨日
　　核可　提早退伍問題有待研究〉，《聯合報》，臺北，1958 年 11 月 28 日，第 1 版。
30　〈秘書處雜卷（三）〉，《外交部》，國史館藏，典藏號：020-130800-0043。

民國48年（1959） 46歲

1月22日 連任臺灣留美同學會常務理事。[1]

3月15日 出席蔣經國與蔣方良結婚二十四周年宴會。[2]

3月19日 行政院第609次會議，通過任命先生為駐西班牙大使。[3]

　　　　 總統任命先生為中華民國駐西班牙國特命全權大使。[4]

3月24日 參加外交部高層與蔣廷黻的會談。[5]

3月26日 出席立法院邊政委員會會議，報告西藏問題。[6]

4月4日 與蔣廷黻等官員共商有關西藏與聯合國外交問題。[7]

4月11日 新任駐西班牙大使，在總統府宣誓。[8]

5月24日 前往西班牙履新職。[9]

6月22日 抵達馬德里。[10]

---

1 〈留美同學會　改選理監事〉，《聯合報》，臺北，1959年1月23日，第5版。

2 〈國軍退除役官兵就業輔導委員會主任委員蔣經國與蔣方良結婚二十四週年紀念日〉（1959年3月15日），《蔣經國總統文物》，國史館藏，數位典藏號：005-030204-00003-015。

3 〈行政院會議議事錄　臺第一四六冊六〇五至六〇九〉，《行政院》，國史館藏，數位典藏號：014-000205-00173-004。

4 〈總統令〉（1959年3月19日），《總統府公報》，第1002期，頁1。

5 〈蔣廷黻黃少谷　昨舉行會談　檢討世界局勢〉，《聯合報》，臺北，1959年3月25日，第1版。

6 〈支援西藏抗暴戰鬥　立委促採積極行動　全體邊政委員昨下午集商結果　提案今提秘密院會討論〉，《聯合報》，臺北，1959年3月27日，第3版。

7 〈黃少谷蔣廷黻　昨舉行會議　商西藏問題〉，《聯合報》，臺北，1959年4月6日，第1版。

8 〈新任駐日西兩大使　今上午宣誓　袁子健明經港返任〉，《聯合報》，臺北，1959年4月11日，第1版。

9 〈沈昌煥夫婦　昨出國赴任　張厲生定月底赴日〉，《聯合報》，臺北，1959年5月25日，第1版。

10 〈沈昌煥大使　抵達任所〉，《聯合報》，臺北，1959年6月24日，第1版。

7月10日	電部告以西班牙政府夏季遷往夏都多若斯迪亞（San Sebastian），因公需隨遷，估旅館及餐食費用，請撥經費美金1,850元。[11]
7月11日	向西班牙元首佛朗哥元帥（Francisco Franco）呈遞國書。[12]
7月12日	蔣經國致電問候。[13]
8月3日	移至西班牙夏都多若斯迪亞辦公，為期一個半月。[14]
8月20日	行政院第631次會議通過，派先生為出席聯合國第十四屆常會全權代表。[15]
8月26日	總統任命先生為出席聯合國第十四屆常會全權代表。[16]
9月10日	偕夫人自馬德里抵紐約，出席聯合國大會第十四屆會議。[17]
12月15日	自紐約返回西班牙任所。[18]

11　〈駐西班牙大使館經費（二）〉，《外交部》，國史館藏，典藏號：020-170600-0012。

12　〈外交部呈常務次長電報彙存（七）〉，《外交部》，國史館藏，典藏號：020-130700-0007。

13　〈一般資料—蔣經國致各界文電資料（十五）〉，《蔣中正總統文物》，國史館藏，數位典藏號：002-080200-00643-055。

14　〈駐西班牙大使館經費（二）〉，《外交部》，國史館藏，典藏號：020-170600-0012。

15　〈行政院會議議事錄　臺第一五三冊六二九至六三二〉，《行政院》，國史館藏，數位典藏號：014-000205-00180-003。

16　〈總統令〉（1959年8月26日），《總統府公報》，第1048期，頁1。

17　〈沈昌煥大使抵達紐約〉，《聯合報》，臺北，1959年9月12日，第1版。

18　〈王世杰返國〉，《聯合報》，臺北，1959年12月17日，第1版。

民國49年（1960） 47歲

1月21日　蔣經國致函慰問先生駐西辛勞。[1]

3月15日　蔣經國電賀生日。[2]

4月4日　獲選中國大陸災胞救濟總會第九屆理事。[3]

4月16日　蔣經國電謝生日賀電。[4]

5月2日　報部代電，陳述財政吃緊，經費不敷，以西班牙軍事
　　　　代表團訪華在即，請撥特別經費美金280元，在西設
　　　　宴為其送行。[5]

5月30日　行政院局部改組，先生擔任行政院政務委員兼外交部
　　　　長。[6]

6月2日　蔣經國致電賀纓新職。[7]

6月11日　自馬德里返抵臺北履新職。[8]

6月13日　正式接任外交部長職務。[9]

6月15日　為美國總統艾森豪來訪結束時發表《中美聯合公

1　〈民國四十九年蔣經國手札〉，《蔣經國總統文物》，國史館藏，數位典藏號：005-010502-00769-001。

2　〈民國四十九年蔣經國手札〉，《蔣經國總統文物》，國史館藏，數位典藏號：005-010502-00769-001。

3　〈救總昨選出　新任理監事〉，《聯合報》，臺北，1960年4月5日，第2版。

4　〈民國四十九年蔣經國手札〉，《蔣經國總統文物》，國史館藏，數位典藏號：005-010502-00769-001。

5　〈駐西班牙大使館經費（二）〉，《外交部》，國史館藏，典藏號：020-170600-0012。

6　〈總統令〉（1960年5月30日），《總統府公報》，第1127期，頁1。

7　〈民國四十九年蔣經國手札〉，《蔣經國總統文物》，國史館藏，數位典藏號：005-010502-00769-001。

8　〈新任外交部長　沈昌煥昨返國　謂將努力應付艱鉅〉，《聯合報》，臺北，1960年6月12日，第1版。

9　〈繼續現行外交政策　力謀展開新的工作　續與非洲新國建交設使　沈昌煥昨接任新職談話〉，《聯合報》，臺北，1960年6月14日，第1版。

報》，呈報蔣中正擬增刪建議。[10]

6月18日 於松山機場迎接美國總統艾森豪來訪。[11]

參加艾森豪總統來訪第1次中美高層會談。[12]

6月19日 參加艾森豪總統來訪第2次中美高層會談。

6月21日 新任外交部長宣誓儀式。[13]

6月25日 列席立法院外交委員會，報告美國艾森豪總統訪問我
國經過及最近國際情勢。[14]

6月29日 列席立法院外交委員會秘密會議，報告最近國際形勢
及中華民國與西班牙之外交關係。[15]

7月12日 列席監察院外交委員會，報告越南華僑會館與非洲外
交形勢等問題。[16]

7月29日 列席立法院秘密院會，報告最近國際局勢之演變及我
國外交工作。[17]

7月30日 出席中國國民黨中常會第70次會議，報告關於外交部
對於有關中東情勢之高階層會議問題處理經過情形

---

10 〈美國總統艾森豪訪華資料〉，《陳誠副總統文物》，國史館藏，數位典藏號：008-
010601-00004-013。

11 〈艾森豪昨抵華訪問 我國朝野熱烈歡迎 在松山機場接受隆重歡迎軍禮 中美元首同乘
敞蓬禮車經市區 沿途數十萬人夾道歡呼〉，《聯合報》，臺北，1960年6月19日，第2版。

12 〈協防金馬外島 美國政策不變 哈格泰轉述艾森豪意見 中美元首首次會談〉，《聯合
報》，臺北，1960年6月19日，第1版。

13 〈新任部會首長 昨晨宣誓 總統致辭勗勉〉，《聯合報》，臺北，1960年6月22日，
第1版。

14 〈對於國際重大問題 中美兩國元首 看法完全一致 沈外長昨向立委報告稱〉，《聯合
報》，臺北，1960年6月26日，第1版。

15 〈沈外長告立委 西班牙政府 同情我立場〉，《聯合報》，臺北，1960年6月30日，
第1版。

16 〈對於旅越僑胞問題 我將慎重處理 沈昌煥向監委報告外交 詳釋非洲未來發展〉，《聯
合報》，臺北，1960年7月13日，第1版。

17 〈我須保持鎮定警覺 因應國際局勢演變 沈昌煥在立院分析時局 指匪俄正力謀分化盟
國〉，《聯合報》，臺北，1960年7月30日，第1版。

事。[18]

8月1日 代表外交部致電達荷美（今貝南）共和國總理馬加
（Coutoucou Hubert Maga），宣布中華民國政府自其獨
立日起予以正式承認。

8月3日 代表外交部致電奈及爾（今尼日）共和國總理狄奧里
（Hamani Diori），宣布中華民國政府自其獨立日起予
以正式承認。[19]

列席監察院外交、僑政委員會聯席會議，報告越南政
府接管中華會館事件之交涉經過及決策。[20]

8月5日 代表外交部致電上伏塔（今布吉納法索）共和國總統
亞默可（Maurice Yaméogo），宣布中華民國政府自其
獨立日起予以正式承認。[21]

8月10日 列席立法院僑政、外交委員會聯席秘密會議，報告中
越外交關係。[22]

8月30日 代表政府與美國駐華大使莊萊德簽訂《中美農產品銷
售協定》。[23]

9月23日 列席立法院秘密會議，報告聯合國、冷戰形勢與中美
合作關係等問題。[24]

---

18 〈行政院院會資料（一）〉，《外交部》，國史館藏，數位典藏號：020-029906-0004。

19 〈非洲三國獨立　總統分電致賀〉，《聯合報》，臺北，1960年8月3日，第1版。

20 〈查詢越南僑社事件　監院舉行聯席會議　沈外長出席報告交涉經過〉，《聯合報》，臺
北，1960年8月4日，第2版。

21 〈非洲三國獨立　總統分電致賀〉，《聯合報》，臺北，1960年8月3日，第1版。

22 〈越南解散中華會館　立委深表憤慨　兩委會昨邀沈外長答問　促政府以強硬態度交
涉〉，《聯合報》，臺北，1960年8月11日，第4版。

23 〈中美農產品銷售協定　兩國昨在台北簽字　採購種類列為小麥棉花菸葉及黃豆等　大部
價款供作共同防禦之用〉，《聯合報》，臺北，1960年8月31日，第1版。

24 〈立法院院會　續質詢行政　沈外長析國際局勢　認為戰爭危機益深〉，《聯合報》，臺
北，1960年9月24日，第1版。

9月29日 在中國國民黨第八屆三中全會報告外交問題。[25]

9月30日 在立法院答覆立委郭德權關於外交問題的質詢。[26]

10月2日 於中國國民黨第八屆三中全會首次獲選中央常務委員。[27]

10月4日 在立法院答覆《美軍駐華地位協定》有關問題。[28]

10月11日 在立法院答覆立委對美議員傅爾布萊德（James William Fulbright）有關臺灣獨立言論的問題。[29]

10月12日 在立法院外交委員會報告聯合國大會進行情況。[30]

10月21日 蔣經國自記外界對沈昌煥的觀感。[31]

10月22日 在華僑救國聯合總會理事會報告〈國際現勢與我國外交〉。[32]

10月27日 與蔣經國、克萊恩（Ray Steiner Cline）討論南美與非洲問題。[33]

11月10日 在行政院第689次會議，報告美國大選情勢及分析民主黨執政後之一般情勢。[34]

11月12日 中國國民黨第八屆四中全會，至16日結束。

---

25 〈促進各方瞭解同情 國民黨決爭取黨友 唐縱昨向三中全會報告 中央評議委員會今晨集會〉，《聯合報》，臺北，1960年9月30日，第1版。

26 〈立委郭德權 質詢外交〉，《聯合報》，臺北，1960年10月1日，第2版。

27 〈國民黨中常委 昨日改選竣事 十五名委員中三名新任 其餘十二名均蟬聯〉，《聯合報》，臺北，1960年10月3日，第1版。

28 〈美軍駐華地位協定 美方已提對案 我政府研究中〉，《聯合報》，臺北，1960年10月5日，第1版。

29 〈美議員傅爾布萊德妄發怪論 立委吳春晴嚴詞指責 外交部長沈昌煥答覆詢問稱 傅氏私人謬見並不代表美國〉，《聯合報》，臺北，1960年10月12日，第2版。

30 〈沈外長在立院外委會 報告聯大進行實況 認俄酋陰謀已遭遇失敗〉，《聯合報》，臺北，1960年10月13日，第1版。

31 《蔣經國日記》，1960年10月21日，史丹福大學胡佛研究所藏。

32 〈沈外長在僑聯會上 分析國際局勢 呼籲僑胞團結〉，《聯合報》，臺北，1960年10月23日，第1版。

33 《蔣經國日記》，1960年10月27日，史丹福大學胡佛研究所藏。

34 〈行政院會議〉，《聯合報》，臺北，1960年11月11日，第1版。

11月15日　在立法院報告美國新政府對華政策，將不會有重大改變。[35]

11月18日　在立法院報告我國在聯合國代表權問題。[36]

11月19日　在監察院外交委員會報告國際問題。[37]

12月15日　在行政院會議報告寮國內戰情勢等國際問題。[38]

12月17日　約見韓國駐華大使白善燁，談兩國外長相互訪問事。[39]

12月21日　在臺北市編輯人協會第十八屆會員大會演講〈我對新聞處理及新聞評論的一點意見〉。[40]

12月24日　在光復大陸設計研究委員會檢討1960年的世界局勢。[41]

12月28日　列席立法院外交委員會秘密會議，報告美國對華政策。[42]

35　〈沈外長告立法委員　美國對華政策　將無重大改變〉，《聯合報》，臺北，1960 年 11 月 16 日，第 1 版。

36　〈我在聯大席次　仍可確立不移　沈外長在立院表示〉，《聯合報》，臺北，1960 年 11 月 19 日，第 2 版。

37　〈沈昌煥在監院　報告國際局勢〉，《聯合報》，臺北，1960 年 11 月 20 日，第 1 版。

38　〈共黨誣我參預寮戰　我已斷然否認　指為共黨侵寮所持藉口　並籲自由世界援寮反共〉，《聯合報》，臺北，1960 年 12 月 16 日，第 1 版。

39　〈外交部部長沈昌煥訪問韓、日〉，《外交部》，中央研究院近代史研究所檔案館藏，館藏號：11-01-03-06-03-027。

40　〈編協會員大會通過　籌組全國性的編協　沈外長在會中發表演說　對新聞處理及新聞評論提建議〉，《聯合報》，臺北，1960 年 12 月 22 日，第 2 版。

41　〈沈昌煥在光復設計會中　國際局勢報告誌要〉，《聯合報》，臺北，1960 年 12 月 25 日，第 2 版；〈聯合國與世界局勢─在光復大陸設計研究委員會第七次全體委員會議報告〉（四十九年十二月二十四日），收於：外交部情報司編，《沈部長昌煥言論選集》（臺北：外交部情報司，1966 年），頁 1-20；並收於：外交部新聞文化司編，《沈昌煥先生言論集》（臺北：外交部新聞文化司，1999 年），頁 1-20。

42　〈美國對華政策　將無重大改變　保證軍事密切合作　沈昌煥外長在立院報告〉，《聯合報》，臺北，1960 年 12 月 29 日，第 1 版。

民國50年（1961） 48歲

1月 2 日 下午在外交部接見菲律賓駐華大使羅慕斯（Narciso Ramos），談話1小時。[1]

1月 3 日 中午12時30分，接見美國駐華大使莊萊德，密談1時30分。[2]

1月 5 日 出席行政院會議，報告寮國局勢。[3]

1月11日 列席立法院外交委員會會議並備詢。[4]

1月16日 中國國民黨中常會討論我國參加中、菲、韓、越四國外長會議有關問題，在會中報告外長會議籌開期間磋商之經過及將來可能獲致之結果。[5]

1月17日 出發前往馬尼拉，參加中、菲、韓、越四國外長會議。[6]

1月18日 出席中、韓、菲、越四國外長會議。[7]

1月19日 中、韓、菲、越四國外長會議發表聯合公報。[8]

---

1 〈沈外長晤 美菲大使〉，《聯合報》，臺北，1961 年 1 月 4 日，第 1 版。
2 〈沈外長晤 美菲大使〉，《聯合報》，臺北，1961 年 1 月 4 日，第 1 版。
3 〈行政院昨通過 蔣堅忍調任國防部常次 高魁元繼主總政治部〉，《聯合報》，臺北，1961 年 1 月 6 日，第 1 版。
4 〈我國對美外交 仍將積極進行 沈外長昨答覆立委質詢 稱將努力爭取經社理事〉，《聯合報》，臺北，1961 年 1 月 12 日，第 1 版。
5 〈蔣總裁主持中常會 討論四外長會事宜 沈昌煥報告磋商經過並析所觸及問題 我代表團今飛馬尼拉〉，《聯合報》，臺北，1961 年 1 月 17 日，第 1 版。
6 〈出席四國外長會議 沈昌煥昨抵馬尼拉 強調會議極具歷史意義 盼此行能導致更大團結〉，《聯合報》，臺北，1961 年 1 月 18 日，第 1 版。
7 〈對付共黨應採步驟 四國外長意見一致 沈外長曾提出若干具體建議 今日將逐案討論後下午閉幕〉，《聯合報》，臺北，1961 年 1 月 19 日，第 1 版。
8 〈四外長發表聯合公報 認為維護自由和平 有賴區域有效合作 並對共黨侵略威脅深表關切〉，《聯合報》，臺北，1961 年 1 月 20 日，第 1 版。

1月20日　自菲律賓返國，行前發表聲明。[9]

1月23日　列席立法院外交委員會秘密會議，報告四國外長會議的經過。[10]

1月26日　行政院會議，聽取先生報告出席四國外長會議經過。[11]

2月 2日　出席行政院上午9時舉行第701次會議，報告呈請核撥解決中日漁船懸案經費案。[12]

2月 6日　在中國國民黨中央聯合紀念週上發表演說，分析國際情勢。[13]

2月23日　下午5時，接見美國駐華大使莊萊德，就緬境中國游擊隊進行談話。[14]

2月24日　上午10時30分，美國駐華大使莊萊德來見，宣讀美國國務卿魯斯克（David Dean Rusk）關於緬邊反共游擊隊撤離問題之訓令節要。[15]

　　　　　　外交部宣布，先生暨夫人應韓國外務部部長鄭一亨夫婦邀請，將前往韓國訪問。[16]

2月25日　陪同蔣總統接見美國駐華大使莊萊德，商談緬邊反共

9　〈沈外長昨告菲記者　保衛金馬外島　我國決心不變〉，《聯合報》，臺北，1961 年 1 月 21 日，第 1 版。

10　〈如有實際需要　四國外長會　可繼續會商　沈外長昨在立院稱〉，《聯合報》，臺北，1961 年 1 月 24 日，第 1 版。

11　〈出席亞洲交通會議　我代表派定　徐人壽等將赴曼谷〉，《聯合報》，臺北，1961 年 1 月 27 日，第 1 版。

12　〈行政院會議議事錄　臺第一七六冊六九九至七〇一〉，《行政院》，國史館藏，數位典藏號：014-000205-00203-003。

13　〈姑息份子再度抬頭　企圖促美對匪妥協　沈外長昨分析國際情勢　對寮局發展表非常關切〉，《聯合報》，臺北，1961 年 2 月 7 日，第 1 版。

14　〈軍事—沈昌煥葉公超等與美方代表談話紀錄〉，《蔣經國總統文物》，國史館藏，數位典藏號：005-010202-00098-001。

15　〈中美關係（一）〉，《蔣經國總統文物》，國史館藏，數位典藏號：005-010100-00055-012。

16　〈沈外長夫婦明出國　經日轉韓訪問　簽訂中韓互惠貿易協定　歸途將在東京稍作停留〉，《聯合報》，臺北，1961 年 2 月 25 日，第 1 版。

游擊隊的解決辦法。[17]

2月27日　偕夫人出訪韓國，於本日中午抵達漢城，隨即展開各項拜會。[18]

2月28日　應韓國文教部長官宴會。[19]

3月1日　受韓國總理張勉設宴款待。[20]

出席韓國國防部長玄錫虎歡迎午宴。[21]

出席旅韓華僑團體歡迎茶會致詞，說明政府近年來在反共建國工作方面各項實際之成就。[22]

3月2日　訪問聯軍總部及韓國的第六軍團，巡視板門店。[23]

3月3日　致電外交部轉呈總統及行政院長報告張勉總理邀密談要點。[24]

與韓國外務部長官鄭一亨，在漢城分別代表中、韓兩國政府簽署《中韓貿易協定》，[25]並發表聯合公報。[26]

17　〈中美關係（一）〉，《蔣經國總統文物》，國史館藏，數位典藏號：005-010100-00055-013。

18　〈沈外長昨飛抵漢城　韓國予以隆重禮遇　尹總統立予接見並對我總統轉致敬意　張勉總理稱將俟機來華訪問〉，《聯合報》，臺北，1961年2月28日，第1版；〈外交部部長沈昌煥訪問韓、日〉，《外交部》，中央研究院近代史研究所檔案館藏，館藏號：11-01-03-06-03-027。

19　〈外交部部長沈昌煥訪問韓、日〉，《外交部》，中央研究院近代史研究所檔案館藏，館藏號：11-01-03-06-03-027。

20　〈外交部部長沈昌煥訪問韓、日〉，《外交部》，中央研究院近代史研究所檔案館藏，館藏號：11-01-03-06-03-027。

21　〈外交部部長沈昌煥訪問韓、日〉，《外交部》，中央研究院近代史研究所檔案館藏，館藏號：11-01-03-06-03-027。

22　〈外交部部長沈昌煥訪問韓、日〉，《外交部》，中央研究院近代史研究所檔案館藏，館藏號：11-01-03-06-03-028。

23　〈一旦國際時機成熟　中韓軍事合作　必將更形密切　沈外長今自漢城轉東京〉，《聯合報》，臺北，1961年3月3日，第1版。

24　〈外交部部長沈昌煥訪問韓、日〉，《外交部》，中央研究院近代史研究所檔案館藏，館藏號：11-01-03-06-03-027。

25　〈外交部部長沈昌煥訪問韓、日〉，《外交部》，中央研究院近代史研究所檔案館藏，館藏號：11-01-03-06-03-028。

26　〈中韓外長聯合聲明全文〉（1961年3月3日），《外交部》，中央研究院近代史研究

離韓前舉行記者招待會，答覆記者提問。[27]

3月4日 在東京會晤日本朝野人士。[28]

3月6日 拜會池田勇人首相與其他日方政治領袖。[29]

3月7日 返抵國門，結束韓、日訪問行程。[30]

3月9日 出席行政院第705次會議，報告訪問韓國及日本的經過，並呈報簽訂《中韓貿易協定》經過案。[31]

3月10日 在立法院說明政府積極保衛聯合國代表權的政策。[32]

3月14日 列席立法院秘密會議，報告外交問題，並答覆立委質詢。[33]

3月16日 下午5時，陪同蔣總統接見日本議員訪華團團長賀屋興宣眾議員，就金門視察國際局勢中日合作及共同反共等問題進行談話。[34]

3月20日 上午11時30分，接見美國駐華大使莊萊德，就塞內加爾承認中共政權與聯合國大會代表權事進行談話。[35]

所檔案館藏，館藏號：11-01-03-06-03-029。

27 〈外交部部長沈昌煥訪問韓、日〉，《外交部》，中央研究院近代史研究所檔案館藏，館藏號：11-01-03-06-03-027。

28 〈外交部部長沈昌煥訪問韓、日〉，《外交部》，中央研究院近代史研究所檔案館藏，館藏號：11-01-03-06-03-027。

29 〈外交部部長沈昌煥訪問韓、日〉，《外交部》，中央研究院近代史研究所檔案館藏，館藏號：11-01-03-06-03-027。

30 〈訪問韓日圓滿結束 沈外長夫婦昨返國 強調中韓睦誼益加鞏固 曾與日外相作廣泛會談〉，《聯合報》，臺北，1961年3月8日，第1版；〈外交部部長沈昌煥訪韓（附訪日）；彭孟緝總長訪韓〉，《外交部》，中央研究院近代史研究所檔案館藏，館藏號：11-01-03-06-03-026。

31 〈行政院會議議事錄 臺第一七七冊七○二至七○五〉，《行政院》，國史館藏，數位典藏號：014-000205-00204-004。

32 〈對我聯合國代表權 政府異常重視 正以全力隨時爭取支持 沈外長答立委詢問〉，《聯合報》，臺北，1961年3月11日，第1版。

33 〈立院昨開秘會 沈昌煥外長 答立委質詢〉，《聯合報》，臺北，1961年3月15日，第1版。

34 〈外交—蔣中正接見日方代表談話紀錄（二）〉，《蔣經國總統文物》，國史館藏，數位典藏號：005-010205-00112-001。

35 〈中美關係（一）〉，《蔣經國總統文物》，國史館藏，數位典藏號：005-010100-00055-

3月25日　獲選為中國銀行董事。[36]

　　　　呈行政院院長陳誠訪韓日報告此行觀感。[37]

3月26日　駐美大使葉公超返國述職，赴機場接機。[38]下午7時30分，陪同陳誠於副總統官邸接見葉公超，討論聯合國中國代表權問題。[39]

3月27日　陪同駐美大使葉公超上午9時30分赴總統官邸晉謁蔣中正，談及兩個中國並存於聯合國問題與美國對我態度。[40]

3月30日　呈蔣中正〈中國政府對我國在聯合國代表權問題之立場〉。[41]

3月31日　呈蔣中正對美方建議我政府阻中共入聯合國案，奉示訓令葉公超等在聯合國代表權基本立場初稿。[42]蔣中正晚間再度召見，與葉公超一同會議，聽取報告並有所討議。會議達2小時之久，至深夜10時30分結束。[43]

4月 1日　呈蔣中正對美方建議我政府阻中共入聯合國案奉示訓

014。

36 〈俞國華　陳漢平　四月三日　就任新職〉，《聯合報》，臺北，1961年3月31日，第5版。

37 〈外交部部長沈昌煥訪問韓、日〉，《外交部》，中央研究院近代史研究所檔案館藏，館藏號：11-01-03-06-03-029。

38 〈葉使行裝甫卸　昨謁陳副總統　並與政府決策人士　同進晚餐舉行會談〉，《聯合報》，臺北，1961年3月27日，第1版。

39 〈對聯合國外交（七）〉，《蔣中正總統文物》，國史館藏，數位典藏號：002-080106-00020-007。

40 〈對聯合國外交（七）〉，《蔣中正總統文物》，國史館藏，數位典藏號：002-080106-00020-006。

41 〈對聯合國外交（七）〉，《蔣中正總統文物》，國史館藏，數位典藏號：002-080106-00020-007。

42 〈葉使明返任　總統昨再召見　商討重大問題〉，《聯合報》，臺北，1961年3月31日，第1版。

43 〈對聯合國外交（七）〉，《蔣中正總統文物》，國史館藏，數位典藏號：002-080106-00020-008。

令葉公超等在聯合國代表我方應採之立場定稿。[44]

駐美大使葉公超偕同秘書賴家球下午乘機離臺，飛返華盛頓任所，至機場送機。[45]

4月20日 出席行政院第712次會議，報告古巴的情勢，呈送中尼（尼加拉瓜）文化專約約稿，並經院會通過派先生為簽約全權代表案。[46] 22日，總統發布命令，特派先生為商訂《中華民國與尼加拉瓜共和國間文化專約》全權代表。[47]

4月21日 接見美國駐華大使莊萊德，就古巴革命軍發展、寮國局勢與外蒙問題等進行談話。[48]

4月27日 與美國駐華大使莊萊德共同簽署《購美農產品協定》。[49]

4月29日 出席在臺北賓館舉行的慶祝日皇裕仁六秩華誕酒會。[50]

5月4日 出席副總統兼行政院長陳誠與駐聯合國常任代表蔣廷黻舉行非正式外交問題談話。[51]

5月5日 率外交部高階官員與回國述職的蔣廷黻商議外交問

44 〈對聯合國外交（七）〉，《蔣中正總統文物》，國史館藏，數位典藏號：002-080106-00020-009。

45 〈葉大使昨離台　飛返華府任所　行前在機場答覆記者稱　美不主張兩個中國〉，《聯合報》，臺北，1961年4月2日，第1版。

46 〈行政院會議議事錄　臺第一七九冊七〇八至七一二〉，《行政院》，國史館藏，數位典藏號：014-000205-00206-005。

47 〈總統令〉（1961年4月22日），《總統府公報》，第1221期，頁1。

48 〈軍事—沈昌煥葉公超等參與美方代表談話紀錄〉，《蔣經國總統文物》，國史館藏，數位典藏號：005-010202-00098-008。

49 〈採購美農產品協定　中美雙方昨日換文　由沈外長美大使分別代表簽字　我將購進三百萬美元小麥麵粉　美獲價款用作共同防禦等目的〉，《聯合報》，臺北，1961年4月28日，第2版。

50 〈慶日皇華誕　井口大使　舉行酒會〉，《聯合報》，臺北，1961年4月30日，第2版。

51 〈石叟叢書資料彙編（六）〉，《陳誠副總統文物》，國史館藏，數位典藏號：008-010110-00007-019。

題。[52]

5月6日　在外交部與蔣廷黻商議外交問題。[53]

5月13日　舉辦茶會，歡迎亞盟訪華代表。[54]

5月14日　呈蔣中正關於與美國副總統詹森談話要點擬議。[55]

於機場歡迎來訪的美國副總統詹森。[56]

下午5時，出席蔣中正接見美國副總統詹森談話。[57]

5月15日　上午7時40分，參加蔣中正與美國副總統詹森高峰會
談。[58]

5月18日　出席行政院第716次會議，報告外交事項。[59]

5月20日　列席立法院外交、僑政兩委員會聯席會議，說明外交
部對前任駐沙烏地阿拉伯大使馬步芳不法傳聞的調
查。[60]

5月27日　列席立法院外交、僑政兩委員會的聯席會議並備詢。[61]

52　〈蔣廷黻謁總統　昨和沈外長等會談　並會晤曾約農探視胡適　下週將列席立監院報
　　告〉，《聯合報》，臺北，1961年5月6日，第2版。

53　〈蔣廷黻博士　昨再謁總統　報告國際局勢〉，《聯合報》，臺北，1961年5月7日，
　　第1版。

54　〈沈昌煥外長昨茶會　歡迎亞盟訪華代表　亞盟各代表今南下參觀　昨曾與我專家研討匪
　　情〉，《聯合報》，臺北，1961年5月14日，第2版。

55　〈外交—蔣中正接見美韓等代表談話參考資料〉，《蔣經國總統文物》，國史館藏，數位
　　典藏號：005-010205-00100-005。

56　〈詹森抵華聲明　強調中美睦誼　陳副總統致歡迎詞　指詹氏東來具重大意義〉，《聯合
　　報》，臺北，1961年5月15日，第1版。

57　〈外交—蔣中正接見美方代表談話紀錄（二十三）〉，《蔣經國總統文物》，國史館藏，
　　數位典藏號：005-010205-00085-002；〈外交—蔣中正與美國副總統談話紀錄〉，《蔣經
　　國總統文物》，國史館藏，數位典藏號：005-010205-00102-007。

58　〈外交—蔣中正接見美方代表談話紀錄（二十三）〉，《蔣經國總統文物》，國史館藏，
　　數位典藏號：005-010205-00085-002。

59　〈少年福利法案　政院交審查　另三案送立院審議　連震東補故宮博院理事〉，《聯合
　　報》，臺北，1961年5月19日，第2版。

60　〈馬步芳如貪污瀆職　外交部決依法究辦　立院兩委會審查請願案　外長沈昌煥列席報告
　　稱〉，《聯合報》，臺北，1961年5月21日，第2版。

61　〈沈外長在立院表示　將促使馬步芳返國　如不回國可能吊銷護照　立委指責馬步芳請願
　　事〉，《聯合報》，臺北，1961年5月28日，第2版。

5月 蔣經國日記記錄沈昌煥工作不順利，非常灰心。[62]

6月5日 美國駐華大使莊萊德下午赴外交部訪先生，晤談半小時。[63]

6月14日 列席立法院外交委員會秘密會議，報告最近國際情勢。[64]

6月16日 在立法院報告〈外蒙申請入聯合國及美國與外蒙接洽建交問題〉，並答覆立委有關外蒙申請加入聯合國的問題。[65]

6月17日 在中國國民黨中常會報告外交問題，表示政府在必要時將行使否決權，阻止外蒙進入聯合國。[66]

6月19日 接見美國駐華大使莊萊德，就外蒙問題與聯合國大會代表權事進行談話。[67]

　　美國駐華大使莊萊德函蔣經國，謂代表美國政府邀其赴美訪問，先生對莊萊德表達政府感謝之意，但行期須再商，又說明政府未正式授權蔣經國討論外蒙及聯合國代表權等問題之權力。[68]

---

62 《蔣經國日記》，1961年5月24日，史丹福大學胡佛研究所藏。

63 〈莊萊德大使 訪沈外長〉，《聯合報》，臺北，1961年6月6日，第1版。

64 〈美試探與偽蒙建交 我已向美強硬交涉 沈昌煥向立委報告國際情勢 立委對美蒙接觸表異常關切〉，《聯合報》，臺北，1961年6月15日，第1版。

65 〈對美擬與偽蒙建交事 我已向美表明 堅決反對立場 沈外長昨答覆立委質詢稱 粉碎偽蒙入聯合國陰謀 必要時我決行使否決權〉，《聯合報》，臺北，1961年6月17日，第1版；〈外蒙申請加入聯合國及美與外蒙接洽建交問題 外長沈昌煥在立院報告全文〉，《聯合報》，臺北，1961年6月17日，第2版；外交部情報司編，《有關外蒙及聯合國中國代表權問題之文件》（臺北：外交部，1961年），頁3-8。

66 〈我將以否決權 阻外蒙入會 沈外長告中央常會〉，《聯合報》，臺北，1961年6月18日，第1版；〈中國國民黨第八屆中央委員會常務委員會會議紀錄（十三）〉，《陳誠副總統文物》，國史館藏，數位典藏號：008-011002-00038-007。

67 〈中美關係（一）〉，《蔣經國總統文物》，國史館藏，數位典藏號：005-010100-00055-016。

68 〈蔣經國訪美文件〉，《蔣經國總統文物》，國史館藏，數位典藏號：005-010204-00001-001。

6月20日 列席立法院回答有關外蒙問題的質詢。[69]

6月22日 行政院舉行院會，先生報告外交事項。[70]

6月23日 約晤美國駐華大使莊萊德，就近來美國對與中華民國有關之重大問題事前均不經過諮商，採取片面行動，奉總統之命轉達「極為不滿」。[71]

6月30日 向立法院報告我國在聯合國代表權問題。[72]

　　　　　在立法院答詢時表達我國反對日本對琉球保有「剩餘主權」立場。[73]

7月 3日 與蔣經國於6月23日、29日、30日長談。蔣經國於日記中記錄沈昌煥此間的心情。[74]

7月 5日 出席陽明山會談，報告「當前國際情勢及外交情況」。[75]

7月12日 列席立法院外交委員會秘密會議，報告最近中美外交關係。[76]

7月16日 呈報收得經美國駐華大使館轉美國總統甘迺迪（John Fitzgerald Kennedy）致蔣總統電函，以中美雙方急須

---

69 〈阻外蒙入聯合國　立委一致支持政府堅定立場　並反對美與偽蒙建交　促政府循外交途徑告知美國〉，《聯合報》，臺北，1961年6月21日，第1版。

70 〈國庫出納注意事項　行政院會昨日核定　規定本會計年度結束期間　各機關經費存款支付辦法〉，《聯合報》，臺北，1961年6月23日，第2版。

71 〈中美關係（一）〉，《蔣經國總統文物》，國史館藏，數位典藏號：005-010100-00055-018。

72 〈我在聯合國代表權問題　沈昌煥向立院大會報告全文〉，《聯合報》，臺北，1961年7月1日，第3版；外交部情報司編，《有關外蒙及聯合國中國代表權問題之文件》，頁9-14。

73 〈琉球地位琉人自決　反對日有剩餘主權〉，《聯合報》，臺北，1961年7月1日，第1版。

74 《蔣經國日記》，1961年7月3日，史丹福大學胡佛研究所藏。

75 〈陽明山會談與會人士建議　加強國民外交　促請總統副總統適時出國訪問　對聯國我代表權等問題表關切〉，《聯合報》，臺北，1961年7月6日，第2版；〈外交部新聞稿（十二）〉，《外交部》，國史館藏，數位典藏號：020-090301-0035。

76 〈為維護聯合國憲章　我決奮鬥到底　沈外長向立院委會報告　田炯錦昨報告西藏近況〉，《聯合報》，臺北，1961年7月13日，第1版。

從速解決目前各種困難，建議派遣一完全信任之代表
來美進行商談。[77]

7月21日　與美國駐華代辦葉格爾共同簽訂第5次《中美農業產
品協定》。[78]

7月23日　外交部宣布陳誠副總統兼行政院長，應甘迺迪總統之
邀請，定於31日抵達華盛頓，正式訪問美國；先生等
偕行。[79]

7月26日　出席中國國民黨第八屆第314次中常會，報告副總統
陳誠應美國總統甘迺迪之邀訪美事宜。[80]

7月27日　出席陳誠副總統邀集四院正、副院長等官員與民代，
於訪美前舉行之會談。[81]

7月28日　蔣中正召集陳誠、張羣與先生等舉行會議，就陳誠訪
美可能觸及問題，交換意見。[82]

7月29日　偕夫人隨陳誠副總統訪問美國。[83]

7月31日　陳誠副總統訪問團上午10時18分（臺灣夏令時間晚11
時18分）抵達華盛頓。[84]

77　〈外交─外蒙與中共申請進入聯合國（一）〉，《蔣經國總統文物》，國史館藏，數位典
　　藏號：005-010205-00043-004。

78　〈中美農業產品協定　昨在台北簽字生效　我可採購二千餘萬美元農產品　多數價款撥充
　　共同防禦的用途〉，《聯合報》，臺北，1961年7月22日，第2版。

79　〈欣聞陳副總統即將訪美〉，《聯合報》，臺北，1961年7月24日，第2版。

80　〈石叟叢書續編─副總裁中常會指示彙編〉，《陳誠副總統文物》，國史館藏，數位典藏
　　號：008-010109-00003-130。

81　〈攻府首長立監委建議　反對匪蒙入聯合國　必須堅持既定立場　陳氏邀宴各院首長對訪
　　美事交換意見〉，《聯合報》，臺北，1961年7月28日，第1版。

82　〈對陳擬訪美行　總統昨有剴切指示　官邸昨開重要會議〉，《聯合報》，臺北，1961
　　年7月29日，第1版。

83　〈肩負重任訪問美國　陳副總統昨過日本　總統昨晨曾蒞陳氏官邸長談　對中美有關問題
　　作原則指示〉，《聯合報》，臺北，1961年7月30日，第1版。

84　〈美以國賓之禮　迎接陳副總統　詹森夫婦昨親迎於機場　致辭強調中美團結〉，《聯合
　　報》，臺北，1961年8月1日，第1版。

上午11時，出席陳誠與美國總統甘迺迪於白宮進行第1次會談。[85]

8月1日　上午8時，出席陳誠與美國國務卿魯斯克於國務院進行第2次會談。[86] 10時，出席陳誠進入白宮與美國總統甘迺迪舉行第3次會談。[87]

下午4時，出席陳誠與美國國務卿魯斯克於國務院進行第4次會談。[88]

隨陳誠拜訪美國國防部等機構，進行外交活動。[89]

8月2日　陳誠副總統與美國甘迺迪總統發表《中美聯合公報》。[90]

8月3日　由華盛頓前往紐約，繼續訪美行程。[91]

8月4日　陪同陳誠拜訪聯合國秘書長哈瑪紹（Dog Hammarskjöld）。[92]

8月8日　陪同陳誠訪問舊金山。[93]

85　〈石叟叢書資料彙編（六）〉，《陳誠副總統文物》，國史館藏，數位典藏號：008-010110-00007-046。

86　〈石叟叢書資料彙編（六）〉，《陳誠副總統文物》，國史館藏，數位典藏號：008-010110-00007-047。

87　〈石叟叢書資料彙編（六）〉，《陳誠副總統文物》，國史館藏，數位典藏號：008-010110-00007-048。

88　〈石叟叢書資料彙編（六）〉，《陳誠副總統文物》，國史館藏，數位典藏號：008-010110-00007-049。

89　〈陳副總統參觀訪問活動　今赴紐約明日晤哈瑪紹〉，《聯合報》，臺北，1961年8月3日，第4版。

90　〈石叟叢書資料彙編（六）〉，《陳誠副總統文物》，國史館藏，數位典藏號：008-010110-00007-054。

91　〈陳副總統告別華府　強調中美合作　必將克服困難〉，《聯合報》，臺北，1961年8月4日，第1版。

92　〈陳副總統訪聯合國　與哈瑪紹密談　哈氏曾設午宴款待〉，《聯合報》，臺北，1961年8月6日，第4版。

93　〈金山華埠萬頭攢動　歡迎陳副總統　陳氏推崇華僑力量偉大　美兩社團盛宴款待〉，《聯合報》，臺北，1961年8月10日，第1版。

8月13日 結束訪美行程，返抵國門。[94]

8月16日 在中國國民黨中常會報告訪美經過。[95]

8月17日 行政院第728次會議，陳誠在會中詳細報告訪美情形，先生就陳氏訪美事作補充報告。[96]

8月24日 行政院第729次會議，通過先生擔任出席第十六屆聯合國大會首席全權代表。[97]

8月25日 在陽明山第2次會談做外交報告。[98]

9月2日 奉派出席聯合國大會第十六屆常會，於出席期間為中華民國出席該屆常會代表團首席全權代表。[99]

9月7日 行政院第730次會議，聽取先生報告外交事項，包括呈請將本院送請立法院審議之「保護工人受電離輻射傷害公約」撤回案、呈為中巴（巴拉圭）文化專約已簽訂竣事請核轉立法院審議案。[100]

9月11日 率團赴紐約出席聯合國大會第十六屆常會。蔣中正於出發前，在上午11時召見，重申國家嚴正立場，絕對禁止外蒙及中共進入聯合國。[101]

---

94 〈陳副總統　訪美歸來　稱對中美有關問題　業已商獲原則協議　朝野名流齊集機場歡迎〉，《聯合報》，臺北，1961年8月14日，第1版。

95 〈石叟叢書資料彙編（七）〉，《陳誠副總統文物》，國史館藏，數位典藏號：008-010110-00008-025。

96 〈政院會議　貨幣基金等會　代表人選派定〉，《聯合報》，臺北，1961年8月18日，第2版。

97 〈行政院會議議事錄　臺第一八六冊七二八至七二九〉，《行政院》，國史館藏，數位典藏號：014-000205-00213-002。

98 〈陽明山二次會談昨開始　聽取政教匪情報告　今起綜合交換文教措施意見　及光復大陸後文教重建問題〉，《聯合報》，臺北，1961年8月26日，第1版。

99 〈總統令〉（1961年9月5日），《總統府公報》，第1259期，頁1。

100 〈行政院會議議事錄　臺第一八七冊七三〇至七三一〉，《行政院》，國史館藏，數位典藏號：014-000205-00214-001。

101 〈總統事略日記50.07~50.09〉，《蔣中正總統文物》，國史館藏，數位典藏號：002-110101-00018-070。

赴紐約前就此行任務發表談話。[102]

9月12日 抵達紐約。[103]

9月13日 與蔣廷黻、葉公超商議在聯合國外交策略。[104]

9月18日 在美國駐聯合國代表團總部內與美國務卿魯斯克商談有關本屆聯大的各項問題。[105]

9月29日 赴美國代表團辦事處訪晤美國務卿魯斯克。[106]

9月30日 《紐約前鋒論壇報》（*New York Herald Tribune*）刊出訪問報導，先生表示將否決外蒙入會。[107]

10月4日 在聯合國大會總辯論時間發表演講。[108]

電報蔣總統目前情勢及宜速決定對外蒙案之立場，及考慮否決外蒙入會對我代表權之影響等。[109]

10月5日 電告蔣總統、陳副總統，已告蔣廷黻在未奉政府明確訓令改變立場前，吾人仍宜作否決外蒙之部署。[110]

電告蔣總統、陳副總統，聯合國大會將辯論我國代表權問題，我是否否決外蒙，必須儘早作決定，如有意

102 〈我決阻止外蒙入會　絕不容匪混入聯國　沈外長率團赴美行前發表談話　伸張國際正義維護國家權益〉，《聯合報》，臺北，1961 年 9 月 12 日，第 1 版。

103 〈沈昌煥等　飛抵紐約〉，《聯合報》，臺北，1961 年 9 月 14 日，第 1 版。

104 〈準備聯大戰略　沈外長在美　與葉使會商　一再與蔣廷黻長談〉，《聯合報》，臺北，1961 年 9 月 18 日，第 1 版。

105 〈沈昌煥會晤魯斯克　研討聯大戰略　美勸我勿否決外蒙申請　並就國際局勢交換意見〉，《聯合報》，臺北，1961 年 9 月 20 日，第 1 版。

106 〈沈昌煥外長　訪晤魯斯克〉，《聯合報》，臺北，1961 年 10 月 1 日，第 4 版。

107 〈我國反共立場堅定　不容外蒙入聯合國　沈昌煥外長向美報記者表示　必要時將使用否決權〉，《聯合報》，臺北，1961 年 10 月 2 日，第 1 版。

108 〈沈外長演說全文〉，《聯合報》，臺北，1961 年 10 月 5 日，第 1 版；〈聯合國在考驗中—出席聯合國大會第十六屆常會全體會議總辯論中之講詞〉（五十年十月四日），收於：外交部情報司編，《沈部長昌煥言論選集》，頁 21-35；並收於：外交部新聞文化司編，《沈昌煥先生言論集》，頁 21-35。

109 〈我與聯合國〉，《蔣中正總統文物》，國史館藏，數位典藏號：002-090103-00001-036。

110 〈我與聯合國〉，《蔣中正總統文物》，國史館藏，數位典藏號：002-090103-00001-037。

放棄否決外蒙，應要求美方全力防阻兩個中國方案為
主要條件，請示政府最後立場。[111]

張羣來電轉知總統覆葉公超酉微電，美國政府在聯合
國維我納共，則我對蒙案不用否決。[112]

10月 7 日 蔣總統電示，致葉公超電是我國最後立場，並督導代
表團照原定計畫進行。[113]

10月 8 日 蔣總統電葉公超轉來指示，提及我國要求公開明確保
證維我拒共，望甘迺迪充分諒解，早作決定，若不能
相助，只有依原計畫作否決之準備。[114]

10月 9 日 電覆蔣總統，當遵政府堅定立場，俾期達到阻止外蒙
入會及保持代表權之目的，並再三切告同仁鎮靜沉
著、謹慎言行，一切恪遵鈞命辦理。[115]

10月10日 在紐約當地國民黨部發表演講。[116]

蔣經國來電，以「歷盡風霜標勁節、長留正氣滿乾
坤」二語以賀國慶，並祝安康。[117]

致電蔣經國，在國家危難之際受命出席聯合國大會，
抵美後即以鎮靜忍耐自勵，並策勉同仁務必信賴領袖

---

111 〈我與聯合國〉，《蔣中正總統文物》，國史館藏，數位典藏號：002-090103-00001-
038。

112 〈我與聯合國〉，《蔣中正總統文物》，國史館藏，數位典藏號：002-090103-00001-
044。

113 〈一般資料—民國四十七年〉，《蔣中正總統文物》，國史館藏，數位典藏號：002-
080200-00354-033。

114 〈我與聯合國〉，《蔣中正總統文物》，國史館藏，數位典藏號：002-090103-00001-
042。

115 〈我與聯合國〉，《蔣中正總統文物》，國史館藏，數位典藏號：002-090103-00001-
039。

116 〈菲使分析國際局勢　強調不能對匪讓步　稍涉姑息均將助長敵談　沈外長籲國民黨員研
究總統文告〉，《聯合報》，臺北，1961 年 10 月 12 日，第 1 版。

117 〈一般資料—蔣經國致各界文電資料（十六）〉，《蔣中正總統文物》，國史館藏，數位
典藏號：002-080200-00644-032。

謀國苦心，惟有不畏艱險，竭盡忠智，秉持指示，貫徹實施。[118]

10月11日 致電陳誠，告政府如轉變對外蒙政策，應由其引咎辭職。[119]

10月13日 致電陳誠，告以阻止外蒙入會不宜變計。[120]

10月15日 電呈蔣總統與陳副總統，告以阻外蒙入聯合國大會為中華民國一貫政策，近聞改變阻蒙立場之說，不勝惶惑，萬一確定改變政策，為表明負責態度擬即啟程返國。[121]

10月16日 蔣經國來電，在此危急存亡之秋，惟有以領袖意旨是從，忍辱負重，共圖反共大業之最後成功。[122]

10月17日 致函聯合國秘書處，呼籲聯合國效忠憲章、維護世界和平安全。[123]

致電蔣經國，聞政府已決定改變政策，基於政治與道義責任，決立即辭職返國，請代為陳情，並先遴定繼任人選以便移交。[124]

10月18日 蔣中正來電，為鞏固我在聯合國地位，請與蔣廷黻妥

---

118 〈一般資料—各界上蔣經國文電資料（十八）〉，《蔣中正總統文物》，國史館藏，數位典藏號：002-080200-00665-079。

119 〈陳誠副總統日記暨石叟日記（三）〉，《陳誠副總統文物》，國史館藏，數位典藏號：008-010204-00006-004。

120 〈石叟叢書續編—友聲集上冊〉，《陳誠副總統文物》，國史館藏，數位典藏號：008-010109-00010-061。

121 〈中美關係（一）〉，《蔣經國總統文物》，國史館藏，數位典藏號：005-010100-00055-031。

122 〈一般資料—蔣經國致各界文電資料（十六）〉，《蔣中正總統文物》，國史館藏，數位典藏號：002-080200-00644-033。

123 〈面對空前未有困難 聯合國應效忠憲章 沈昌煥賀聯國十六週年 呼籲維護世界和平安全〉，《聯合報》，臺北，1961年10月19日，第1版。

124 〈中美關係（一）〉，《蔣經國總統文物》，國史館藏，數位典藏號：005-010100-00055-030。

商不否決外蒙入會辦法呈報。[125]

再接蔣中正來電，告以否決外蒙入會政策變更，乃為確保我在聯合國席位。[126]

10月20日　致電蔣經國，抒發近期壓力與情緒。[127]

10月21日　電覆蔣中正，告以接酉巧電，敬悉大計，對代表權及兩個中國問題須提高警覺，步步為營，方可望達成鈞座指示之目標。[128]

10月27日　致電蔣經國，謝其祝賀壽辰，惟瞻顧世局，詭譎多變，百感交集，憂慮亦深，尚祈示教。[129]

11月3日　自紐約抵羅馬，參加教宗若望二十三世（Ioannes PP. XXIII）加冕三週年及八十華誕的慶祝儀式。[130]

11月5日　在羅馬召集我國駐歐使節會議。[131]

11月6日　晉見教宗若望二十三世。[132]

11月11日　奉召返國向政府報告並請示。[133]

11月12日　晉謁蔣中正，報告本屆聯大經過與我國代表權問

---

125 〈中美關係（一）〉，《蔣經國總統文物》，國史館藏，數位典藏號：005-010100-00055-029。

126 〈一般資料—民國四十七年〉，《蔣中正總統文物》，國史館藏，數位典藏號：002-080200-00354-036。

127 《蔣經國日記》，1961年10月20日，史丹福大學胡佛研究所藏。

128 〈我與聯合國〉，《蔣中正總統文物》，國史館藏，數位典藏號：002-090103-00001-040。

129 〈一般資料—各界上蔣經國文電資料（十八）〉，《蔣中正總統文物》，國史館藏，數位典藏號：002-080200-00665-081。

130 〈祝賀教宗八秩華誕及加冕三週年　沈昌煥大使　自美抵羅馬　總統昨日特電申賀〉，《聯合報》，臺北，1961年11月4日，第1版。

131 〈我駐歐使節　在羅馬集會　沈昌煥外長親主持〉，《聯合報》，臺北，1961年11月5日，第1版。

132 〈沈昌煥外長　今離義返國　駐歐使節會議結束〉，《聯合報》，臺北，1961年11月8日，第1版。

133 〈沈外長　今謁總統〉，《聯合報》，臺北，1961年11月12日，第1版。

題。[134]

11月15日　在立法院外交委員會秘密會議說明處理外蒙入會問題經過。[135]

11月16日　獲選連任國民黨中常委。[136]

11月18日　陪同蔣中正接見美國駐華大使莊萊德，商討有關中華民國在聯合國代表權事。[137]

11月23日　出席行政院第741次會議，報告呈報中美簽訂本年農產品協定之修正協定案。[138]

12月 4 日　兩度與美國大使莊萊德會面，商談聯合國大會辯論中國代表權等問題。[139]

12月14日　出席行政院第744次會議，報告呈請將《中約（約旦）文化專約》轉送立法院審議案、呈請將《中薩（薩爾瓦多）文化專約》轉送立法院審議案、呈報中美簽訂經濟開發貸款合約擬准備查案。[140]

12月16日　向蔣中正報告聯合國大會發展情況。[141]

12月17日　受派為五十年特種考試外交領事人員考試典試委

---

134 〈沈昌煥外長　昨晉謁總統　報告聯大當前情勢〉，《聯合報》，臺北，1961 年 11 月 13 日，第 1 版；〈總統事略日記 50.10~50.12〉，《蔣中正總統文物》，國史館藏，數位典藏號：002-110101-00019-040。

135 〈葉使辭職已獲批准　繼任人選待美同意　沈外長向外委會報告外交情勢　強調我代表權至為鞏固〉，《聯合報》，臺北，1961 年 11 月 16 日，第 1 版。

136 《蔣經國日記》，1961 年 11 月 20 日，史丹福大學胡佛研究所藏。

137 〈外交—蔣中正接見美方代表談話紀錄（二十三）〉，《蔣經國總統文物》，國史館藏，數位典藏號：005-010205-00085-008。

138 〈行政院會議議事錄　臺第一九〇冊七四一至七四五〉，《行政院》，國史館藏，數位典藏號：014-000205-00217-001。

139 〈沈外長邀晤莊萊德　談聯大情勢〉，《聯合報》，臺北，1961 年 12 月 5 日，第 1 版。

140 〈行政院會議議事錄　臺第一九〇冊七四一至七四五〉，《行政院》，國史館藏，數位典藏號：014-000205-00217-004。

141 〈沈外長昨晉謁總統　報告聯大表決結果　副總統聆訊後至感興奮〉，《聯合報》，臺北，1961 年 12 月 17 日，第 1 版。

員。[142]

12月21日 出席行政院第745次會議，報告關於聯合國本屆會議
討論我國代表權問題投票表決之情勢分析案。[143]

12月23日 在光復大陸設計委員會報告聯合國中國代表權問題、
我國在非洲與中南美洲各國之外交活動情形及外交行
政措施等外交工作。[144]

---

142 〈總統令〉（1961 年 12 月 17 日），《總統府公報》，第 1289 期，頁 2。

143 〈行政院會議議事錄　臺第一九〇冊七四一至七四五〉，《行政院》，國史館藏，數位典
藏號：014-000205-00217-005。

144 〈外交部新聞稿（十五）〉，《外交部》，國史館藏，數位典藏號：020-090301-0038；〈設
計委會八次全會　昨日圓滿閉幕　對因應國際變化策進反共工作　商獲結論即送政府採
擇〉，《聯合報》，臺北，1961 年 12 月 24 日，第 1 版；〈聯合國第十六屆常會及我國
與非洲及中南美各國之關係—在光復大陸設計研究委員會第八次全體委員會講詞〉（五十
年十二月二十三日），收於：外交部情報司編，《沈部長昌煥言論選集》，頁 36-59；並
收於：外交部新聞文化司編，《沈昌煥先生言論集》，頁 36-59。

民國51年（1962） 49歲

1月 8 日 在1月份中央聯合總理紀念週報告國際形勢。[1]

1月 9 日 出席中日合作策進會議並致詞。[2]

1月12日 出席蔣中正接見美國國際基金開發總署署長漢彌爾頓（Fowler Hamilton）等。[3]回寓後，身體極度不適，疲憊不堪，經陳耀翰醫師診視，認為必須做詳細檢查，決定於次日前往榮民總醫院住院檢查。[4]

1月15日 致函總統府秘書長張羣，談在日臺灣獨立黨活動情況。[5]

1月18日 教宗若望二十三世授勳先生教宗庇護大十字勳章。[6]

1月25日 致函總統府祕書長張羣，談及防阻廖文毅訪美事。[7]

1月31日 致函總統府祕書長張羣，告知「臺灣獨立黨」吳振南等於名古屋召開臨時國民會議。[8]

---

1 〈沈昌煥昨在紀念週報告國際局勢　扭轉自由世界逆勢　必先糾正錯誤觀念〉，《聯合報》，臺北，1962年1月9日，第1版。

2 〈對抗共黨侵略陰謀　中日加強友好合作　中日合作策進會議昨下午揭幕　今起分組會談討論問題〉，《聯合報》，臺北，1962年1月10日，第1版；〈出席中日合作策進委員會第七屆全體委員會議講詞〉（五十一年一月九日），收於：外交部情報司編，《沈部長昌煥言論選集》，頁60-62；並收於：外交部新聞文化司編，《沈昌煥先生言論集》，頁60-62。

3 〈總統蔣公影輯—接見外賓（十二）〉，《蔣中正總統文物》，國史館藏，數位典藏號：002-050106-00012-073。

4 〈行政院所屬部會首長出國報備〉，《總統府》，國史館藏，數位典藏號：011-070300-0005。

5 〈臺灣獨立黨在日活動情形〉，《國史館》，國家發展委員會檔案管理局藏，檔號：A202000000A/0047/2212002.2/1。

6 〈教宗授勳　沈昌煥外長〉，《聯合報》，臺北，1962年1月20日，第1版。

7 〈臺灣獨立黨在日活動情形〉，《國史館》，國家發展委員會檔案管理局藏，檔號：A202000000A/0047/2212002.2/1。

8 〈臺灣獨立黨在日活動情形〉，《國史館》，國家發展委員會檔案管理局藏，檔號：

2月6日 蔣經國奉蔣中正口諭來訪，談甘迺迪之弟美國司法部長羅伯‧甘迺迪（Robert Francis Kennedy）過臺安排。[9]

2月10日 在機場歡迎美國司法部長羅伯‧甘迺迪。[10]

2月16日 致函總統府秘書長張羣，呈報廖文毅由歐經美返日經過。[11]

2月17日 接見日本駐華大使井口貞夫，商談廖文毅事，並遞交節略。[12]

2月27日 在立法院說明我國支持越南政府的立場。[13]

3月6日 致總統府秘書長張羣函，報告「臺灣獨立黨」在日舉辦的二二八紀念活動。[14]

3月12日 致總統府秘書長張羣函，報告「臺灣獨立黨」在日舉辦的二二八紀念活動後續。[15]

3月13日 在立法院回應外交部組織調整問題，[16]並答覆立法委員質詢，說明我國對琉球立場。[17]

3月14日 接見來訪的美國國務院主管遠東事務助理國務卿哈里

A202000000A/0047/2212002.2/1。

9 《蔣經國日記》，1962年2月6日，史丹福大學胡佛研究所藏。

10 〈美司法部長羅伯甘迺迪　自東京飛港　昨過台小停　曾與中美官員晤談　遊覽市區及陽明山〉，《聯合報》，臺北，1962年2月11日，第1版。

11 〈臺灣獨立黨在日活動情形〉，《國史館》，國家發展委員會檔案管理局藏，檔號：A202000000A/0047/2212002.2/1。

12 〈臺灣獨立黨在日活動情形〉，《國史館》，國家發展委員會檔案管理局藏，檔號：A202000000A/0047/2212002.2/1。

13 〈越南叛機事件傳來　我朝野表關切　沈外長昨晨向立委保證　我國完全同情越南政府〉，《聯合報》，臺北，1962年2月28日，第1版。

14 〈臺灣獨立黨在日活動情形〉，《國史館》，國家發展委員會檔案管理局藏，檔號：A202000000A/0047/2212002.2/1。

15 〈臺灣獨立黨在日活動情形〉，《國史館》，國家發展委員會檔案管理局藏，檔號：A202000000A/0047/2212002.2/1。

16 〈修正外交部組織法　政院審查中〉，《聯合報》，臺北，1962年3月14日，第2版。

17 〈日對琉主張　我不同意　沈外長宣稱〉，《聯合報》，臺北，1962年3月14日，第1版。

曼（William Averell Harriman），並陪同拜會陳誠副總
統、謁見蔣總統。[18]

3月21日　在立法院外交委員會報告「最近中美關係發展情
形」，並答覆委員質詢。[19]

3月22日　在臺北扶輪社慶祝「世界瞭解週」的餐會發表演講。[20]

4月3日　總統明令特派先生商訂中華民國與馬拉加西共和國
（今馬達加斯加）間友好條約全權代表。[21]

4月4日　與來訪的馬拉加西外交部長共同簽署《中馬友好條
約》。[22]

夫人陪同馬拉加西總統齊拉納（Philibert Tsiranana）
夫人前往參觀臺灣省手工業推廣中心。

先生於晚間在三軍軍官俱樂部恭宴馬拉加西總統齊拉
納暨夫人。[23]

4月5日　下午與經濟部長楊繼曾、財政部長嚴家淦陪同馬拉加
西總統齊拉納暨夫人一行，參觀臺灣鋁廠、臺灣塑膠
公司工廠。[24]

18　〈總統昨接見哈里曼　討論中美有關問題　並就國際局勢廣泛交換意見　哈氏今與中美
官員會商午後經日赴韓〉，《聯合報》，臺北，1962年3月15日，第1版；〈情報—蔣
中正接見克萊恩麥康等談話紀要〉，《蔣經國總統文物》，國史館藏，數位典藏號：005-
010206-00071-003。

19　〈大敵當前禍福與共　中美關係毋庸疑慮　沈外長昨在立院外委會報告　認為美援政策仍
將積極進行〉，《聯合報》，臺北，1962年3月22日，第1版。

20　〈實現世界和平　必須剷除共產主義　沈昌煥在扶輪社演說〉，《聯合報》，臺北，1962
年3月23日，第1版。

21　〈總統令〉（1962年4月3日），《總統府公報》，第1320期，頁2。

22　〈敦睦中馬親密邦交　兩國簽訂友好條約　雙方外長昨日簽字將在馬京換文生效　中馬元
首惠臨觀禮互致賀忱〉，《聯合報》，臺北，1962年4月5日，第1版。

23　〈齊拉納總統夫人　昨參觀婦聯會　旅馬華僑青年呈獻銀質帆船　沈外長昨晚宴齊氏伉
儷〉，《聯合報》，臺北，1962年4月5日，第2版。

24　〈齊拉納總統昨飛抵南台　參觀我軍事及工業建設　接見駕機來歸三義士備致嘉勉　雷虎
小組特技表演獲國賓盛讚〉，《聯合報》，高雄，1962年4月6日，第2版。

4月10日　奉派為商定《中華民國與巴拉圭共和國間貿易暨經濟合作條約》全權代表。[25]

4月19日　在國防研究院報告我國外交政策。[26]

4月25日　在立法院外交委員會報告最近中日外交關係。[27]

4月27日　與美國駐華代辦高立夫（Ralph Clough）簽署第6次《中美農產品協定》。[28]

5月2日　奉派為互換《中華民國與巴拉圭共和國間文化專約》批准書全權代表。[29]

5月7日　致函總統府秘書長張羣，談及廖文毅在美會見透納（Justin G. Turner）情形。[30]

5月11日　與巴拉圭外交部長簽署《中巴簽訂貿易暨經濟合作條約》，並互換《中巴兩國文化專約批准書》。[31]

5月16日　陪同寮國總理歐謨親王（Boun Oum）參觀我國軍事演練與設施。[32]

5月22日　參加行政院長陳誠主持之「大陸逃港難胞專案小組」。[33]

25　〈總統令〉（1962年4月10日），《總統府公報》，第1330期，頁2。

26　〈我國外交政策—在國防研究院講詞〉（五十一年四月十九日），收於：外交部情報司編，《沈部長昌煥言論選集》，頁63-92；並收於：外交部新聞文化司編，《沈昌煥先生言論集》，頁63-92。

27　〈沈外長告立委　中日邦交維持友好〉，《聯合報》，臺北，1962年4月26日，第1版。

28　〈中美第六次農產品協定　昨天在台北簽字〉，《聯合報》，臺北，1962年4月28日，第2版。

29　〈總統命令〉，《聯合報》，臺北，1962年5月3日，第1版。

30　〈臺灣獨立黨在日活動情形〉，《國史館》，國家發展委員會檔案管理局藏，檔號：A202000000A/0047/2212002.2/1。

31　〈中巴貿易經濟條約　今由兩國外長簽字　前訂文化專約同時換文生效　總統昨接見巴特使並接受國書贈勳〉，《聯合報》，臺北，1962年5月11日，第1版。

32　〈寮十五人訪問團　參觀攻擊演習　歐謨盛讚我軍優良表現　認為是世界最堅強勁旅〉，《聯合報》，臺北，1962年5月17日，第1版。

33　〈長期安置地點　著即進行勘察　有關工作昨已妥善分配〉，《聯合報》，臺北，1962年5月23日，第1版。

6月 4日　接見來訪的澳洲外交部長巴維克，就一般國際局勢及中澳兩國共同利益問題交換意見。[34]

6月 9日　與美國駐華臨時代辦高立夫分別代表中美兩國政府簽署增購美國農產品事成立協議。[35]

6月13日　出席中國國民黨中常會談話會，討論陽明山第3次會談籌備情形。[36]

6月29日　與美方換文，就中華民國政府更換對庫萊貸款行使同意權之機關事成立協議。[37]

7月17日　在監察院外交委員會報告國際局勢。[38]

8月31日　與美國駐華大使柯爾克（Alan Goodrich Kirk）簽署農產品協定。[39]

9月 1日　應邀於臺北市慶祝記者節大會中演說。[40]

9月18日　在立法院答覆立法委員有關聯合國中國代表權的質詢。[41]

34　〈外交部新聞稿（十五）〉，《外交部》，國史館藏，數位典藏號：020-090301-0038。

35　〈外交部新聞稿（十五）〉，《外交部》，國史館藏，數位典藏號：020-090301-0038；〈中美農產品協定　雙方協議增訂　昨日簽字換文　採購小麥油脂七百餘萬美元〉，《聯合報》，臺北，1962年6月10日，第1版。

36　〈中國國民黨第八屆中央委員會常務委員會會議紀錄（十四）〉，《陳誠副總統文物》，國史館藏，數位典藏號：008-011002-00039-018。

37　〈處理庫萊貸款問題　我政府指定美援會　為行使同意權機關〉，《聯合報》，臺北，1962年6月30日，第1版。

38　〈對我反攻大陸問題　國際同情轉趨積極　沈外長指美輿論有重要轉變　並稱我有足夠力量把握時機對付共匪〉，《聯合報》，臺北，1962年7月18日，第1版。

39　〈中美簽署農產品協定　美資助我採購黃豆　連運費共值八百四十萬美元　出售後之價款將用於經社發展計劃〉，《聯合報》，臺北，1962年9月1日，第1版。

40　〈台北市慶祝記者節大會中　沈外長演說全文〉，《聯合報》，臺北，1962年9月2日，第3版；〈出席臺北市新聞記者公會慶祝第十九屆記者節大會講詞〉（五十一年九月一日），收於：外交部情報司編，《沈部長昌煥言論選集》，頁93-99；並收於：外交部新聞文化司編，《沈昌煥先生言論集》，頁93-99。

41　〈面對台海緊急風雲　我正準備行動　迎接復國勝利　陳兼院長在立院報告施政〉，《聯合報》，臺北，1962年9月19日，第1版。

9月21日 司徒雷登博士在美病逝，致電其家屬弔唁。[42]

在立法院答覆立法委員質詢聯合國中國代表權問題及西藏問題。[43]

10月6日 在立法院外交委員會議秘密會中報告「本屆聯合國大會重要問題」。[44]

10月16日 在立法院秘密會議報告最近國際問題動向。[45]

10月19日 在立法院秘密會議答覆立法委員質詢有關東南亞局勢問題。[46]

10月25日 在行政院院會報告美國封鎖古巴及美俄關係的分析。[47]

10月31日 在臺灣電視公司發表電視談話，談聯合國大會關於中國代表權問題。[48]

11月7日 在立法院外交委員會秘密會議報告聯合國代表權問題。[49]

11月13日 於中國國民黨第八屆中央委員會第5次全體會議進行外交報告。[50]

---

42 〈簡訊〉，《聯合報》，臺北，1962年9月22日，第2版。

43 〈維護我代表權 已有妥善準備 沈外長昨答立委問 美與匪談判對我無不利〉，《聯合報》，臺北，1962年9月22日，第1版。

44 〈聯大投票情形 將較去年良好 沈昌煥在立院外委會稱 蘇俄排我陰謀未逞〉，《聯合報》，臺北，1962年10月7日，第2版。

45 〈配合既定國策 力求主動外交 沈昌煥昨在立法院報告 俞大維強調我建軍成就〉，《聯合報》，臺北，1962年10月17日，第1版。

46 〈東南亞區局勢險惡 我盼東約團結 遏止共黨擴張 立院秘會質詢外交國防〉，《聯合報》，臺北，1962年10月20日，第1版。

47 〈政院昨開院會 聽取有關美俄關係報告 陳兼院長囑提高警覺〉，《聯合報》，臺北，1962年10月26日，第1版。

48 〈聯大粉碎俄匪陰謀 足見我地位 益為友邦瞭解 沈外長昨發表電視談話〉，《聯合報》，臺北，1962年11月1日，第1版。

49 〈沈外長向外委會 報告聯合國及古巴情勢 籲自由國家提高警覺〉，《聯合報》，臺北，1962年11月8日，第1版。

50 〈五中全會昨續開會 聽取從政黨員報告 彭孟緝謂國軍待命反攻 沈昌煥指必能克服困難〉，《聯合報》，臺北，1962年11月14日，第1版。

11月15日　獲選續任中國國民黨中常委。[51]

11月20日　與蔣經國同遊日月潭，走訪文武廟。[52]

11月28日　與達荷美共和國外交部長辛蘇（Zinsou）共同發表聯合公報。[53]

---

51 〈國民黨改選中常委　蔣經國等15人當選〉，《聯合報》，臺北，1962年11月16日，第1版；〈中國國民黨第八屆中央委員會第五次全體會議紀錄（一）〉，《陳誠副總統文物》，國史館藏，數位典藏號：008-011002-00053-017。

52 《蔣經國日記》，1962年11月20日，史丹福大學胡佛研究所藏。

53 〈伸張正義維護和平　中達目標一致　應即加強團結　達荷美外長昨離華飛港〉，《聯合報》，臺北，1962年11月29日，第1版。

民國52年（1963） 50歲

1月15日 與美國駐華大使柯爾克分別代表中美兩國政府，就增購美國黃豆事簽字換文。總金額為8,950,000美元。[1]

1月30日 與來華訪問的韓國外交部長崔德新進行第2次會談。[2]

2月4日 與韓國外交部長崔德新發表聯合公報，指出中共及韓共現正準備從事冒險，兩位外交部長認為唯有採取全盤的積極戰略，剷除亞洲禍根，才能恢復亞洲的安定與和平。[3]

2月8日 應邀在監察院外交委員會秘密會議報告。[4]

2月25日 外交部在北投復興崗「致遠新村」宿舍20棟落成，先生偕夫人揭幕剪綵。[5]

3月4日 陪同副總統兼行政院長陳誠訪問越南共和國。

3月5日 上午10時，陪同陳誠與越南共和國總統吳廷琰進行第1次會談，赴越南副總統阮玉書晚宴。[6]

3月6日 上午11時，陪同陳誠與越南共和國總統政治顧問吳廷瑈談話。下午3時30分，與越南共和國總統吳廷琰進

1 〈我向美購黃豆 雙方昨日換文 總額增至八九五萬美元〉，《聯合報》，臺北，1963年1月16日，第2版。

2 〈中韓兩國外長 昨再度會談 沈外長歡宴崔外長〉，《聯合報》，臺北，1963年1月31日，第1版。

3 〈中韓外長昨發表公報 恢復亞洲安定和平 必須剷除共黨禍根 促請自由國家支持反共鬥爭 乘此最好時機採取積極行動〉，《聯合報》，臺北，1963年2月5日，第1版。

4 〈監察院外交委員會邀請外交部長沈昌煥報告外交情形〉（1963年2月28日），《監察院公報》，第420期，頁3427。

5 〈陽明山居民請求 花季加開區間車〉，《聯合報》，臺北，1963年2月26日，第2版。

6 〈石叟叢書資料彙編（九）〉，《陳誠副總統文物》，國史館藏，數位典藏號：008-010110-00010-037、008-010110-00010-038。

行第2次會談。[7]

3月 7日 陪同陳誠與越南共和國總統吳廷琰進行第3次會談。[8]

3月 8日 上午10時，陪同陳誠與越南共和國總統吳廷琰於茶叻進行第4次會談。[9]

3月 9日 結束越南訪問行程，返抵國門。[10]

3月13日 呈蔣中正關於擬覆美國總統甘迺迪之函稿，已照所囑將各點補入，惟為顧及原文不免略帶漢文語氣，擬請蔣夫人宋美齡再為核閱。[11]

3月16日 陳誠副總統晚間在官邸邀集訪問菲律賓隨行人員晤談，就訪菲有關問題交換意見。[12]

3月20日 下午5時，隨陳誠副總統夫婦搭美齡號專機飛往馬尼拉，作為時4天的官式訪問。[13]當晚8時30分，謁見菲律賓總統馬嘉柏皋（Diosdado Pangan Macapagal）。次日拜會菲律賓副總統兼外交部長佩萊斯（Emmanuel Neri Pelaez），並參加僑團聯合晚宴。

3月22日 參觀菲國稻米研究所，晚上答宴菲國總統。[14]

7　〈副總統訪晤吳廷琰　曾就軍政經濟　廣泛交換意見〉、〈吳陳昨續行秘密會談　有關中越合作問題　已商獲原則性協議　陳副總統正式邀阮玉書訪華〉，《聯合報》，臺北，1963年3月7日，第1版。

8　〈吳陳會談意義深遠　將可影響亞洲局勢　吳廷琰今陪陳誠赴茶叻參觀　在該處會談後發表聯合公報〉，《聯合報》，臺北，1963年3月8日，第1版。

9　〈石叟叢書資料彙編（九）〉，《陳誠副總統文物》，國史館藏，數位典藏號：008-010110-00010-057。

10　〈赴越答聘圓滿結束　陳副總統返國　發表談話申述此行觀感　讚揚越南朝野反共決心〉，《聯合報》，臺北，1963年3月10日，第1版。

11　〈外交—臺灣軍政局勢及國防軍隊〉，《蔣經國總統文物》，國史館藏，數位典藏號：005-010205-00049-003。

12　〈討論訪菲問題　陳副總統昨召隨員晤談〉，《聯合報》，臺北，1963年3月17日，第1版。

13　〈副總統陳誠訪菲律賓（一）〉，《外交部》，國史館藏，數位典藏號：020-100700-0030。

14　〈副總統陳誠訪菲律賓（一）〉，《外交部》，國史館藏，數位典藏號：020-100700-0030。

3月23日	上午與菲國總統早餐，結束訪菲，返抵國門。[15]
3月27日	在立法院外交委員會報告中越、中菲的外交關係。[16]
3月28日	接見非洲非馬聯盟經濟合作組織秘書長賴珠理率領的訪問團。[17]
3月29日	設晚宴款待自中南部實地參觀訪問後返臺北的聯合國亞洲和遠東經濟委員會執行秘書宇農（U. Nyun）偕夫人。[18]
3月	蔣中正指定先生與蔣經國和美代辦高立夫談商有關反攻諸問題。[19]
4月13日	國際扶輪社第345區（中國港澳區）在高雄市舉行第三屆年會，先生特向年會致書面賀詞。[20]
4月14日	蔣經國來訪，討論與美方商談反攻計畫事。16日，復討論對美非正式討論要點。[21]
4月25日	上午，接見來華訪問的美國國務院東北亞事務局局長葉格。[22]
5月 8 日	呈蔣中正關於美國總統甘迺迪日前於國務院為各報編輯舉行外交政策會議中，表示因中共威脅較蘇聯為

15 〈副總統陳誠訪菲律賓（一）〉，《外交部》，國史館藏，數位典藏號：020-100700-0030。

16 〈沈外長昨在立院強調說　中菲中越友好關係　今後將更鞏固融洽〉，《聯合報》，臺北，1963年3月28日，第1版。

17 〈非馬聯盟訪華團　昨抵台訪問　賴珠理說明此行目的　將討論與我合作問題〉，《聯合報》，臺北，1963年3月29日，第2版。

18 〈墨前總統歐里曼　昨訪問金門前線　僑委會昨歡迎留日學生　泰實業部次長定今來台〉，《聯合報》，臺北，1963年3月29日，第2版。

19 《蔣經國日記》，1963年3月16日，史丹福大學胡佛研究所藏。

20 〈國際扶輪社年會　昨在高揭幕　四百人參加〉，《聯合報》，臺北，1963年4月14日，第7版。

21 《蔣經國日記》，1963年4月14、16日，史丹福大學胡佛研究所藏。

22 〈美國總統艾森豪訪華資料〉，《陳誠副總統文物》，國史館藏，數位典藏號：008-010601-00004-020。

甚，美寧與蘇協商，故美共之間和平解決爭端現仍難
實現等。[23]

5月22日 應邀在立法院外交委員會秘密會議報告施政。[24]

6月6日 泰國外交部長他納柯曼（Thanat Khoman）前來拜
會。[25]

6月11日 奉派為商訂《中華民國與賴比瑞亞共和國間文化專
約》全權代表。[26]

代表政府與賴比瑞亞共和國教育部長米契爾簽訂文化
專約。[27]

6月22日 致電教廷國務卿幸柯納尼樞機主教（Amleto Giovanni
Cicognani），向新教宗保祿六世（SPaulus PP. VI）祝
賀。[28]

6月24日 奉派為中華民國慶賀教廷教宗保祿六世加冕典禮特
使。[29]

6月26日 啟程赴羅馬，以特使身分代表政府參加教宗保祿六世
加冕大典。[30]

6月27日 抵達巴黎，停留24小時，取道前往梵蒂岡。[31]

---

23 〈外交—臺灣與中共在聯合國席次之演變〉，《蔣經國總統文物》，國史館藏，數位典藏
號：005-010205-00052-001。

24 〈外交部對立法委員質詢答覆〉，《外交部》，國史館藏，數位典藏號：020-099902-
0081。

25 〈中泰兩國外長　就國際問題　作意見交換〉，《聯合報》，臺北，1963 年 6 月 7 日，
第 1 版。

26 〈總統令〉（1963 年 6 月 11 日），《總統府公報》，第 1444 期，頁 2。

27 〈加強合作增進睦誼　中賴文約簽字　待分別通過換文後生效　韓瑞士等赴中南部〉，《聯
合報》，臺北，1963 年 6 月 16 日，第 1 版。

28 〈總統電賀　新任教宗〉，《聯合報》，臺北，1963 年 6 月 23 日，第 1 版。

29 〈總統令〉（1963 年 6 月 24 日），《總統府公報》，第 1448 期，頁 2。

30 〈往賀教宗加冕　沈外長啟程　並預定在羅馬中東　召開駐外使節會議〉，《聯合報》，
臺北，1963 年 6 月 27 日，第 1 版。

31 〈沈昌煥外長　昨抵達巴黎〉，《聯合報》，臺北，1963 年 6 月 28 日，第 1 版。

6月28日	由巴黎飛抵羅馬，受到中華民國駐教廷大使館和教廷官員的歡迎。[32]
6月29日	拜會教廷傳信部長阿加根尼（Gregorio Pietro Agagianian）和臺北教區總主教田耕莘兩位紅衣主教。阿加根尼部長頒贈先生一座銀質勳章，表示敬意。[33] 30日，出席教廷新教宗保祿六世加冕典禮。[34]
6月	蔣經國對沈昌煥在官場進退深感憂心，擬約時間面勸。[35]
7月1日	在羅馬主持地區性中國外交使節會議，為期2日。[36] 新教宗保祿六世上午11時接見由先生率領的中華民國代表團。[37]
7月4日	偕隨員李善中和曹時英離開羅馬前赴雅典。[38]
7月11日	自法國飛往非洲16國進行訪問。[39]
7月12日	抵塞內加爾首都達卡後，轉機至茅利塔尼亞首都諾卡特訪問，覲見茅利塔尼亞總統達達赫（Moktar Ould Daddah）。[40]
7月15日	奉派為中華民國慶賀達荷美共和國獨立三週年紀念典

---

32 〈教宗保祿6世　今行加冕大典　沈外長抵達梵蒂岡〉，《聯合報》，臺北，1963年6月30日，第4版。

33 〈教宗保祿6世　今行加冕大典　沈外長抵達梵蒂岡〉，《聯合報》，臺北，1963年6月30日，第4版。

34 〈總統電賀　教宗加冕　剛果國慶〉，《聯合報》，臺北，1963年6月30日，第1版。

35 《蔣經國日記》，1963年6月5、20日，史丹福大學胡佛研究所藏。

36 〈我駐歐使節　在羅馬集會〉，《聯合報》，臺北，1963年7月2日，第1版。

37 〈教宗保祿六世　接見沈外長　並轉致對國人祝福〉，《聯合報》，臺北，1963年7月3日，第1版。

38 〈沈外長　轉往雅典〉，《聯合報》，臺北，1963年7月6日，第1版。

39 〈沈昌煥外長　今赴非訪問〉，《聯合報》，臺北，1963年7月11日，第1版。

40 〈沈外長　抵茅訪問〉，《聯合報》，臺北，1963年7月14日，第1版；〈沈昌煥外長謁桑果總統　訪問塞國政要會談〉，《聯合報》，臺北，1963年7月16日，第1版。

禮特使。[41]

觀見塞內加爾總統桑果（Léopold Sédar Senghor），並
代表中華民國政府贈勳，桑果總統也贈勳先生。拜會
暫兼外交部長職務的塞內加爾新聞部長時也曾贈勳。
另拜會塞國各界政要。[42]

7月17日 訪問上伏塔共和國，接受總統亞默可贈勳。[43]

7月20日 與非洲象牙海岸代總統戴尼斯於象國首都阿必尚簽署
兩國建交公報，象國同意我立即在該國設立大使館。[44]

7月22日 與尼日共和國外交部長馬雅凱（Adamou Mayaki），於
尼日首都尼阿美洽談建交，獲致協議，當即發表公
報，宣布兩國正式建立外交關係。[45]

7月25日 12時，抵達賴比瑞亞首都蒙羅維亞。下午5時拜會代
理外交部長，並晉見賴比瑞亞總統杜伯曼（William
Tubman）。次日以國賓身分參加國慶閱兵及招待會。
27日下午搭機離賴。[46]

7月29日 由象牙海岸飛往達荷美首都柯都奴。[47]

---

41 〈總統令〉（1962 年 7 月 15 日），《總統府公報》，第 1453 期，頁 3。

42 〈沈昌煥外長 謁桑果總統 訪問塞國政要會談〉，《聯合報》，臺北，1963 年 7 月 16 日，
第 1 版；〈外交部長沈昌煥訪非洲（二）〉，《外交部》，國史館藏，數位典藏號：020-
100700-0005。

43 〈外交部長沈昌煥訪非洲（二）〉，《外交部》，國史館藏，數位典藏號：020-100700-
0005。

44 〈我與象牙海岸 正式建立邦交 沈外長正在象訪問 與象代總統簽建交公報〉，《聯合
報》，臺北，1963 年 7 月 22 日，第 1 版；〈外交部長沈昌煥訪非洲（二）〉，《外交部》，
國史館藏，數位典藏號：020-100700-0005。

45 〈我與尼日 決定建交 兩國外長商談 協議發表公報〉，《聯合報》，臺北，1963 年 7
月 25 日，第 1 版；〈外交部長沈昌煥訪非洲（二）〉，《外交部》，國史館藏，數位典藏號：
020-100700-0005。

46 〈外交部長沈昌煥訪非洲（二）〉，《外交部》，國史館藏，數位典藏號：020-100700-
0005。

47 〈沈昌煥外長 飛訪達荷美〉，《聯合報》，臺北，1963 年 7 月 30 日，第 1 版；〈外交
部長沈昌煥訪非洲（二）〉，《外交部》，國史館藏，數位典藏號：020-100700-0005。

7月30日 致電外交部轉呈總統、副總統報告抵達多哥訪問。[48]

致電外交部表示對於英美蘇俄協議禁試事，我不宜遽表示意見，以保留以後發言餘地，訂將研析意見陳報府院。[49]

8月1日 致電外交部轉呈總統、副總統報告出席達荷美共和國獨立三週年紀念活動情形。[50]

致電外交部陳述法總統戴高樂（Charles André Joseph Marie de Gaulle）闡明法國對於停試核爆協定之立場，頗值我方參考，我宜萬分慎重，不必急於發表聲明。[51]

8月2日 率領訪問非洲各國友好訪問團抵達喀麥隆。[52]

8月4日 率代表團抵達查德。[53]

8月7日 率代表團抵達中非共和國。[54]

8月10日 覲見喀麥隆總統阿希喬（Ahmadou Ahidjo）與政界領袖。[55]

8月12日 訪問加彭，加彭外交部長在機場迎接，並赴歡迎酒

---

48 〈外交部長沈昌煥訪非洲（二）〉，《外交部》，國史館藏，數位典藏號：020-100700-0005。

49 〈外交—關於局部禁止核試條約之說帖〉，《蔣經國總統文物》，國史館藏，數位典藏號：005-010205-00140-004。

50 〈達荷美元首 推崇 蔣總統 請沈昌煥轉致敬意〉，《聯合報》，臺北，1963年8月6日，第2版；〈外交部長沈昌煥訪非洲（二）〉，《外交部》，國史館藏，數位典藏號：020-100700-0005。

51 〈外交—關於局部禁止核試條約之說帖〉，《蔣經國總統文物》，國史館藏，數位典藏號：055-010205-00140-004。

52 〈沈昌煥部長 抵達喀麥隆〉，《聯合報》，臺北，1963年8月4日，第2版。

53 〈沈昌煥外長 往訪查德〉，《聯合報》，臺北，1963年8月5日，第1版；〈外交部長沈昌煥訪非洲（二）〉，《外交部》，國史館藏，數位典藏號：020-100700-0005。

54 〈沈昌煥外長 轉往中非〉，《聯合報》，臺北，1963年8月9日，第1版；〈外交部長沈昌煥訪非洲（二）〉，《外交部》，國史館藏，數位典藏號：020-100700-0005。

55 〈沈昌煥外長 訪喀麥隆〉，《聯合報》，臺北，1963年8月11日，第1版。

會。次日上午，拜會國會議長，並與農業部長交換意
見，中午與美國駐加彭大使餐敘後，前往總統別墅謁
見加彭總統姆巴（Léon M'ba）。[56]

8月14日 率代表團抵達剛果共和國（布拉薩市）訪問，適值發
生民眾暴動，影響政局，代表團一行決定提前於15日
前往剛果民主共和國（雷堡市）。[57]

8月20日 率代表團抵達盧安達。[58]

8月24日 經肯亞轉機往訪馬拉加西，馬國外交部長赴機場迎接
並設宴款待。[59]

8月26日 11時，前往馬國總統府拜會馬國總統齊拉納，並接受
午宴款待。[60]

8月30日 在巴黎會晤法國外交部長墨維爾（Maurice Couve de
Murville）。[61]

8月31日 政府公布行政院國際經濟合作發展委員會組成名單，
先生任委員。[62]

9月2日 赴法國總統府謁見戴高樂總統。[63]

9月5日 結束訪問活動，自東京返抵國門。[64]

---

56 〈外交部長沈昌煥訪非洲（二）〉，《外交部》，國史館藏，數位典藏號：020-100700-
0005。
57 〈外交部長沈昌煥訪非洲（二）〉，《外交部》，國史館藏，數位典藏號：020-100700-
0005。
58 〈外交部長沈昌煥訪非洲（二）〉，《外交部》，國史館藏，數位典藏號：020-100700-
0005。
59 〈外交部長沈昌煥訪非洲（二）〉，《外交部》，國史館藏，數位典藏號：020-100700-
0005。
60 〈外交部長沈昌煥訪非洲（二）〉，《外交部》，國史館藏，數位典藏號：020-100700-
0005。
61 〈沈外長返國 在巴黎稍停〉，《聯合報》，臺北，1963 年 8 月 31 日，第 1 版。
62 〈主要人員名單〉，《聯合報》，臺北，1963 年 9 月 1 日，第 2 版。
63 〈沈昌煥外長 拜訪戴高樂〉，《聯合報》，臺北，1963 年 9 月 3 日，第 1 版。
64 〈我與非洲各國 邦交日益敦睦 沈昌煥外長昨返抵台北 暢述觀感強調友誼可貴〉，《聯

9 月 6 日　　蔣中正總統召見，慰問出訪辛勞。[65]

9 月17日　　應邀出席監察院外交委員會秘密會議，報告日本與中共貿易事交涉情形及訪問非洲各國經過。[66]

9 月20日　　列席立法院秘密會議，報告外交情勢。[67]

9 月21日　　先生及外交部高級官員，晚間與甫返國的駐日大使張厲生舉行會商，檢討兩國外交關係。[68]

9 月22日　　與駐日大使張厲生，晚間續舉行會談，檢討對日本的外交政策。[69]

9 月23日　　蔣經國來訪，談及訪美感想。[70]

9 月24日　　在立法院綜合答覆立委所詢對日外交問題。[71]

9 月25日　　奉派為互換《中華民國與阿根廷共和國間友好條約》批准書全權代表。[72]

9 月27日　　致電財政部長嚴家淦，告知日本與中共貿易計畫進行情形及中共對日統戰狀況。[73]

合報》，臺北，1963 年 9 月 6 日，第 1 版。

65　〈總統事略日記 52.07~52.09〉，《蔣中正總統文物》，國史館藏，數位典藏號：002-110101-00026-063。

66　〈外交部長沈昌煥　昨向監院報告　對日交涉經過　省商業團體反對日資匪〉，《聯合報》，臺北，1963 年 9 月 18 日，第 2 版。

67　〈立委提出建議　檢討對日政策　立院秘會聽取外交報告　沈外長譴責日資匪行為〉，《聯合報》，臺北，1963 年 9 月 21 日，第 1 版。

68　〈外交部昨晚舉行會議　檢討我國對日政策　張厲生曾在會中作詳盡報告　張大使返國步履沉重〉，《聯合報》，臺北，1963 年 9 月 22 日，第 1 版。

69　〈張厲生大使　昨晉謁總統　報告日本資匪問題〉，《聯合報》，臺北，1963 年 9 月 23 日，第 1 版。

70　《蔣經國日記》，1953 年 9 月 23 日，史丹福大學胡佛研究所藏。

71　〈沈外長昨在立法院　說明對日外交問題　日匪貿易實為中日友好障礙　政府將對兩國關係全面檢討〉，《聯合報》，臺北，1963 年 9 月 25 日，第 1 版；〈第一屆第三十二會期第二次會議速記錄〉（1963 年 9 月 24 日），《立法院公報》，第 32 會期第 1 期，頁 79-80。

72　〈總統令〉（1963 年 9 月 25 日），《總統府公報》，第 1474 期，頁 2。

73　〈再任財政部長時：經建計劃〉，《嚴家淦總統文物》，國史館藏，數位典藏號：006-010502-00010-014。

10月 5 日　與阿根廷駐華大使艾卡格（Carlos Echagüe）代表兩國
政府在臺北賓館互換批准書，《中阿友好條約》即行
生效。[74]

10月 7 日　非洲達荷美共和國總統馬加偕夫人及外交部長辛蘇等
一行12人來華訪問。[75]次日，夫人隨同達荷美共和國
馬加總統夫人和隨員巴達瑪蒂夫人、韓嘉琳女士訪問
中華婦聯總會、婦聯五村，及參觀華興幼育院和手工
藝中心、圓山忠烈祠和臺北賓館。[76] 9日，至左營海軍
基地、臺鋁公司、澄清湖等地參訪。[77] 12日，送機。[78]

10月18日　在全球華僑代表參加的僑務會談作外交報告。[79]

10月22日　在立法院答覆立法委員董正之關於外交部對於宗教方
面工作的質詢。[80]

10月27日　受任為五十二年特種考試外交領事人員考試典試委
員。[81]

10月30日　出席蔣中正在官邸以茶會款待日本自民黨副總裁大野
伴睦、日本眾院外交委員會主席船田中、眾議員村上

74　〈中阿友好條約　今換文生效〉，《聯合報》，臺北，1963 年 10 月 5 日，第 1 版。

75　〈達荷美總統昨蒞止　蔣總統親迎於機場　馬氏書面談話欣喜來華訪問　深信將可增進中
達友好關係〉，《聯合報》，臺北，1963 年 10 月 8 日，第 1 版。

76　〈達荷美總統夫人等一行　昨訪婦聯會手工藝中心　華興育幼院小朋友歌舞娛嘉賓〉，《聯
合報》，臺北，1963 年 10 月 9 日，第 2 版。

77　〈達總統昨參觀　兩棲登陸演習　盛讚國軍訓練有素　必能達成反攻復國〉，《聯合報》，
臺北，1963 年 10 月 10 日，第 2 版。

78　〈完成歷史性友好訪問　達總統夫婦昨離華　蔣總統伉儷曾親赴機場送行　馬加臨別感謝
我國隆重接待〉，《聯合報》，臺北，1963 年 10 月 13 日，第 1 版。

79　〈僑務會談昨天揭幕　聽取軍事外交報告　高信致詞企盼加強團結　集中力量支援復國大
業〉，《聯合報》，臺北，1963 年 10 月 19 日，第 2 版。

80　〈第一屆第三十二會期第十次會議速記錄〉（1963 年 10 月 22 日），《立法院公報》，
第 32 會期第 4 期，頁 63-64。

81　〈總統令〉（1963 年 10 月 27 日），《總統府公報》，第 1483 期，頁 2。

勇及日本外務省外交審議官黃田多喜夫一行。[82]

10月31日 在立法院外交委員會備詢，並說明政府外交政策。[83]
晚間9時接見日本眾議院議員、自民黨外交調查委員會主席船田中，談論中日關係。[84]

11月 1 日 接見日本記者團朝日新聞富森睿兒、共同通訊社福原亨一、日本放送會社（NHK）田邊昌雄、時事通訊社（駐臺）志村規矩夫一行。[85]

11月 8 日 代表政府與多明尼加駐華大使狄亞斯（Aimon Diaz Castellanos）共同簽署農業技術合作計畫。[86]

11月11日 與來華訪問的馬拉加西共和國經濟部長賴瑪南嘉簽訂貿易協定。[87]

11月12日 中國國民黨第九次全國代表大會於臺北召開，至22日結束。

11月14日 接見日本駐華大使木村四郎七與大使館參事中田豐千代，就打開中日兩國當前外交僵局進行討論。[88]

---

82 〈總統昨設茶會　款待大野伴睦　大野表示專誠來台祝壽　晚曾與張羣商中日問題〉，《聯合報》，臺北，1963 年 10 月 31 日，第 2 版。

83 〈沈外長昨列席立院外委會表示　政府決盡一切可能　助周鴻慶投奔自由　立委谷正鼎等猛烈抨擊日媚匪　張羣促日勿遣周返匪區　亞盟會通電日政府制止〉，《聯合報》，臺北，1963 年 11 月 1 日，第 2 版。

84 〈大野今謁陳副總統　交換中日問題意見　昨曾祝壽並赴中日文協等宴會　表示願促進兩國間關係〉，《聯合報》，臺北，1963 年 11 月 1 日，第 2 版；〈外交部部長沈昌煥重要談話紀錄〉，《外交部》，中央研究院近代史研究所檔案館藏，館藏號：11-01-02-10-02-075。

85 〈外交部部長沈昌煥重要談話紀錄〉，《外交部》，中央研究院近代史研究所檔案館藏，館藏號：11-01-02-10-02-075。

86 〈中多技術合作協定　今上午在台北簽訂　我農技團即赴多協助稻米增產　將為移民拉丁美洲舖路〉，《聯合報》，臺北，1963 年 11 月 8 日，第 2 版。

87 〈臺灣新生報底片民國五十二年（十）〉，《台灣新生報》，國史館藏，數位典藏號：150-030200-0010-031。

88 〈臺灣新生報底片民國五十二年（十）〉，《台灣新生報》，國史館藏，數位典藏號：150-030200-0010-017。

11月21日 在中國國民黨第九次全國代表大會獲選為第九屆中央委員。[89]

11月24日 獲悉美國甘迺迪總統遇刺（美國時間11月22日）逝世惡耗，偕同禮賓司長顧毓瑞前往美國大使館向賴特大使（Jerauld Wright）面致悼唁。[90]

11月30日 蔣經國於日記中記錄先生承受政治壓力的情緒發抒。[91]

12月 7 日 應中華農業學術團體聯合年會的邀請，以「經濟與外交」為題，發表歷時90分鐘的演講。[92]

12月18日 列席立法院外交委員會。[93]下午4時在外交部接見日本駐華大使木村四郎七，談話兩小時半。[94]

12月19日 下午5時接見日本駐華大使木村四郎七，會談至7時。[95]

12月24日 內閣改組，先生續任外交部長，於本日宣誓就職。[96]

12月26日 接見日本外務省亞洲局局長後宮虎郎，討論周鴻慶事件。[97]

12月28日 凌晨0時30分召見日本駐華大使木村四郎七。[98]

---

89 〈中委七十四人　當選名單宣佈〉，《聯合報》，臺北，1963 年 11 月 23 日，第 1 版。

90 〈臺灣新生報底片民國五十二年（十一）〉，《台灣新生報》，國史館藏，數位典藏號：150-030200-0011-036。

91 《蔣經國日記》，1963 年 11 月 30 日，史丹福大學胡佛研究所藏。

92 〈十農業學術團體　聯合年會昨開幕　研討加強農業生產擴展農產品外銷　沈外長應邀發表演說〉，《聯合報》，臺北，1963 年 12 月 8 日，第 2 版；〈經濟與外交—出席中國農業學術團體聯合年會講詞〉（五十二年十二月七日），收於：外交部情報司編，《沈部長昌煥言論選集》，頁 100-112；並收於：外交部新聞文化司編，《沈昌煥先生言論集》，頁 100-112。

93 〈何斯曼對匪情分析　對我不利部份　我已提出交涉〉，《聯合報》，臺北，1963 年 12 月 19 日，第 1 版。

94 〈沈外長昨下午　接見日使晤談　對周鴻慶去留問題　日將在中旬作決定〉，《聯合報》，臺北，1963 年 12 月 19 日，第 2 版。

95 〈木村四郎七〉，《聯合報》，臺北，1963 年 12 月 20 日，第 1 版。

96 〈新閣閣員宣誓就職　總統親臨監督〉，《聯合報》，臺北，1963 年 12 月 25 日，第 1 版。

97 〈周鴻慶案件　瀕攤牌階段〉，《聯合報》，臺北，1963 年 12 月 26 日，第 2 版。

98 〈木村大使今晨聲稱　尚無返國打算〉，《聯合報》，臺北，1963 年 12 月 28 日，第 1 版。

行政院召開第844次臨時會議，聽取先生報告周鴻慶案之交涉經過，並通過對日聲明。[99]

12月29日 中國國民黨中央常務委員會下午4時召開臨時會議，先生報告中日外交最近發展情勢。[100]

12月30日 下午7時30分接見日本駐華大使木村四郎七，日本大使正式通知我方，日本政府已經發給周鴻慶出境簽證。[101]

---

99 〈行政院會議議事錄　臺第二一七冊八四四至八四九〉，《行政院》，國史館藏，數位典藏號：014-000205-00244-001。

100 〈政府處理周案立場　國民黨予有力支持　蔣總裁昨主持臨時常會　責成從政黨員密切注意〉，《聯合報》，臺北，1963 年 12 月 30 日，第 1 版。

101 〈日大使木村　昨訪沈外長　通知發周出境簽證〉，《聯合報》，臺北，1963 年 12 月 31 日，第 1 版。

民國53年（1964）　51歲

1月8日　呈蔣中正關於陳建中來電，建議同意吉田茂來臺訪問。[1]

1月9日　在立法院外交委員會報告最近中日邦交發展情形。[2]

1月17日　蔣經國來訪，討論法國承認中共事。[3]

1月22日　呈蔣中正關於美國政府為法國政府擬於近日承認中共並與其建立外交關係，重申對中華民國政府堅決支持之備忘錄。[4]

　　　　　致電蔣廷黻，告知接見美國駐華大使談話要點，關於法國密使來臺面呈其總統戴高樂之函件及蔣中正覆函要點等。[5]

1月23日　在立法院外交委員會報告中法外交近況。[6]

　　　　　上午10時，接見美國駐華大使賴特，會談關於法國即將承認中共與絕交談話紀錄。[7]

　　　　　呈蔣中正為美國駐華大使賴特轉交法國擬承認中共問

1　〈外交─亞洲混亂不安係在中共之滲透〉，《蔣經國總統文物》，國史館藏，數位典藏號：005-010205-00059-010。

2　〈日本政府媚匪　我難容忍　沈外長告立委〉，《聯合報》，臺北，1964年1月10日，第1版。

3　《蔣經國日記》，1964年1月17日，史丹福大學胡佛研究所藏。

4　〈外交─臺灣與中共在聯合國席次之演變〉，《蔣經國總統文物》，國史館藏，數位典藏號：005-010205-00052-005。

5　〈外交─臺灣與中共在聯合國席次之演變〉，《蔣經國總統文物》，國史館藏，數位典藏號：005-010205-00052-005。

6　〈對法交涉如無結果　應即與之絕交　監院委會檢討中法關係　指外交部準備工作不夠〉，《聯合報》，臺北，1964年1月24日，第1版。

7　〈外交─蔣中正接見美方代表談話紀錄（六）〉，《蔣經國總統文物》，國史館藏，數位典藏號：005-010205-00068-004。

題之備忘錄及中譯本。[8]

1月24日　函張羣關於蔣中正盼邀魯斯克國務卿來臺訪問，據美國駐華大使賴特覆函稱，魯氏不克來訪，擬於赴菲律賓東南亞公約組織會議時前來，檢呈賴氏覆函抄本及中譯文。[9]

1月27日　法國宣布承認中共。行政院夜間舉行臨時會議，先生報告法國與中共建交問題。[10]

夜間晉見總統，報告法國與中共建交問題。[11]

2月 1日　召見法國駐華公使薩萊德（Pierre Salade）。[12]

2月 6日　在行政院第848次會議報告法國宣布與中共政權發表聯合公報申明雙方建交及互派使節後我之因應對策案。[13]

2月10日　行政院舉行第851次臨時會議，於聽取先生報告中法關係最新發展情況後，一致認為政府應立即與法國政府斷絕外交關係，並由外交部即日發表聲明。[14]

接見法國駐華大使館代辦薩萊德公使，談論有關法國

8　〈蔣經國與甘迺迪談話備忘錄〉，《蔣經國總統文物》，國史館藏，數位典藏號：005-010302-00001-001。

9　〈外交—中國與美國同盟關係〉，《蔣經國總統文物》，國史館藏，數位典藏號：005-010205-00042-003。

10　〈政院昨夜臨時會議　商討法匪建交問題　閣員主外交上戰鬥到底　沈外長謁總統有所報告〉，《聯合報》，臺北，1964年1月28日，第1版；〈外交—駐外單位之外交部收電（一）〉，《蔣經國總統文物》，國史館藏，數位典藏號：005-010205-00146-011。

11　〈政院昨夜臨時會議　商討法匪建交問題　閣員主外交上戰鬥到底　沈外長謁總統有所報告〉，《聯合報》，臺北，1964年1月28日，第1版。

12　〈沈昌煥外長　召見法公使〉，《聯合報》，臺北，1964年2月2日，第1版。

13　〈出席亞遠經委會　我代表派定　李熙謀等今赴曼谷　出席聯教一項會議〉，《聯合報》，臺北，1964年2月7日，第2版。

14　〈行政院會議議事錄　臺第二一八冊八五〇至八五三〉，《行政院》，國史館藏，數位典藏號：014-000205-00245-002。

政府將與北京建立外交關係。[15]

2月11日 召見法國駐華公使薩萊德，面交我政府與法國政府斷
絕外交關係之照會。[16]

2月17日 蔣經國來訪，交換中美外交情報。[17]

2月20日 接見日本《朝日新聞》記者河村欣二。[18]

2月24日 隨日本前首相吉田茂來華訪問的吉田茂女公子麻生和
子夫人訪問夫人黎蘭女士。[19]

　　　　　陪同行政院院長嚴家淦於本日下午接見日本前首相吉
田茂。[20]後蔣總統暨夫人在官邸設宴款待吉田茂，在
場作陪。[21] 26日，在臺北圓山飯店金龍廳設宴款待吉
田茂。[22]

2月27日 出席行政院第853次會議，報告剛果共和國（布拉薩
市）將與中共建交因應方針案。[23]

　　　　　吉田茂於訪華達成任務後，返回日本。[24]

2月28日 接見日本記者讀賣新聞磯部忠勇、產經新聞社笹川武

15 〈外交—周書楷接見各國駐華大使之談話紀錄〉，《蔣經國總統文物》，國史館藏，數位
典藏號：005-010205-00099-004。

16 〈沈外長於今晨　召見法國公使　面致斷絕邦交照會　我駐法代辦將奉召返國〉，《聯合
報》，臺北，1964年2月11日，第1版。

17 《蔣經國日記》，1964年2月17日，史丹福大學胡佛研究所藏。

18 〈外交部部長沈昌煥重要談話紀錄〉，《外交部》，中央研究院近代史研究所檔案館藏，
館藏號：11-01-02-10-02-075。

19 〈吉田女公子　參觀婦聯會　分別拜會我婦女界〉，《聯合報》，臺北，1964年2月25日，
第2版。

20 〈池田親筆函件　昨已面呈總統　內容發表與否尚未確定〉，《聯合報》，臺北，1964
年2月25日，第1版。

21 〈總統今在日月潭畔　再度會晤吉田　將就兩國合作提出討論　總統伉儷昨宴吉田父
女〉，《聯合報》，臺北，1964年2月25日，第1版。

22 〈沈外長設宴　款待吉田茂〉，《聯合報》，臺北，1964年2月27日，第1版。

23 〈行政院會議議事錄　臺第二一八冊八五〇至八五三〉，《行政院》，國史館藏，數位典
藏號：014-000205-00245-004。

24 〈圓滿達成訪華任務　吉田茂昨歸去　已為中日恢復邦交奠良好初基　總統親函覆致池田
首相〉，《聯合報》，臺北，1964年2月28日，第1版。

勇、朝日新聞社河村欣二、東京新聞社松永太、共同
通訊社清水二三夫、每日新聞社伍味三勇等，談及吉
田茂訪華、中日關係等問題。[25]

3月3日 列席立法院，報告外交問題。[26]

3月5日 接見日本外務省政務次官毛利松平。[27]
行政院上午9時舉行第854次會議，先生報告外交問
題。[28]

3月6日 列席立法院祕密會議，報告外交問題。[29]

3月7日 接見日本外務省政務次官毛利松平。[30]

3月8日 出席總統府秘書長張羣接見日本外務省政務次官毛利
松平之會談。[31]

3月9日 提請辭職，經總統批示慰留。[32]

3月13日 在臺北賓館接見隨同韓國特使金鍾泌來華訪問的韓國
記者團。[33]次日，出席蔣總統於晚間7時30分在官邸款
待金鍾泌之宴會。[34]

---

25 〈外交部部長沈昌煥重要談話紀錄〉，《外交部》，中央研究院近代史研究所檔案館藏，
館藏號：11-01-02-10-02-075。

26 〈中日政府致力謀求 改善兩國外交關係 沈昌煥昨向立法院報告 審慎致慮駐日大使人
選 嚴撰答覆立委質詢 打開外交難關 先從內政努力 確保我在聯國席次 盡力爭取與
國支持〉，《聯合報》，臺北，1964年3月4日，第2版。

27 〈毛利松平訪華行〉，《聯合報》，臺北，1964年3月6日，第2版；〈外交部部長沈
昌煥重要談話紀錄〉，《外交部》，中央研究院近代史研究所檔案館藏，館藏號：11-01-
02-10-02-075。

28 〈行政院核定 遞耗資產耗竭率表〉，《聯合報》，臺北，1964年3月6日，第2版。

29 〈維護聯合國代表權 將全力以赴 沈外長昨答覆立委質詢 盼能獲得各國道義支持〉，
《聯合報》，臺北，1964年3月7日，第2版。

30 〈沈外長與毛利松平昨再度晤談〉，《聯合報》，臺北，1964年3月8日，第1版。

31 〈日本希望我國 速派新大使 張羣及沈外長等 昨與日外次會談〉，《聯合報》，臺北，
1964年3月9日，第1版。

32 〈總統事略日記 53.01~53.03〉，《蔣中正總統文物》，國史館藏，數位典藏號：002-
110101-00028-052。

33 〈沈外長接見 韓國記者團〉，《聯合報》，臺北，1964年3月14日，第2版。

34 〈面對共黨日增威脅 亞洲各國領袖 應作適當會商 金鍾泌特使談訪華觀感〉，《聯合

3月17日　在圓山大飯店與日本外務省次官毛利松平會談約1小時。[35]

列席立法院會議，答覆立法委員伍根華關於聯合國技術協助局執行主席歐文來臺考察之質詢。[36]

3月21日　在中華民國青年團體聯合會暨全國大專學生聯合會第五屆大會發表演講。[37]

3月30日　因常感疲勞，醫院檢查以血壓過低，醫囑靜養，經呈准自本日起請假1週，以資休息。[38]

4月7日　與查德農業部副部長吳德曼分別代表兩國政府於本日中午12時在臺北賓館簽訂《中華民國和查德共和國技術合作協定》。[39]

4月8日　接見美國前副總統尼克森（Richard Milhous Nixon）。[40]

出席美國駐華大使賴特舉行歡迎美國前副總統尼克森酒會。[41]

4月11日　呈蔣中正最近蘇共之間衝突日形激烈並對蘇共問題之

報》，臺北，1964年3月15日，第1版。

35　〈使命未達憾意難伸　毛利松平扶病歸去　返日之後宿疾猶需治療　稱將續為中日親善努力〉，《聯合報》，臺北，1964年3月18日，第1版。

36　〈第一屆第三十三會期第六次會議速記錄〉（1964年3月17日），《立法院公報》，第33會期第4期，頁84-85。

37　〈出席中華民國青年團體聯合會暨全國大專學生聯合會第五屆大會講詞〉（五十三年三月二十一日在護專大禮堂講），收於：外交部情報司編，《沈部長昌煥言論選集》，頁128-136；並收於：外交部新聞文化司編，《沈昌煥先生言論集》，頁128-136。

38　〈沈外長請假一週〉，《聯合報》，臺北，1964月4月1日，第1版。

39　〈我國與查德　簽農技協定　我將派農技隊赴查　示範種植水稻甘蔗〉，《聯合報》，臺北，1964月4月8日，第2版。

40　〈面對共黨站穩腳跟　不能退後一步　中立和妥協將招致慘劇　尼克森昨訪華發表談話〉，《聯合報》，臺北，1964月4月8日，第1版。

41　〈尼克森今離華　總統昨設晚宴款待　尼氏曾與沈外長等會談　並讚台灣經濟進步〉，《聯合報》，臺北，1964年4月9日，第1版。

意見。[42]

4月16日 接見來華訪問的美國國務卿魯斯克暨夫人及隨員。[43]

中午12時，出席總統與美國務卿魯斯克在總統府舉行的第1、2次會談。[44]晚間9時30分，於士林官邸參與第3次會談。[45]

下午3時30分，陪同美國國務卿魯斯克赴副總統官邸拜會陳誠副總統。[46]

4月18日 蔣經國來訪，談外交人事。[47]

日本駐華大使木村四郎七將返國檢查身體，特來辭行，並談論中日關係等問題。[48]

4月23日 與美國駐華大使賴特於上午11時30分在外交部代表中美兩國政府，簽訂修正並擴大兩國教育交換計劃之教育文化交換協定。[49]

4月30日 接見甫自日本東京返回臺北任所的日本駐華大使木村四郎七。[50]

---

42 〈情報—日本政情及越南軍事情勢〉，《蔣經國總統文物》，國史館藏，數位典藏號：005-010206-00053-002。

43 〈美國務卿今日訪華　我朝野將盛大歡迎　總統將與會談並予款宴〉，《聯合報》，臺北，1964年4月16日，第1版；〈民國五十三年嚴家淦院長活動輯（二）〉，《嚴家淦總統文物》，國史館藏，數位典藏號：006-030202-00008-002。

44 〈外交—共產黨赤化亞洲之野心與行動〉，《蔣經國總統文物》，國史館藏，數位典藏號：005-010205-00058-001。

45 〈外交—蔣中正接見美方代表談話紀錄（七）〉，《蔣經國總統文物》，國史館藏，數位典藏號：005-010205-00069-002。

46 〈蔣夫人接見　魯斯克夫人〉，《聯合報》，臺北，1964年4月17日，第3版。

47 《蔣經國日記》，1964年4月18日，史丹福大學胡佛研究所藏。

48 〈外交部部長沈昌煥重要談話紀錄〉，《外交部》，中央研究院近代史研究所檔案館藏，館藏號：11-01-02-10-02-075。

49 〈臺灣新生報底片民國五十三年（六）〉，《台灣新生報》，國史館藏，數位典藏號：150-030300-0006-036。

50 〈木村四郎七　昨晤沈外長〉，《聯合報》，臺北，1964年5月1日，第1版；〈外交部部長沈昌煥重要談話紀錄〉，《外交部》，中央研究院近代史研究所檔案館藏，館藏號：11-01-02-10-02-075。

5月7日 下午5時在臺北賓館約見日本駐華大使木村四郎七，希望日本政府勿批准與中共互設事務所協定。[51]

5月15日 日本駐華大使木村四郎七奉命回國參加日本太平洋區使領館館長年會，前來辭行，並徵詢關於第二屆亞非國家會議，及美國詹森總統（Lyndon Baines Johnson）希望日本共同協助建設東南亞之意見。[52]

5月23日 約見日本駐華大使木村四郎七並會談，告已提名駐日大使，徵求日本政府同意。[53]

5月24日 蔣經國來訪，討論外交人事與對韓售米。[54]

5月30日 下午4時，在臺北賓館接見日本駐華大使木村四郎七。[55]

6月2日 晚間7時30分，在臺北賓館接見菲律賓駐華大使羅慕斯。[56]

6月3日 與美國駐華大使賴特，代表兩國政府簽署美增加農產品援華協議。[57]

6月8日 出席蔣中正與美國駐華大使賴特會談關於美國之原子

51 〈沈昌煥外長 約晤日大使〉，《聯合報》，臺北，1964年5月8日，第1版；〈外交部部長沈昌煥重要談話紀錄〉，《外交部》，中央研究院近代史研究所檔案館藏，館藏號：11-01-02-10-02-075。

52 〈外交部部長沈昌煥重要談話紀錄〉，《外交部》，中央研究院近代史研究所檔案館藏，館藏號：11-01-02-10-02-075。

53 〈外交部部長沈昌煥重要談話紀錄〉，《外交部》，中央研究院近代史研究所檔案館藏，館藏號：11-01-02-10-02-075。

54 《蔣經國日記》，1964年5月24日，史丹福大學胡佛研究所藏。

55 〈商東南亞局勢 木村四郎七 將返國開會 沈外長邀晤日大使〉，《聯合報》，臺北，1964年5月31日，第1版；〈外交部部長沈昌煥重要談話紀錄〉，《外交部》，中央研究院近代史研究所檔案館藏，館藏號：11-01-02-10-02-075。

56 〈傳菲限制華人入境 我極表關切 沈外長昨邀見菲大使〉，《聯合報》，臺北，1964年6月3日，第2版。

57 〈美增加農產品援華 雙方今日簽訂協議 總數千八百萬美元採購棉荳玉米奶油 其中八百萬元須以美金償還〉，《聯合報》，臺北，1964年6月3日，第1版。

裝備及在聯合國席次問題。[58]

6月12日 接見日本時報董事長福島慎太郎。[59]

6月18日 列席立法院外交、僑政兩委員會聯席會議,報告中日、中菲外交關係及華僑近況。[60]

6月26日 接見日本駐華大使木村四郎七並會談。[61]

6月29日 接見巴拿馬總統私人代表巴瑞德斯和奧里阿斯,[62]並於次日晚設宴招待。

7月1日 列席立法院外交、僑政兩委員會聯席會議並備詢。[63]

7月3日 日本外相大平正芳來華訪問。[64]先生在台泥大樓禮堂宴請大平正芳。[65]次日上午10時45分,陪同蔣總統於總統府會晤大平正芳,舉行2次會談。[66]5日,大平正芳離臺。[67]

7月8日 接見美國駐華大使賴特,會談外交相關問題。[68]

---

58 〈外交—蔣中正接見美方代表談話紀錄(六)〉,《蔣經國總統文物》,國史館藏,數位典藏號:005-010205-00068-003。

59 〈外交部部長沈昌煥重要談話紀錄〉,《外交部》,中央研究院近代史研究所檔案館藏,館藏號:11-01-02-10-02-075。

60 〈沈外長析中日關係 盼能正常化 望日瞭解匪禍嚴重 表示歡迎大平訪華〉,《聯合報》,臺北,1964年6月19日,第1版。

61 〈外交部部長沈昌煥重要談話紀錄〉,《外交部》,中央研究院近代史研究所檔案館藏,館藏號:11-01-02-10-02-075。

62 〈美協防司令耿特納 定今來華履任 巴拿馬總統兩私人代表 巴瑞德斯等昨抵台〉,《聯合報》,臺北,1964年6月30日,第1版。

63 〈不允匪設商務代表 日已向我保證 沈外長昨答覆立委質詢 歡迎日本外相訪華〉,《聯合報》,臺北,1964年7月2日,第1版。

64 〈臺灣新生報底片民國五十三年(十九)〉,《台灣新生報》,國史館藏,數位典藏號:150-030300-0019-006。

65 〈中日風雨同舟 亟應攜手合作 沈外長昨設宴款待大平 大平曾面邀沈外長訪日〉,《聯合報》,臺北,1964年7月4日,第1版。

66 〈大平正芳訪華行〉,《聯合報》,臺北,1964年7月4日,第2版。

67 〈大平正芳返抵東京 深信訪華之行 有益兩國關係〉,《聯合報》,臺北,1964年7月6日,第1版。

68 〈外交部部長沈昌煥訪日接見各界談話紀錄〉,《外交部》,中央研究院近代史研究所檔案館藏,館藏號;11-01-02-10-02-082。

7月10日	在監察院外交委員會報告最近外交情況。[69]
8月22日	至榮民醫院探視因車禍緊急返臺就醫的派駐非洲賴比瑞亞農耕示範隊隊長鄒梅。[70]
9月10日	下午5時乘民航機離臺飛港轉往曼谷，作一項短期的非正式友好訪問。[71]
9月11日	下午5時，由曼谷飛抵吉隆坡訪問。[72]
9月12日	與馬來西亞總理拉曼（Teori Rahman）舉行會談。[73]
9月14日	與馬來西亞總理拉曼舉行第3次會談。[74]
	與馬來西亞副總理拉薩克（Tun Abdul Razak bin Haji Dato' Hussein）舉行會談。同時先生的重要隨員農業專家謝森中和經濟問題專家陶聲洋也分別與馬來西亞的農業部官員舉行會談。[75]
9月15日	下午與馬來西亞新聞部長賽努會談，晚間6時出席僑領劉西蝶的宴會。[76]
9月16日	結束在馬來西亞吉隆坡的訪問，飛往曼谷。[77]
9月17日	上午拜會泰國總理他儂·吉滴卡宗（Thanom

69 〈沈外長告監委　中日外交將進入新階段〉，《聯合報》，臺北，1964年7月11日，第1版。
70 〈昏迷中飛航萬里　鄒梅昨返國就醫　皺眉瞬目似已省識慈顏　主治醫師表示審慎樂觀〉，《聯合報》，臺北，1964年8月23日，第3版。
71 〈沈外長昨突然出國　訪問曼谷及馬尼拉　將與友邦首長舉行會談〉，《聯合報》，臺北，1964年9月11日，第1版。
72 〈沈外長昨抵吉隆坡　將有數日逗留　回程將再訪問曼谷　昨在泰曾與泰外長會談〉，《聯合報》，臺北，1964年9月12日，第1版。
73 〈沈外長和拉曼總理　兩度會談共同問題　沈氏談稱中馬關係將更密切　吉隆坡傳下週將有重要聲明〉，《聯合報》，臺北，1964年9月13日，第1版。
74 〈為建立中馬兩國良好友誼　沈外長與拉曼總理　今將作第三次會談〉，《聯合報》，臺北，1964年9月14日，第1版。
75 〈馬在今年聯大會中　將支持我國代表權　沈外長與拉曼三度會談　昨并與副總理交換意見〉，《聯合報》，臺北，1964年9月15日，第1版。
76 〈沈外長與大馬當局　討論反共軍事合作　沈氏今離大馬再訪曼谷〉，《聯合報》，臺北，1964年9月16日，第1版。
77 〈沈外長抵曼谷　將與他農會晤〉，《聯合報》，臺北，1964年9月17日，第1版。

Kittikachorn）、 副總理巴博將軍（Praphas Charusathien）和溫惠泰耶公親王（Prince Wan Waithayakon）。[78]

9月18日 拜會泰國國家重建部部長乃樸。稍後並往聯合國亞洲暨遠東經濟委員會訪問，與該會執行秘書宇乃晤談。[79]

9月19日 與泰國外交部長乃泰納（Thanat Khoman）會談。[80]

9月20日 抵菲律賓訪問。晚上接受菲律賓外交部長孟德斯（Mauro Mendez）設宴款待。[81]

9月21日 上午10時45分往黎剎紀念碑獻花，11時赴菲外交部，與菲外交部長孟德斯舉行會談1小時。中午應菲駐聯合國大使、前外交部長羅培斯夫婦在蘇祿餐廳之款宴。

下午6時30分，參加外交部次長凱戈在菲人俱樂部舉行的盛大酒會。晚間下榻於瑪拉干媽之龐格拉宮。[82]

9月22日 出席菲律賓眾議院議長維拉勒爾（Cornelio Villareal）舉辦的雞尾酒會，會晤眾議院20位領袖議員。[83]

9月24日 凌晨結束12天東南亞訪問行程，返抵國門。[84]

---

78 〈沈昌煥外長 與他農會談 延至廿日訪菲律賓〉，《聯合報》，臺北，1964年9月18日，第1版。

79 〈沈外長籲旅泰僑胞 協助泰國促進繁榮 中泰兩國外長昨日會談 對東南亞局勢詳予討論〉，《聯合報》，臺北，1964年9月19日，第1版。

80 〈會商區域合作問題 中泰兩國外長 曾作三度晤談 沈昌煥今離泰轉菲律賓〉，《聯合報》，臺北，1964年9月20日，第1版。

81 〈沈外長昨抵馬尼拉 今將與菲總統會談 沈氏認為遠東局勢嚴重 民主國家團結‧共黨並不足懼〉，《聯合報》，臺北，1964年9月21日，第1版。

82 〈蔣總統對世局觀點 沈外長昨轉達菲方 曾與菲總統舉行長談 菲保證支持我在聯合國席位〉，《聯合報》，臺北，1964年9月22日，第1版。

83 〈沈昌煥外長 定今日返國 昨續與菲領袖晤談〉，《聯合報》，臺北，1964年9月23日，第1版。

84 〈我與東南亞各國 反共團結加強 中馬建交將水到渠成 沈昌煥外長今晨歸來〉，《聯合報》，臺北，1964年9月24日，第1版。

上午晉謁蔣中正報告訪問馬來西亞及泰國、菲律賓情
形。[85]

偕夫人晚間設宴款待來華訪問的奧地利國會外交委員
會主席唐錫夫婦。[86]

9月25日 出席立法院會，並答覆立法委員谷正鼎、陶鎔質詢。[87]

9月30日 在立法院外交委員會秘密會議備詢。[88]

10月 2日 列席立法院會議，答覆立法委員金紹賢質詢。[89]

10月 5日 奉派為商訂《中華民國與烏拉圭共和國間友好條約》
全權代表。[90]

10月 8日 韓國總理丁一權抵華訪問。[91]赴圓山飯店行館與韓國
總理丁一權會晤。[92]

10月11日 出席總統暨夫人款待來華訪問的韓國總理丁一權暨同
來訪問的韓國國防部長官金聖恩、外務部次官鄭一
永、國務總理秘書長室秘書長林胤英及國務總理企劃
調整室長趙孝源等晚宴。[93]

---

85 〈沈昌煥外長 昨晉謁總統 報告東南亞之行〉，《聯合報》，臺北，1964年9月25日，
第1版。

86 〈嚴院長接見 范春沼大使 林瑞安拜會沈外長〉，《聯合報》，臺北，1964年9月25日，
第2版。

87 〈沈外長在立院表示 中韓友誼甚篤 將締友好條約 我願與菲誠意解決懸案〉，《聯合
報》，臺北，1964年9月26日，第1版；〈第一屆第三十四會期第三次會議速記錄〉（1964
年9月25日），《立法院公報》，第34會期第1期，頁116-117、135-138。

88 〈沈外長昨在立法院稱 我與馬來西亞關係 將展開進一步聯繫〉，《聯合報》，臺北，
1964年10月1日，第1版。

89 〈沈外長昨告立委 我與東南亞各國 未洽談軍事聯盟 中馬關係正日趨密切〉，《聯合
報》，臺北，1964年10月3日，第1版；〈第一屆第三十四會期第五次會議速記錄〉（1964
年10月2日），《立法院公報》，第34會期第2期，頁82-83。

90 〈總統令〉（1964年10月5日），《總統府公報》，第1581期，頁2。

91 〈民國五十三年嚴家淦院長活動輯（二）〉，《嚴家淦總統文物》，國史館藏，數位典藏
號：006-030202-00008-063。

92 〈韓總理晉見蔣總統 商討加強中韓關係 並就世局與亞洲情勢交換意見 昨下午曾拜會
陳副總統〉，《聯合報》，臺北，1964年10月10日，第2版。

93 〈總統事略日記53.10~53.12〉，《蔣中正總統文物》，國史館藏，數位典藏號：002-

受任為五十三年特種考試外交領事人員考試典試委員。[94]

10月12日 上午與韓國總理丁一權會談。[95]

與韓國駐華大使金信,分別代表兩國政府簡簽一項中韓友好條約之協議定稿。[96]

10月16日 列席立法院會議答覆立法委員林棟質詢。[97]

10月17日 出席總統召集高級幕僚在總統府舉行的會議,對當前所面臨的國際局勢交換意見。[98]

10月22日 先後列席監察院及立法院兩外交委員會祕密會議,報告最近國際情勢。[99]

10月23日 列席立法院祕密會議,就外交提出報告。[100]

當天,克萊恩與蔣經國在家中午飯,克萊恩提出機密報告。[101]

10月24日 上午10時,陪同蔣中正接見美國中情局副局長克萊

110101-00031-010。

94 〈總統令〉(1964年10月11日),《總統府公報》,第1583期,頁4。

95 〈亞洲赤禍根源 在於大陸匪區 共黨對東南亞侵略擴張 造成新的嚴重形勢〉,《聯合報》,臺北,1964年10月12日,第1版。

96 〈中韓友好條約 昨在台北簡簽 雙方將派全權代表 在近期內正式簽字〉,《聯合報》,臺北,1964年10月13日,第1版;〈總統事略日記53.10~53.12〉,《蔣中正總統文物》,國史館藏,數位典藏號:002-110101-00031-011。

97 〈沈昌煥昨提出警告 共黨赤化世界 基本目標不變 勿因蘇俄人事更迭鬆懈〉,《聯合報》,臺北,1964年10月17日,第1版;〈第一屆第三十四會期第九次會議速記記錄〉(1964年10月16日),《立法院公報》,第34會期第3期,頁98-100。

98 〈總統昨召高級幕僚 討論當前世局問題〉,《聯合報》,臺北,1964年10月18日,第1版。

99 〈唯有摧毀匪偽政權 始能避免核子威脅 沈外長昨向立監院提出報告 聲明反攻大陸政策絕不變更〉,《聯合報》,臺北,1964年10月23日,第1版;〈監察院外交委員會舉行會議,外交部部長沈昌煥應邀報告最近國際情勢〉(1964年10月31日),《監察院公報》,第500期,頁4708。

100 〈嚴院長昨在立院表示 消滅世界亂源禍根 美應助我儘速反攻 俞大維說國軍隨時積極備戰〉,《聯合報》,臺北,1964年10月24日,第1版。

101 《蔣經國日記》,1964年10月23日,史丹福大學胡佛研究所藏。

恩，會談有關蘇聯境內飛彈設施與中共原子設備之情報。[102]

下午5時30分，在外交部接見日本駐華大使木村四郎七，會談本年之聯合國大會、中日經濟合作等問題。[103]

11月 7 日　出席中國國民黨第2次新聞工作會談。[104]

11月25日　在中國國民黨第九屆二中全會第3次大會報告外交。[105]

11月26日　列席立法院外交委員會秘密會議。[106]

11月27日　下午1時30分，乘西北航空公司班機赴紐約出席第十九屆聯合國大會。[107]

11月28日　中國國民黨九屆二中全會，先生獲選為中常委。[108]

抵達紐約，出席聯合國大會。[109]

在紐約主持中華民國出席聯合國代表團會議。[110]

12月 3 日　在美駐聯合國代表團與美國國務卿魯斯克晤談。[111]

---

102 〈外交—共產黨於越戰之陰謀〉，《蔣經國總統文物》，國史館藏，數位典藏號：005-010205-00057-001。

103 〈沈昌煥外長　昨會日大使〉，《聯合報》，臺北，1964 年 10 月 25 日，第 1 版；〈外交部部長沈昌煥訪日接見各界談話紀錄〉，《外交部》，中央研究院近代史研究所檔案館藏，館藏號：11-01-02-10-02-082。

104 〈新聞工作會談　通過兩大議案　陶希聖等今作專題講話〉，《聯合報》，臺北，1964 年 11 月 7 日，第 2 版。

105 〈從政主管同志　分提工作報告　全會四個審查小組　昨晚開始審查提案〉，《聯合報》，臺北，1964 年 11 月 26 日，第 2 版。

106 〈我在聯合國代表權　今年仍可確保無虞　沈外長昨分析本屆聯大情形　定今飛美部署打擊媚匪陰謀〉，《聯合報》，臺北，1964 年 11 月 27 日，第 1 版。

107 〈「絕不會有問題」　沈外長昨赴美出席聯大　對我代表權問題表樂觀〉，《聯合報》，臺北，1964 年 11 月 28 日，第 1 版；〈臺灣新生報底片民國五十三年（十四）〉，《台灣新生報》，國史館藏，數位典藏號：150-030300-0014-039。

108 〈國民黨中常委　昨選出十七人〉，《聯合報》，臺北，1964 年 11 月 29 日，第 1 版。

109 〈沈昌煥抵紐約時稱　共匪想闖入聯合國　今年理由更加欠缺〉，《聯合報》，臺北，1964 年 11 月 29 日，第 1 版。

110 〈沈外長在紐約　商討聯大問題　曾主持代表團會議　并約見蔣廷黻大使〉，《聯合報》，臺北，1964 年 11 月 30 日，第 1 版。

111 〈沈外長告美國記者　共匪明年亦難入會　拒匪入會問題中美合作無間　沈氏昨與魯斯克

12月 5 日　在美國代表團總部11層與美國國務卿魯斯克會談。[112]

12月21日　在聯合國大會發表演講。[113]

國務卿會談〉，《聯合報》，臺北，1964 年 12 月 4 日，第 1 版。

112 〈沈外長再會魯卿　密談我代表權有關問題　並廣泛檢討東南亞情勢〉，《聯合報》，臺北，1964 年 12 月 6 日，第 1 版。

113 〈匪援若干亞非國家　旨在密謀顛覆活動　沈外長在聯大提出警告〉，《聯合報》，臺北，1964 年 12 月 22 日，第 1 版；外交部國際組織司，《中華民國出席聯合國大會第十九屆常會第一期及第二期會議代表團報告書》（臺北：外交部國際組織司，1965），頁 17-20；〈出席聯合國大會第十九屆常會全體會議總辯論中之講詞〉（五十三年十二月二十一日），收於：外交部情報司編，《沈部長昌煥言論選集》，頁 113-127；並收於：外交部新聞文化司編，《沈昌煥先生言論集》，頁 113-127。

民國54年（1965）　52歲

1月 5日　電告外交部轉呈總統，關於美加對於彭明敏被捕後的反應。[1]

1月11日　接見中華民國駐芝加哥、檀香山、豪士敦及洛杉磯等地的總領事。在紐約主持中華民國領事會議（共3天）。[2]

1月14日　中華民國領事會議結束。[3]

1月15日　續電外交部轉呈總統，關於美加對於彭明敏被捕後的反應。[4]

1月28日　蔣經國致電談人事案。[5]

1月29日　在紐約宴請旅美學者，包括諾貝爾獎得主李政道以及吳健雄、吳大猷、袁家騮、何廉及胡昌度等。[6]

2月 1日　續電外交部轉呈總統，關於美加對於彭明敏審判的關注。[7]

2月12日　電呈蔣中正與嚴家淦，報告美國副國務卿哈里曼論及蘇聯政局及其國務總理柯錫金（Alexei Kosygin）訪問北越目的等。[8]

1　〈彭明敏等在美活動〉，《總統府》，國史館藏，數位典藏號：011-100400-0019。
2　〈沈外長在美　開領事會議〉，《聯合報》，臺北，1965 年 1 月 13 日，第 1 版。
3　〈我駐美加領事　三天會議結束〉，《聯合報》，臺北，1965 年 1 月 16 日，第 1 版。
4　〈彭明敏等在美活動〉，《總統府》，國史館藏，數位典藏號：011-100400-0019。
5　〈一般資料—蔣經國致各界文電資料（十七）〉，《蔣中正總統文物》，國史館藏，數位典藏號：002-080200-00645-018。
6　〈沈外長在紐約　款宴旅美學者〉，《聯合報》，臺北，1965 年 1 月 31 日，第 2 版。
7　〈彭明敏等在美活動〉，《總統府》，國史館藏，數位典藏號：011-100400-0019。
8　〈中美關係（十六）〉，《蔣經國總統文物》，國史館藏，數位典藏號：005-010100-00070-001。

2月13日　在雙橡園午宴會晤美國元老外交家、前國務院遠東司
司長郝恩貝克（Stanley Hornbeck）與前中央情報局長
艾倫・杜勒斯（Allen Welsh Dulles）。[9]

2月15日　拜會美國副總統韓福瑞（Hubert Horatio Humphrey,
Jr.），稍後又和美國國務卿魯斯克晤談70分鐘。[10]

2月16日　電呈蔣中正、嚴家淦，報告偕蔣廷黻及薛毓麒訪晤美
國國務卿魯斯克，談論有關越南政局與東南亞戰亂情
形及運用越南華僑力量促進越南團結等。[11]

電呈蔣中正、嚴家淦，報告晉見美國副總統韓福瑞談
話內容要點。[12]

2月20日　和比利時外交部長斯巴克（Paul-Henri Spaak）舉行80
分鐘會談。[13]

電呈蔣中正、嚴家淦，報告出席聯合國大會觀感，以
本屆大會未審議我代表權問題，但在各國總辯論中，
助我者少，因此形成會中親中共之氣氛，今秋大會復
會時，國際局勢如何發展，尚難逆料。[14]

2月21日　電呈蔣中正、嚴家淦，報告由駐比利時大使陳雄飛陪
同訪晤比利時副總理兼外交部長、前任北約組織秘書

9　〈沈外長定今　晤美副總統〉，《聯合報》，臺北，1965年2月15日，第1版。
10　〈沈外長在美發表談話　援助越南對抗侵略　我國準備盡力而為　沈氏結束華府訪問返回
紐約〉，《聯合報》，臺北，1965年2月17日，第1版。
11　〈中美關係（十六）〉，《蔣經國總統文物》，國史館藏，數位典藏號：005-010100-
00070-002。
12　〈中美關係（十六）〉，《蔣經國總統文物》，國史館藏，數位典藏號：005-010100-
00070-003。
13　〈沈昌煥外長　昨飛加訪問　將與加總理會談　行前曾訪比外長〉，《聯合報》，臺北，
1965年2月22日，第1版。
14　〈中美關係（十六）〉，《蔣經國總統文物》，國史館藏，數位典藏號：005-010100-
00070-004。

長斯巴克，交換對東南亞局勢及國共目前形勢意見。[15]

2月26日　從加拿大渥太華飛返紐約。[16]

3月 4日　晚間10時10分，乘民航公司班機自美取道東京返國。[17]

3月 5日　列席立法院備詢，答覆立法委員白建民質詢。[18]

　　　　　　陳誠副總統因病逝世，在副總統官邸協助相關事宜。[19]

3月 9日　列席立法院會議，答覆立法委員皮以書、王大任等質詢。[20]

3月16日　列席立法院會議，答覆汪寶瑄委員質詢。[21]

3月21日　應邀在全國青年團體聯合會大會發表專題演講。[22]

3月23日　列席立法院會議，答覆立法委員魏惜言質詢。[23]

3月26日　應邀在監察院外交委員會秘密會議報告出席第十九屆聯合國大會情形。[24]

15　〈中美關係（十六）〉，《蔣經國總統文物》，國史館藏，數位典藏號：005-010100-00070-005。

16　〈沈昌煥返紐約　楊西崑抵茅國〉，《聯合報》，臺北，1965年2月28日，第1版。

17　〈出席聯大公畢　沈外長今返國〉，《聯合報》，臺北，1965年3月4日，第1版。

18　〈沈外長答覆立委質詢　我國援助越南　正不斷加強中〉，《聯合報》，臺北，1965年3月6日，第4版；〈第一屆第三十五會期第五次會議速記錄〉（1965年3月5日），《立法院公報》，第35會期第2期，頁60-61。

19　〈漫漫長日·蕭蕭風雨　燦耀火炬熄滅記　老兵祇是會凋謝·意志不死　副總統最後一戰·可歌可泣〉，《聯合報》，臺北，1965年3月6日，第3版。

20　〈向蘇俄強權低頭　聯合國威望　遭嚴重打擊　沈外長昨在立院說〉，《聯合報》，臺北，1965年3月10日，第2版；〈第一屆第三十五會期第六次會議速記錄〉（1965年3月9日），《立法院公報》，第35會期第2期，頁90-92。

21　〈外交人才　亟待培養　沈昌煥昨告立院〉，《聯合報》，臺北，1965年3月17日，第2版；〈第一屆第三十五會期第八次會議速記錄〉（1965年3月16日），《立法院公報》，第35會期第3期，頁72-74。

22　〈全國青年團體聯合會大會外交部長沈昌煥應邀發表專題演講詞〉（1965年3月21日），《外交部公報》，第30卷第1期，頁18-21。

23　〈維護聯國憲章尊嚴　我不放棄責任　沈昌煥昨答覆立委詢問　八外長會議有迫切需要〉，《聯合報》，臺北，1965年3月24日，第2版；〈第一屆第三十五會期第十次會議速記錄〉（1965年3月23日），《立法院公報》，第35會期第4期，頁124-125。

24　〈監察院外委會舉行秘密會，邀外交部長沈昌煥報告〉（1965年4月19日），《監察院公報》，第522期，頁5051-5052。

4月6日　接見韓國駐華大使金信，探詢韓國擬召開亞洲外長會議相關問題。[25]

4月9日　與美國駐華大使賴特分別代表中美兩國政府，為在中華民國境內設立「中美經濟社會發展基金」之協定簽字換文。[26]

4月13日　接見韓國駐華大使金信，請報告該國政府，於馬來西亞總理東姑拉曼訪問期間向其進言，與中華民國早日建立邦交。[27]

4月24日　賴比瑞亞共和國副總統陶伯特（William R. Tolbert）來華訪問，先生設宴款待。[28]

4月28日　偕夫人出席總統暨夫人款待來華訪問的賴比瑞亞共和國陶伯特副總統之晚宴。[29]

5月4日　奉派為互換《中華民國與墨西哥合眾國間貿易協定》批准書全權代表。[30]

5月13日　行政院會議通過派先生為簽訂《中華民國與大韓民國政府間文化協定》的全權代表。[31]

5月14日　奉派為互換《中華民國與薩爾瓦多共和國間貿易協定》批准書全權代表、奉派為商訂《中華民國政府與

25　〈外交部部長沈昌煥與金信大使談話紀錄〉，《外交部》，中央研究院近代史研究所檔案館藏，館藏號：11-01-03-06-01-009。

26　〈設中美發展基金‧雙方昨簽字換文　由過去美援產生的中國貨幣構成　初期新台幣廿二億　資助我國經濟社會發展計劃　動用款項由我政府決定〉，《聯合報》，臺北，1965年4月10日，第2版。

27　〈外交部部長沈昌煥與金信大使談話紀錄〉，《外交部》，中央研究院近代史研究所檔案館藏，館藏號：11-01-03-06-01-009。

28　〈賴比瑞亞副總統　陶伯特訪華　對我經建進步表讚佩　沈外長昨設晚宴款待〉，《聯合報》，臺北，1965年4月25日，第1版。

29　〈總統伉儷款宴　陶伯特副總統〉，《聯合報》，臺北，1965年4月29日，第2版。

30　〈總統令〉（1965年5月4日），《總統府公報》，第1642期，頁1。

31　〈政院會議通過　朱撫松使西　沈錡任外次　派沈昌煥代表簽中韓文協〉，《聯合報》，臺北，1965年5月14日，第1版。

大韓民國政府間文化協定》全權代表。[32]

5月15日　代表政府與韓國駐華大使金信在臺北簽訂《中華民國
　　　　　政府與大韓民國政府間文化協定》。[33]

6月7日　偕夫人應紐西蘭總理兼外交部長荷里沃克（Keith
　　　　　Jacka Holyoake）之邀，前往紐西蘭作為期5天之正式
　　　　　訪問。[34]途中過境馬尼拉，兩度與菲律賓外長孟德斯
　　　　　會談。[35]

6月9日　參加紐西蘭僑界晚宴。[36]

6月10日　拜會紐西蘭總理荷里沃克。
　　　　　午間接受紐西蘭總督佛吉遜爵士（Bernard Fergusson,
　　　　　Baron Ballantrae）和夫人午宴款待。向惠靈頓陣亡將
　　　　　士紀念碑獻花。
　　　　　下午拜會紐西蘭副總理瑪紹爾（Jack Marshall），夫人
　　　　　也拜會瑪紹爾副總理夫人。稍後，偕夫人在華鐵盧大
　　　　　飯店舉行酒會。
　　　　　傍晚，接受自由中國協會的邀請，以「中共對自由世
　　　　　界的威脅」為題，作公開演講。[37]

32　〈總統令〉（1965 年 5 月 14 日），《總統府公報》，第 1644 期，頁 3。
33　〈中韓昨簽文化協定　兩國關係益臻親密　沈昌煥金信簽約後分致祝詞　批准書將在漢城
　　互換〉，《聯合報》，臺北，1965 年 5 月 16 日，第 2 版。
34　〈外長沈昌煥　今訪紐西蘭　檢討亞洲局勢　促進友好關係〉，《聯合報》，臺北，1965
　　年 6 月 7 日，第 1 版。
35　〈沈昌煥外長　昨啟程訪紐　過岷兩訪菲外長　商共同有關問題〉，《聯合報》，臺北，
　　1965 年 6 月 8 日，第 2 版。
36　〈沈外長抵紐訪問　強調兩國反共黨侵略　亟應增強友誼與合作〉，《聯合報》，臺北，
　　1965 年 6 月 10 日，第 1 版。
37　〈沈外長以總統函件　昨遞交紐總理　接受電台錄音盼加強貿技合作　籲太平洋國家共遏
　　赤禍〉，《聯合報》，臺北，1965 年 6 月 11 日，第 2 版；〈外交部長沈昌煥向紐西蘭自
　　由中國協會演說全文〉（1965 年 6 月 10 日），《外交部公報》，第 30 卷第 2 期，頁 16-
　　19。

6月11日　與紐西蘭總理荷里沃克會晤3小時。[38]次日，拜會紐西蘭在野黨領袖羅沃米約及前任總理納希，會談後，又拜會紐西蘭國防部長艾爾及惠靈頓市長濟慈。同日再度拜訪紐西蘭總理荷里沃克，會談2小時，並接受總理的午宴款待。

夫人參觀當地的醫院，中午並接受總理夫人的午宴招待。[39]

6月14日　拜會奧克蘭市長羅賓森（Dove-Myer Robinson）。[40]

6月16日　偕夫人及隨員等一行晚間返國。[41]

6月17日　出席行政院第920次會議，報告訪問紐西蘭經過。[42]

6月19日　接受臺灣電視公司「時人訪問」節目訪談。[43]

6月25日　與薩爾瓦多共和國駐華大使貝奈克（Walter Beneke Medina）在臺北互換批准書，中華民國與薩爾瓦多共和國之間的貿易協定正式生效。[44]

7月5日　在中國國民黨中央聯合紀念週報告外交行政。[45]

7月10日　偕夫人及隨員4人，午後3時乘民航機離臺，取道馬尼

38　〈沈外長昨在惠靈頓　與紐總理會談〉，《聯合報》，臺北，1965年6月12日，第2版。

39　〈沈外長與紐總理　昨日二度會議　觀察家認具重要性〉，《聯合報》，臺北，1965年6月13日，第2版。

40　〈沈昌煥外長　今過岷回台〉，《聯合報》，臺北，1965年6月16日，第2版。

41　〈沈外長昨訪紐歸來　下月中將專程赴澳　促進中紐合作此行極有收穫　現正積極改慮訪問日本韓國〉，《聯合報》，臺北，1965年6月17日，第2版。

42　〈駐美新任公使人選　已內定吳世英　任命週內可望發表〉，《聯合報》，臺北，1965年6月18日，第1版。

43　〈非洲政治領袖　將不為匪所騙　沈外長評未來亞非會〉，《聯合報》，臺北，1965年6月20日，第1版。

44　〈中薩貿易協定　昨換文生效〉，《聯合報》，臺北，1965年6月26日，第2版。

45　〈沈昌煥談外交行政　業務不斷擴展　專才有待延攬〉，《聯合報》，臺北，1965年7月6日，第2版；〈外交行政概況—在中央聯合紀念週報告〉（五十四年七月五日），收於：外交部情報司編，《沈部長昌煥言論選集》，頁137-147；並收於：外交部新聞文化司編，《沈昌煥先生言論集》，頁137-147。

拉前往澳大利亞，作為期一週之友好訪問。[46]

7月12日　下午4時，赴國會大廈拜會澳洲外交部長海斯勒克
　　　　　（Paul Hasluck）。[47]

　　　　　澳洲外交部長海斯勒克假國會大廈設晚宴款待先生夫
　　　　　婦。[48]

7月13日　與澳洲總理孟席斯（Robert Gordon Menzies）會談。[49]

7月14日　與澳洲外交部長海斯勒克發表聯合公報。[50]

　　　　　乘澳洲空軍專機自堪培拉轉往雪梨訪問。[51]

7月15日　出席雪梨市長甄生（Harry Jensen）舉行的歡迎酒會。[52]

　　　　　在雪梨澳大利亞自由中國協會晚宴發表演說。[53]

7月19日　中午，先生夫婦接受菲國外交部長孟德斯夫婦的午宴
　　　　　款待；下午，出席中華民國大使館舉辦的雞尾酒會與
　　　　　晚宴。[54]

7月20日　結束訪澳行程，返抵國門並發表談話。[55]

46　〈沈外長訪澳洲　與澳朝野商討兩國合作　旅澳華僑準備熱烈歡迎〉，《聯合報》，臺北，
　　1965 年 7 月 11 日，第 1 版。

47　〈沈外長抵澳京　感謝澳國予我一貫支持　強調目前同為防共奮鬥　昨曾與澳外長會
　　談〉，《聯合報》，臺北，1965 年 7 月 13 日，第 2 版。

48　〈沈昌煥在澳京　與澳總理會談　今將訪雪梨墨爾缽〉，《聯合報》，臺北，1965 年 7
　　月 14 日，第 2 版。

49　〈沈昌煥在澳京　與澳總理會談　今將訪雪梨墨爾缽〉，《聯合報》，臺北，1965 年 7
　　月 14 日，第 2 版。

50　〈共匪侵略擴張政策　威脅世界和平安全　中澳外長檢討世局發表公報〉，《聯合報》，
　　臺北，1965 年 7 月 15 日，第 1 版。

51　〈沈昌煥外長　昨轉赴雪梨〉，《聯合報》，臺北，1965 年 7 月 16 日，第 2 版。

52　〈中澳貿易　大可擴展　沈昌煥外長說〉，《聯合報》，臺北，1965 年 7 月 17 日，第 2 版。

53　〈匪藉顛覆游擊策略　進行赤化整個亞洲　沈外長警告不應對越和談存幻想　匪野心已指
　　向非洲南美〉，《聯合報》，臺北，1965 年 7 月 17 日，第 1 版。

54　〈沈外長今返國　行前與菲總統共進早餐　商討中菲共同有關事項〉，《聯合報》，臺北，
　　1965 年 7 月 20 日，第 1 版。

55　〈沈外長返國　順利完成訪澳任務　昨曾與菲總統會談　澳外長定今秋來華訪問〉，《聯
　　合報》，臺北，1965 年 7 月 21 日，第 1 版。

7月24日　接受台灣電視公司「時人訪問」節目訪問。[56]

7月28日　列席立法院外交委員會秘密會議，報告我國駐韓使館
　　　　　因售地建館引起部份僑胞滋事的經過。[57]

7月29日　應邀在監察院外交委員會報告訪問紐西蘭及澳大利亞
　　　　　兩國情形。[58]

7月30日　在總統府7月份國父紀念月會報告外交情勢。[59]

7月　　　經中國國民黨中央第六組轉報得悉李宗仁離美，欲赴
　　　　　中國大陸，密飭駐美使館斟酌設法延緩其行動。[60]

8月1日　上午10時，陪同蔣中正接見美國中情局克萊恩，談及
　　　　　華府對世界及亞洲局勢看法。[61]

8月5日　函駐美大使周書楷關於蔣經國今秋訪美大致同意美方
　　　　　所提行程，並擬增加會見詹森及議員等，請洽華府有
　　　　　關方面並覆知結果。[62]

8月12日　應日本政府之邀，並報聘去年日本外相大平正芳來
　　　　　訪，偕夫人於下午6時15分乘民航專機前往東京，作
　　　　　為期7天的訪問。
　　　　　抵達東京羽田機場時發表談話。[63]

---

56 〈美軍在華地位協定　不久即可簽字　沈外長接受電視訪問稱〉，《聯合報》，臺北，1965年7月25日，第2版。

57 〈少數華僑滋擾駐韓使館　遣回兩人法辦　韓華擁護政府決定　沈外長在立院報告經過〉，《聯合報》，臺北，1965年7月29日，第3版。

58 〈監察院外交委員會舉行會議，邀請外交部部長沈昌煥報告〉（1965年8月17日），《監察院公報》，第538期，頁5313。

59 〈羅列沈錡等　昨宣誓就職〉，《聯合報》，臺北，1965年7月31日，第2版。

60 〈綜合資料（一）〉，《蔣經國總統文物》，國史館藏，數位典藏號：005-010100-00112-004。

61 〈蔣中正與克萊恩會談紀要（二）〉，《蔣經國總統文物》，國史館藏，數位典藏號：005-010301-00011-001。

62 〈蔣經國訪美（三）〉，《蔣經國總統文物》，國史館藏，數位典藏號：005-010100-00009-007。

63 〈外交部部長沈昌煥訪日參考資料〉，《外交部》，中央研究院近代史研究所檔案館藏，

8月13日 　拜會日本首相佐藤榮作和外相椎名悅三郎。[64]

　　　　　中午接受東京與橫濱兩地華僑領袖歡宴。[65]

8月14日 　偕夫人晉謁日皇及皇后。並接受日本廣播公司作錄音
　　　　　訪問。[66]

　　　　　下午乘車赴箱根渡週末，在箱根「富士屋」旅館中休
　　　　　息。[67]

8月15日 　中午12時抵達大磯，拜訪日本前首相吉田茂。[68]

　　　　　接受日本前首相岸信介和現任法務大臣石井光次郎的
　　　　　晚宴。

　　　　　應邀出席日本前外務省次官毛利松平的宴會。[69]

　　　　　日本廣播公司播放先生訪問錄影。[70]

8月16日 　拜訪大藏大臣福田赳夫、通商產業大臣三木武夫，和
　　　　　主管經濟企劃廳的國務大臣藤山愛一郎，三人為日本
　　　　　三位主管經濟事務的閣員。[71]

　館藏號：11-01-02-10-02-080；〈訪問日本抵達東京羽田機場時談話〉（五十四年八月十二
　日），收於：外交部情報司編，《沈部長昌煥言論選集》，頁148-149；並收於：外交部
　新聞文化司編，《沈昌煥先生言論集》，頁148-149。

64　〈沈外長與佐藤椎名　分別舉行重要會議　日保證對匪貿易政策並無改變　日首相接受嚴
　　揆邀請安排訪華〉，《聯合報》，臺北，1965年8月14日，第1版；〈外交部部長沈昌
　　煥訪日接見各界談話紀錄〉，《外交部》，中央研究院近代史研究所檔案館藏，館藏號；
　　11-01-02-10-02-082。

65　〈外交部部長沈昌煥訪日接見各界談話紀錄〉，《外交部》，中央研究院近代史研究所檔
　　案館藏，館藏號；11-01-02-10-02-082。

66　〈沈外長昨晉謁日皇　呈遞蔣總統親函和一件禮物　日皇強調兩國必須維持友好〉，《聯
　　合報》，臺北，1965年8月15日，第2版。

67　〈沈外長向旅日僑胞　轉致元首關懷德意　讚譽他們國民外交成就〉，《聯合報》，臺北，
　　1965年8月15日，第2版。

68　〈外交部部長沈昌煥訪日接見各界談話紀錄〉，《外交部》，中央研究院近代史研究所檔
　　案館藏，館藏號；11-01-02-10-02-082。

69　〈任何促進日匪貿易主張　吉田認為不切實際　昨告沈外長同意我對共匪看法　欣然接受
　　我提臺訪邀請〉，《聯合報》，臺北，1965年8月16日，第2版。

70　〈沈外長正告日本人民　匪是自由世界公敵　勿圖加強擴大與匪貿易嘗試　否則屆時將遭
　　匪貨傾銷危險〉，《聯合報》，臺北，1965年8月16日，第2版。

71　〈外交部部長沈昌煥訪日接見各界談話紀錄〉，《外交部》，中央研究院近代史研究所檔

下午，舉行記者招待會。[72]再度與椎名外相舉行會談。[73]

駐日大使魏道明在官邸舉行酒會，歡迎先生暨夫人訪日，並介紹先生與日本各界人士、華僑領袖、及各國駐日外交使節團團員八百餘人見面。

參加韓國駐日代表團團長為慶祝韓國獨立舉行的酒會。

參加中日合作策進委員會日方委員的歡迎晚宴。[74]

8月18日 與日本外相椎名悅三郎共同發表聯合公報，兩國同意維持發展密切關係。[75]

前往大阪。出席日本關西金融與工商界約70家工商公司董事長和董事的歡迎宴會。

下午，出席外務省關西區特派員蓋藤峴人的歡迎酒會。後接見日本記者。

晚間出席大阪縣長大阪工商會主席與大阪市長聯合晚宴。[76]

8月19日 下午6時45分，乘「光華」號專機自日飛返臺北，並

案館藏，館藏號：11-01-02-10-02-082。

72 〈任何促進日匪貿易主張 吉田認為不切實際 昨告沈外長同意我對共匪看法 欣然接受我提訪台邀請〉，《聯合報》，臺北，1965 年 8 月 16 日，第 2 版。

73 〈沈外長促自由國家 摒棄小異達成大同 亞洲局勢愈來愈形緊張 任何國家不能單獨安全〉，《聯合報》，臺北，1965 年 8 月 17 日，第 2 版；〈外交部部長沈昌煥訪日接見各界談話紀錄〉，《外交部》，中央研究院近代史研究所檔案館藏，館藏號：11-01-02-10-02-082。

74 〈沈外長促自由國家 摒棄小異達成大同 亞洲局勢愈來愈形緊張 任何國家不能單獨安全〉，《聯合報》，臺北，1965 年 8 月 17 日，第 2 版。

75 〈中日兩國外長外相 昨天發表聯合公報 曾就共同利益坦誠交換意見 會談氣氛良好加深友好關係〉，《聯合報》，臺北，1965 年 8 月 19 日，第 2 版；〈外交部部長沈昌煥訪問韓、日〉，《外交部》，中央研究院近代史研究所檔案館藏，館藏號：11-01-03-06-03-032。

76 〈關西工商鉅子 昨歡宴沈外長 日方建議成立聯合陣線 促進對東南亞機械輸出〉，《聯合報》，臺北，1965 年 8 月 19 日，第 2 版。

發表訪日觀感談話。[77]

8月24日　函蔣經國，檢呈訪日期間與日本政要會談要旨及視察
　　　　　　體驗所得報告。[78]

8月28日　函周書楷，承蔣經國示知訪美行止，請洽商安排其住
　　　　　　宿及與美政府首長、民意代表、議員等之會面事宜。[79]

8月29日　與美國副總統尼克森晤談。[80]

8月31日　與美國駐華大使館代辦高立夫參事，代表中、美兩國
　　　　　　政府，在外交部簽訂《美軍在華地位協定》。[81]

9月1日　與墨西哥駐華大使賈沙斯（Fernando Casas Alemán）
　　　　　　代表中、墨兩國於上午10時在臺北賓館互換《中華民
　　　　　　國與墨西哥合眾國間貿易協定》批准書。[82]

9月17日　出席日本亞洲問題研究會座談會。[83]

9月23日　出席行政院會議，報告外交。[84]

9月25日　韓國總理丁一權偕8位部長官員，在前往越南及馬來
　　　　　　西亞訪問途中路過臺北，先生前往迎接，並口頭邀請
　　　　　　他在回程時訪問我國。[85]

10月6日　在松山機場與返國過境臺北的韓國總理丁一權晤談。[86]

77　〈結束七天訪問日程　沈外長昨自日返國　兩國共同利益・觀點雖難一致　但雙方均了解
　　合作重要〉，《聯合報》，臺北，1965 年 8 月 20 日，第 1 版。

78　〈中日關係〉，《蔣經國總統文物》，國史館藏，數位典藏號：005-010100-00076-003。

79　〈蔣經國訪美（二）〉，《蔣經國總統文物》，國史館藏，數位典藏號：005-010100-
　　00008-004。

80　〈尼克森沈昌煥　昨曾一度晤談〉，《聯合報》，臺北，1965 年 8 月 30 日，第 2 版。

81　〈查良鑑談：美軍在華地位協定〉，《聯合報》，臺北，1965 年 9 月 1 日，第 2 版。

82　〈中墨貿易協定　今換批准書〉，《聯合報》，臺北，1965 年 9 月 1 日，第 2 版。

83　〈出席日本亞洲問題研究會座談會紀錄〉（五十四年九月十七日），收於：外交部情報司
　　編，《沈部長昌煥言論選集》，頁 150-158；並收於：外交部新聞文化司編，《沈昌煥先
　　生言論集》，頁 150-158。

84　〈政院院會〉，《聯合報》，臺北，1965 年 9 月 24 日，第 2 版。

85　〈丁一權過台〉，《聯合報》，臺北，1965 年 9 月 26 日，第 2 版。

86　〈韓總理過境小憩　嚴揆赴機場寒暄〉，《聯合報》，臺北，1965 年 10 月 7 日，第 2 版。

10月 8 日　　列席立法院，答覆立法委員郭德權質詢。[87]

10月14日　　出席行政院會議，報告與交通部會呈為我對《國際海上人命安全公約》及《國際海上避碰規則》聲明保留之條款擬予撤回案。[88]

10月15日　　列席立法院秘密會議。[89]

10月22日　　列席立法院會議，答覆立法委員王大任質詢。[90]

10月23日　　中午12時於臺北賓館接見美國駐華大使館代辦恆安石（Arthur W. Hummel Jr.）參事，聽取其轉達美國國務院對蔣經國訪美時所談問題之初步構想。[91]

10月26日　　列席立法院會議，答覆立法委員王大任、魏惜言質詢。[92]

11月 2 日　　列席立法院會議，答覆立法委員張其彭質詢。[93]

11月 6 日　　列席立法院外交、國防、司法三委員會審查《在華美軍地位協定》會議。[94]

11月 7 日　　在華僑救國聯合總會第3次代表大會發表演說。[95]

---

87 〈第一屆第三十六會期第五次會議速記錄〉（1965年10月8日），《立法院公報》，第36會期第2期，頁94-95。

88 〈行政院會議議事錄　臺第二四五冊九三五至九三七〉，《行政院》，國史館藏，數位典藏號：014-000205-00272-003。

89 〈蔣部長昨在立院報告　美已認清共匪好戰　同情我國處境　正積極加強與我合作　沈外長稱國際形勢對我有利〉，《聯合報》，臺北，1965年10月16日，第1版。

90 〈第一屆第三十六會期第八次會議速記錄〉，《立法院公報》，第36會期第3期，頁104-105。

91 〈中美關係（十五）〉，《蔣經國總統文物》，國史館藏，數位典藏號：005-010100-00069-001。

92 〈我對西藏問題　仍本自決原則　支持聯大譴責共匪提案〉，《聯合報》，臺北，1965年10月27日，第1版；〈第一屆第三十六會期第九次會議速記錄〉（1965年10月26日），《立法院公報》，第36會期第3期，頁132。

93 〈第一屆第三十六會期第十一次會議速記錄〉（1965年11月2日），《立法院公報》，第36會期第4期，頁70。

94 〈立院委會聯席會議　審查在華美軍地位協定〉，《聯合報》，臺北，1965年11月7日，第2版。

95 〈沈外長向僑胞分析國際形勢　演變趨勢對我有利　今後困難仍然不少　希望全民再接再

受任為五十四年特種考試外交領事人員考試典試委員。[96]

11月10日 華僑救國聯合總會第3次代表大會通過聘請先生為該會名譽理事。[97]

11月13日 上午10時30分陪同馬拉加西共和國總統齊拉納赴總統官邸拜會蔣中正。

參加總統款待馬拉加西共和國總統齊拉納晚宴。[98]

11月14日 偕夫人晚間8時在臺北賓館設宴款待來華訪問的馬拉加西總統齊拉納伉儷。[99]

11月18日 出席行政院第942次會議，報告聯合國大會關於中國代表權投票表決的情形。[100]

11月30日 奉派為互換中華民國與大韓民國間友好條約批准書全權代表。[101]

函蔣經國，為美國駐華代辦恆安石奉國務院令來外交部訪次長沈錡，告以盼我國對大陸上的突擊行動暫時停止為宜。[102]

12月 3 日 中華民國和大韓民國間之友好條約，上午11時在臺北賓館，由先生與韓國駐華大使金信代表兩國政府互換

勵〉，《聯合報》，臺北，1965年11月8日，第2版。

96 〈總統令〉（1965年11月7日），《總統府公報》，第1695期，頁2。

97 〈僑聯敦聘 名譽理事多人〉，《聯合報》，臺北，1965年11月11日，第2版。

98 〈中馬兩國總統 昨日舉行會談 廣泛交換非洲局勢意見〉，《聯合報》，臺北，1965年11月14日，第1版；〈總統事略日記54.10~54.12〉，《蔣中正總統文物》，國史館藏，數位典藏號：002-110101-00035-038。

99 〈馬拉加西總統 定今離華飛日 昨再參觀石門水庫 沈外長設晚宴款待〉，《聯合報》，臺北，1965年11月15日，第2版。

100 〈粉碎牽匪入會企圖 聯大投票結果 我正審慎研究 沈外長昨報告政院〉，《聯合報》，臺北，1965年11月19日，第1版。

101 〈總統令〉（1965年11月30日），《總統府公報》，第1702期，頁2。

102 〈中美關係（十三）〉，《蔣經國總統文物》，國史館藏，數位典藏號：005-010100-00067-004。

批准書。[103]

12月21日 駐美大使周書楷電告，據美國國務院禮賓司司長兼白宮大禮官漢德告稱，美國總統詹森請副總統韓福瑞於自菲返美途中訪問臺灣半天。[104]

12月23日 應邀在光復大陸設計研究委員會第12次全體委員會議以「當前的世局與我國的外交」為題，作外交報告。[105]

12月27日 呈蔣中正，為美國副總統韓福瑞將於明年元旦抵華訪問，擬總統與韓福瑞副總統談話參考要點與美國副總統韓福瑞簡介。[106]

12月29日 呈蔣中正，美國政府擬取消醫生及科學家赴古巴等共區從事公共衛生工作之限制。[107]

12月30日 呈蔣中正，美國駐華大使館代辦恆安石就美方暫時停止轟炸北越事前來晤談。[108]

---

103 〈中韓友好條約 今互換批准書〉，《聯合報》，臺北，1965 年 12 月 3 日，第 1 版；〈總統事略日記 54.10~54.12〉，《蔣中正總統文物》，國史館藏，數位典藏號：002-110101-00035-058。

104 〈外交—駐外單位之外交部收電（三）〉，《蔣經國總統文物》，國史館藏，數位典藏號：005-010205-00148-026。

105 〈反攻機運日趨成熟 復國大計亟須妥籌 光復大陸設計委會今日集會 總統頒詞期勉加強政治反攻〉，《聯合報》，臺北，1965 年 12 月 23 日，第 1 版；〈檔案資料處參考資料（一）〉，《外交部》，國史館藏，數位典藏號：020-141800-0030；〈外交戰鬥之新形勢—在光復大陸設計研究委員會第十二次全體委員會議講詞〉（五十四年十二月二十三日），收於：外交部情報司編，《沈部長昌煥言論選集》，頁 159-172；並收於：外交部新聞文化司編，《沈昌煥先生言論集》，頁 159-172；〈外交部長沈昌煥在光復大陸設計研究委員會講詞—當前的世局與我國的外交〉（1965 年 12 月 23 日），《外交部公報》，第 30 卷第 4 期，頁 51-55。

106 〈蔣中正接見外賓談話資料（二）〉，《蔣經國總統文物》，國史館藏，數位典藏號：005-010304-00002-001。

107 〈外交—臺灣與中共在聯合國席次之演變〉，《蔣經國總統文物》，國史館藏，數位典藏號：005-010205-00052-014。

108 〈外交—嚴家淦周書楷等與美方代表談話紀錄〉，《蔣經國總統文物》，國史館藏，數位典藏號：005-010205-00092-002。

民國55年（1966）　53歲

1月1日 機場歡迎美國副總統韓福瑞抵臺做短暫訪問。[1]

參加蔣中正總統與美國副總統韓福瑞的會談。[2]

1月11日 上午10時，接見日本記者訪華團並答覆聯合國中國代表權問題投票等相關問題。[3]

1月17日 奉派為互換《中華民國與伊朗國間文化專約》批准書全權代表。[4]

2月15日 機場迎接韓國大統領朴正熙伉儷來訪。[5]

下午3時30分，出席中、韓兩國元首在士林官邸互贈勳章和禮物的活動。[6]

參加蔣中正總統與韓國大統領朴正熙的會談。[7]

2月17日 與韓國外交部長李東元會談2小時並午宴款待。[8]

參加蔣中正總統在官邸款待韓國大統領朴正熙伉儷晚

---

1 〈美副總統韓福瑞昨訪華　強調履行中美盟約承諾〉，《聯合報》，臺北，1966 年 1 月 2 日，第 1 版；〈臺灣新生報底片民國五十五年（一）〉，《台灣新生報》，國史館藏，數位典藏號：150-030500-0001-006。

2 〈蔣總統昨告韓福瑞　美應採更強硬政策　中美兩領袖交換對越局意見　韓氏訪華七小時後續往漢城〉，《聯合報》，臺北，1966 年 1 月 2 日，第 1 版；〈中美關係（十八）〉，《蔣經國總統文物》，國史館藏，數位典藏號：005-010100-00072-007。

3 〈美國政要對我言論〉，《外交部》，國史館藏，數位典藏號：020-090304-0062。

4 〈總統令〉（1966 年 1 月 17 日），《總統府公報》，第 1715 期，頁 2。

5 〈朴大統領伉儷抵台　總統親至機場歡迎〉，《聯合報》，臺北，1966 年 2 月 16 日，第 1 版；〈領袖照片資料輯集（六十）〉，《蔣中正總統文物》，國史館藏，數位典藏號：002-050101-00062-030。

6 〈中韓兩國元首　互贈勳章禮物　並各授勳雙方有關官員〉，《聯合報》，臺北，1966 年 2 月 16 日，第 2 版。

7 〈中韓元首昨日會談　交換共同問題意見　對亞洲局勢觀點一致〉，《聯合報》，臺北，1966 年 2 月 16 日，第 1 版。

8 〈中韓外交部長　廣泛交換意見〉，《聯合報》，臺北，1966 年 2 月 18 日，第 2 版。

宴。[9]

2月18日 參加中、韓兩國元首的第3次會談。[10]

機場歡送韓國大統領朴正熙伉儷離華。[11]

2月19日 代表政府與伊朗大使交換中華民國和伊朗兩國的文化專約批准書。[12]

3月2日 第一屆國民大會第4次會議第3次大會下午舉行,先生進行外交報告。[13]

3月7日 在中國國民黨第九屆三中全會作外交報告。[14]

3月10日 中國國民黨第九屆中央委員會第3次全體會議下午開第7次大會,通過總裁所提出的先生等17位中常委名單。[15]

3月11日 接見美國國務院主管遠東事務的助理國務卿彭岱(William Bundy),並於下午4時陪同謁見蔣中正總統。[16]

---

9 〈中韓兩國最高階層 今晨再作正式會談 朴大統領定今午返韓〉,《聯合報》,臺北,1966年2月18日,第1版。

10 〈中韓兩國元首 充分交換意見 昨日曾舉行第三度會談〉,《聯合報》,臺北,1966年2月19日,第1版。

11 〈朴正熙大統領 昨離華返韓 行前盛讚我國進步 總統親至機場送行〉,《聯合報》,臺北,1966年2月19日,第1版。

12 〈中伊文化專約 昨互換批准書 下月十九生效〉,《聯合報》,臺北,1966年2月20日,第2版。

13 〈對第一屆國民大會第三次會議決議案辦理情形等〉,《外交部》,國史館藏,典藏號:020-130400-0072;〈第一屆國民大會第四次會議第三次大會中外交報告〉(五十五年三月二日),收於:外交部情報司編,《沈部長昌煥言論選集》,頁173-188;並收於:外交部新聞文化司編,《沈昌煥先生言論集》,頁173-188。

14 〈反共重心移到亞洲 公認匪為首要敵人 沈昌煥昨在三中全會報告外交 中美對世局觀點趨一致〉,《聯合報》,臺北,1966年3月8日,第2版;〈外交部施政計畫(四)〉,《外交部》,國史館藏,數位典藏號:020-102300-0027。

15 〈國民黨中常委 總裁提名 全體連任〉,《聯合報》,臺北,1966年3月11日,第1版。

16 〈美遠東事務助理國務卿 彭岱昨日抵華 與我商討有關兩國問題 強調堅守中美協防承諾〉,《聯合報》,臺北,1966年3月11日,第1版;〈外交─共產黨赤化亞洲之野心與行動〉,《蔣經國總統文物》,國史館藏,數位典藏號:005-010205-00058-003。

3月12日　來華訪問的玻利維亞共和國外交部長孫德諾（Alberto Guzmán Soriano）以「安第斯山之鷹」大綬勳章頒贈先生，酬謝其促進中玻邦交之貢獻。[17]

3月13日　與玻利維亞共和國外交部長孫德諾在臺北發表聯合公報。[18]

3月14日　與應邀來華訪問的甘比亞外交部長恩濟（Alieu Badara Njie）在臺北發表聯合公報。[19]

3月15日　列席立法院會議，答覆立法委員質詢。[20]

3月17日　機場歡迎阿根廷外交部長薩華拉（Miguel Ángel Zavala Ortiz）偕同隨員來華訪問。[21]

3月18日　阿根廷外交部長薩華拉前來外交部拜會。[22]

　　　　　　受任為商定《中華民國與阿根廷共和國間文化專約》全權代表。[23]

3月19日　和阿根廷外交部長薩華拉代表兩國政府在臺北賓館簽訂《中華民國與阿根廷共和國間文化專約》。[24]

17　〈臺灣新生報底片民國五十五年（八）〉，《台灣新生報》，國史館藏，數位典藏號：150-030500-0008-003。

18　〈中華民國外交部長沈昌煥閣下、玻利維亞共和國外交部長孫德諾閣下聯合公報全文〉（1966年3月13日），《外交部公報》，第31卷第1期，頁55-56。

19　〈中華民國外交部長沈昌煥閣下、甘比亞外交部長恩濟閣下聯合公報全文〉（1966年3月14日），《外交部公報》，第31卷第1期，頁56。

20　〈第一屆第三十七期第七次會議速記錄〉（1966年3月15日），《立法院公報》，第37會期第3期，頁35-37。

21　〈阿根廷外長　昨來華訪問　將與我簽文化專約〉，《聯合報》，臺北，1966年3月18日，第2版；〈臺灣新生報底片民國五十五年（八）〉，《台灣新生報》，國史館藏，數位典藏號：150-030500-0008-022。

22　〈總統昨以卿雲勳章　贈阿根廷外長　並在官邸茶會款待　中阿文化專約今日簽字〉，《聯合報》，臺北，1966年3月19日，第2版。

23　〈總統令〉（1966年3月18日），《總統府公報》，第1733期，頁4。

24　〈總統昨以卿雲勳章　贈阿根廷外長　並在官邸茶會款待　中阿文化專約今日簽字〉，《聯合報》，臺北，1966年3月19日，第2版；〈臺灣新生報底片民國五十五年（六）〉，《台灣新生報》，國史館藏，數位典藏號：150-030500-0006-034。

3月20日　與阿根廷外交部長薩華拉在臺北發表聯合公報。[25]

3月30日　與日本駐華大使館臨時代辦原榮吉代表雙方政府換文，修訂中日間現行之臨時空運協定。[26]

3月31日　出席立法院外交、國防委員會聯席秘密會議，報告中越外交關係。[27]

4月 7 日　出席行政院院會，報告外交。[28]

4月12日　下午4時，與美國駐華大使館代辦恆安石在臺北賓館互換兩國各依憲法程序核准的《在華美軍地位協定》批准書。[29]

4月14日　列席立法院外交委員會秘密會議。[30]

4月20日　列席立法院外交委員會。[31]

4月22日　外交部舉行高層外交官會議，檢討我國在聯合國的代表權問題。[32]

4月30日　上簽以腹背疼痛，經醫檢查，高血壓為80，低血壓為40，心電圖顯示有狹心症跡象，醫囑休養，請准自5月2日起休假1週。請假期間，部務由次長沈錡代理。[33]

25　〈中阿外長聯合公報　同意加強貿易關係　阿將聘我專家改良農作　並以小麥玉米羊毛銷台　薩華拉昨結束訪華飛港〉，《聯合報》，臺北，1966年3月21日，第2版；〈中華民國外交部長沈昌煥、阿根廷共和國外交部長薩華拉聯合公報全文〉（1966年3月20日），《外交部公報》，第31卷第1期，頁56-57。

26　〈中日空運協定　昨日修訂換文〉，《聯合報》，臺北，1966年3月31日，第2版。

27　〈立院國防外交聯席會議　聽取越局報告〉，《聯合報》，臺北，1966年4月1日，第2版。

28　〈沈外長談對非外交　我農耕隊功不可沒〉，《聯合報》，臺北，1966年4月8日，第1版。

29　〈在華美軍地位協定　昨開始生效　雙方在台互換批准書〉，《聯合報》，臺北，1966年4月13日，第2版。

30　〈沈外長昨在立院報告　中美友好合作無間　我對美姑息謬論已提高警覺　美指斥倫敦謠言為絕非事實〉，《聯合報》，臺北，1966年4月15日，第1版。

31　〈沈昌煥昨在立法院報告　深信美國不致採納對匪姑息論調　並認中美利害關係一致〉，《聯合報》，臺北，1966年4月21日，第1版。

32　〈外交部昨開高層會　檢討聯大問題　為維護我代表權作部署〉，《聯合報》，臺北，1966年4月23日，第1版。

33　〈行政院所屬部會首長出國報備〉，《總統府》，國史館藏，數位典藏號：011-070300-

蔣經國前來探病，討論當前外交問題。[34]

5月1日　因血壓過低，身體疲勞，住進石牌榮民醫院，作健康檢查。[35]

5月7日　出院。[36]

5月9日　銷假，到部辦公。[37]

5月12日　隨嚴家淦院長提出內閣總辭，以便第四任總統就職後，提名新任行政院院長，另組新閣。[38]

5月18日　上午10時，接見馬爾地夫來華慶賀蔣中正總統及嚴家淦副總統就職大典的特使希爾米。

下午5時，接見美國特使馬康衛。[39]

5月19日　分別接見來華慶賀蔣中正總統及嚴家淦副總統就職大典的加彭、賴比瑞亞、澳大利亞、紐西蘭、義大利、日本、伊朗、越南等國的特使。[40]

外交部為慶祝蔣中正總統連任就職，於晚間8時在臺北市國軍文藝中心舉行音樂舞蹈晚會。[41]

5月26日　出席行政院會議，報告外交。[42]

與閣員握手道別，表示辭職已獲批准。[43]

當天，蔣經國於日記中記下對沈昌煥的批評。29日，

0005。

34　《蔣經國日記》，1966年4月30日，史丹福大學胡佛研究所藏。

35　〈外長沈昌煥　患低血壓症〉，《聯合報》，臺北，1966年5月2日，第2版。

36　〈沈昌煥　昨出院〉，《聯合報》，臺北，1966年5月8日，第2版。

37　〈沈昌煥　銷假上班〉，《聯合報》，臺北，1966年5月10日，第2版。

38　〈政院會議昨日決定　全體閣員提出總辭　嚴揆可能再奉命組閣〉，《聯合報》，臺北，1966年5月13日，第1版。

39　〈沈外長接見　來華各特使〉，《聯合報》，臺北，1966年5月19日，第1版。

40　〈沈外長接見　來華各特使〉，《聯合報》，臺北，1966年5月19日，第1版。

41　〈外交部今舉行　音樂舞蹈晚會〉，《聯合報》，臺北，1966年5月19日，第8版。

42　〈政院院會〉，《聯合報》，臺北，1966年5月27日，第2版。

43　〈新內閣已組成　中常會今通過即可發表　總統昨召見余井塘面予慰留　魏道明接長外交可能性最大〉，《聯合報》，臺北，1966年5月27日，第1版。

復加批評。[44]

5 月27日　總統發布命令,准辭外交部長。[45]

5 月29日　《新聞天地》954期出版要目「沈昌煥五度懇辭」。[46]

6 月 1 日　出席外交部同仁的惜別會。[47]

6 月 3 日　外交部同仁和眷屬,晚上8時30分在北投致遠新村宿舍大禮堂為先生夫婦舉行惜別晚會。[48]

6 月 7 日　外交部新舊任部長交接。[49]

6 月 9 日　出席立法院外交委員會舉行的惜別茶會。[50]

7 月 3 日　參加蔣中正總統於士林官邸招待美國國務卿魯斯克夫婦的晚宴,並參與晚宴後的會談。[51]

7 月14日　行政院會議通過任命先生為駐梵蒂岡教廷特命全權大使。[52]

7 月19日　總統發布命令,特任先生為駐教廷大使。[53]

9 月17日　蔣中正總統於上午10時在總統府分別召見5位新任的駐外大使。[54]

9 月18日　蔣經國認為先生為爭取駐教廷大使館經費,擬暫緩赴

44　《蔣經國日記》,1966 年 5 月 26、29 日,史丹福大學胡佛研究所藏。

45　〈總統令〉(1966 年 5 月 31 日),《總統府公報》,第 1753 期,頁 1。

46　〈出版〉,《聯合報》,臺北,1966 年 5 月 30 日,第 2 版。

47　〈外交部同仁　惜別沈昌煥〉,《聯合報》,臺北,1966 年 6 月 2 日,第 2 版。

48　〈外部同仁眷屬　惜別沈昌煥〉,《聯合報》,臺北,1966 年 6 月 4 日,第 2 版。

49　〈新任外交部長　魏道明昨就職〉,《聯合報》,臺北,1966 年 6 月 8 日,第 1 版;〈臺灣新生報底片民國五十五年(十四)〉,《台灣新生報》,國史館藏,數位典藏號:150-030500-0014-046。

50　〈立院外委會　惜別沈昌煥〉,《聯合報》,臺北,1966 年 6 月 10 日,第 2 版。

51　〈蔣總統昨與魯斯克晤談　促美對共黨採激烈措施　並就大陸匪幫整肅情況作概括分析〉,《聯合報》,臺北,1966 年 7 月 4 日,第 1 版;〈外交—共產黨赤化亞洲之野心與行動〉,《蔣經國總統文物》,國史館藏,數位典藏號:005-010205-00058-004。

52　〈沈昌煥使教廷　政院通過任命〉,《聯合報》,臺北,1966 年 7 月 15 日,第 1 版。

53　〈總統令〉(1966 年 7 月 19 日),《總統府公報》,第 1767 期,頁 41。

54　〈總統昨召見　五新任大使〉,《聯合報》,臺北,1966 年 9 月 18 日,第 2 版;〈總統事略日記 55.07~55.09〉,《蔣中正總統文物》,國史館藏,數位典藏號:002-110101-00039-063。

任之舉措不妥。[55]

9月24日 搭機前往梵蒂岡任所履新，總統府秘書長張羣、國防
部長蔣經國、外交部次長沈錡、內定駐澳洲大使沈劍
虹等人在機場送行。[56]

9月29日 教廷國務卿辛柯納尼大主教中午接見先生，先生將國
書副本交給辛柯納尼。[57]

10月 6 日 向教宗保祿六世呈遞到任國書。[58]

10月31日 羅馬華僑俱樂部集會恭祝蔣總統八秩華誕，先生發表
演說。[59]

11月16日 致電外交部，報告由駐義大利大使于焌吉陪同往見訪
義之加拿大外交部長馬丁（Paul Martin Sr.），會談我
國在聯合國問題經過。[60]

11月17日 致電外交部，報告送別加拿大外交部長馬丁，談及中
共與蘇共關係等問題經過。[61]

12月14日 電告外交部，將於26日前返國參加中國國民黨第九屆
四中全會，館務交張參事暫代。[62]

12月26日 中國國民黨第九屆四中全會開幕，會議於30日結束。

---

55 《蔣經國日記》，1966年9月18日，史丹福大學胡佛研究所藏。

56 〈臺灣新生報底片民國五十五年（二十一）〉，《台灣新生報》，國史館藏，數位典藏號：
150-030500-0021-006。

57 〈教廷國務卿 接見沈大使〉，《聯合報》，臺北，1966年10月2日，第1版。

58 〈我駐日泰兩新大使 昨呈到任國書 日皇及泰攝政分別接見 駐教廷大使昨亦遞國
書〉，《聯合報》，臺北，1966年10月7日，第1版。

59 〈總統華誕 薄海騰歡 全球僑胞 熱列祝嘏〉，《聯合報》，臺北，1966年11月2日，
第2版。

60 〈外交─駐外單位之外交部收電（四）〉，《蔣經國總統文物》，國史館藏，數位典藏號：
005-010205-00149-053。

61 〈外交─駐外單位之外交部收電（四）〉，《蔣經國總統文物》，國史館藏，數位典藏號：
005-010205-00149-054。

62 〈外交─駐外單位之外交部收電（四）〉，《蔣經國總統文物》，國史館藏，數位典藏號：
005-010205-00149-056。

民國56年（1967） 54歲

1月6日 教宗保祿六世在羅馬聖伯多祿教堂特為中國的天主教
會主持彌撒，先生贈送教宗《故宮名畫三百幅》畫
冊，彌撒儀式同時使用拉丁文與中文。[1]

2月2日 蔣經國來電賀歲。[2]

3月15日 蔣經國來電祝賀結婚紀念。[3]

5月30日 致函嚴家淦副總統問候。[4]

5月31日 蔣經國來電，告以接蔣孝武來信，知其曾赴羅馬，並
承親切接待有如家人，至為感激，敬致謝意，並祝安
康。[5]

7月14日 出席在馬德里召開的歐洲使節會議。[6]

9月21日 函致嚴家淦副總統，談及前往馬德里參加歐洲使節會
議與身體不適，攝護腺腫脹。[7]

---

1 〈特為中國教會　教宗主持彌撒　沈昌煥贈教宗故宮畫冊　彌撒儀式部份使用中文〉，《中央日報》，臺北，1967年1月8日，第2版。

2 〈一般資料—蔣經國致各界文電資料（十七）〉，《蔣中正總統文物》，國史館藏，數位典藏號：002-080200-00645-059。

3 〈一般資料—蔣經國致各界文電資料（十七）〉，《蔣中正總統文物》，國史館藏，數位典藏號：002-080200-00645-067。

4 〈任行政院長時：函（五十六年）（二）〉，《嚴家淦總統文物》，國史館藏，數位典藏號：006-010606-00015-007。

5 〈一般資料—蔣經國致各界文電資料（十七）〉，《蔣中正總統文物》，國史館藏，數位典藏號：002-080200-00645-073。

6 〈楊西崑今啟程訪非　將在西京召開　駐歐使節會議〉，《聯合報》，臺北，1967年7月9日，第2版。

7 〈任行政院長時：函（五十六年）（二）〉，《嚴家淦總統文物》，國史館藏，數位典藏號：006-010606-00015-008。

民國57年（1968）　55歲

4月13日　蔣經國來電問候。[1]

7月9日　在雅典參加歐洲使節會議。[2]

8月　於羅馬接待臺灣省議會議長謝東閔。[3]

10月10日　陪同外交部次長楊西崑晉見教宗。[4]

12月21日　蔣經國來電，稱已將兄意面呈一切，恭祝聖誕並賀全家安康。[5]

12月27日　副總統兼行政院長嚴家淦函謝承贈電咖啡壺一件及女用手套一付。[6]

1　〈一般資料—蔣經國致各界文電資料（十七）〉，《蔣中正總統文物》，國史館藏，數位典藏號：002-080200-00645-093。
2　〈加強對歐外交經濟活動　我駐歐洲中東使節　定九日在雅典集會　會議由外次楊西崑主持〉，《聯合報》，臺北，1968年7月6日，第1版。
3　〈謝東閔先生於省議會時期照片（四）〉，《謝東閔副總統文物》，國史館藏，數位典藏號：009-030203-00004-059。
4　〈外次楊西崑　昨晉見教宗〉，《聯合報》，臺北，1968年10月11日，第4版。
5　〈一般資料—蔣經國致各界文電資料（十八）〉，《蔣中正總統文物》，國史館藏，數位典藏號：002-080200-00646-014。
6　〈任行政院長時：函（五十七年）（二）〉，《嚴家淦總統文物》，國史館藏，數位典藏號：006-010606-00019-017。

民國58年（1969） 56歲

2月13日 行政院會議通過先生調任駐泰國特命全權大使。[1]

2月19日 總統明令特任為駐泰國大使。[2]

2月25日 致電蔣經國，現正候晉謁教宗辭行後即行返國，並於3月15日趕赴新任所。又蔣孝武現在此渡假，身體甚佳。[3]

3月7日 返國述職。[4]

3月11日 與蔣經國見面。蔣經國於日記中提及沈昌煥氣色漸佳。[5]

3月12日 應邀在立法院報告與教廷關係。[6]

3月15日 在行政院宣誓就任新職。[7]

3月17日 中午搭機赴曼谷履新。[8]於下午抵達曼谷。[9]

3月28日 返國參加中國國民黨第十次全國代表大會。[10]

3月29日 中國國民黨第十次全國代表大會於臺北召開，至4月9日結束。

---

1 〈政院通過三大使新任命〉，《經濟日報》，臺北，1969年2月14日，第1版；〈駐日泰及教廷大使，政院通過三人互調，彭孟緝定明日返國述職〉，《聯合報》，臺北，1969年2月14日，第1版。

2 〈總統令〉（1969年2月19日），《總統府公報》，第2038期，頁1-2。

3 〈一般資料—各界上蔣經國文電資料（二十）〉，《蔣中正總統文物》，國史館藏，數位典藏號：002-080200-00667-043。

4 〈彭孟緝赴日　沈昌煥返國〉，《中央日報》，臺北，1969年3月8日，第2版。

5 《蔣經國日記》，1969年3月11日，史丹福大學胡佛研究所藏。

6 〈沈昌煥大使昨在立院報告外交〉，《聯合報》，臺北，1969年3月13日，第2版。

7 〈三位新大使昨天宣誓就職〉，《經濟日報》，臺北，1969年3月16日，第1版。

8 〈沈昌煥大使昨飛泰履新〉，《聯合報》，臺北，1969年3月18日，第2版。

9 〈彭孟緝大使　昨呈遞國書　沈昌煥大使抵曼谷〉，《中央日報》，臺北，1969年3月19日，第2版。

10 〈杭立武返國〉，《聯合報》，臺北，1969年3月28日，第2版。

4月9日　　蔣經國來訪，談及訪泰安排事宜。[11]

4月10日　中國國民黨公布第十屆中央委員名單，先生續任中央委員。[12]

　　　　　　返回曼谷任所，準備向泰王蒲美蓬（Phumiphon Adunyadet）呈遞國書。[13]

4月25日　拜訪泰國經濟部長乃汶差納，獲得保證無意與中共貿易。[14]

5月10日　對記者表示，蔣經國訪問泰國，將促進中泰友好關係。[15]

5月12日　中華民國特使蔣經國搭機抵達曼谷，展開泰國訪問行程。[16]

　　　　　　舉行酒會歡迎蔣經國訪問泰國。[17]

5月13日　陪同蔣經國拜訪泰國官員。[18]

5月14日　陪同蔣經國晉見泰王蒲美蓬與王后詩麗吉（Somdet Phra Nang Chao Sirikit Phra Borommarachininat）。[19]

11　《蔣經國日記》，1969年4月9日，史丹福大學胡佛研究所藏。

12　〈國民黨第十屆中委名單〉，《經濟日報》，臺北，1969年4月10日，第1版。

13　〈沈昌煥大使返曼谷任所〉，《聯合報》，臺北，1969年4月11日，第2版。

14　〈泰國向我保證　無意與匪貿易〉，《經濟日報》，臺北，1969年4月26日，第1版。

15　〈在曼谷看蔣部長訪泰　泰京將進入「外交熱季」〉，《聯合報》，臺北，1969年5月11日，第2版。

16　〈蔣經國特使抵泰訪問〉，《經濟日報》，臺北，1969年5月13日，第1版；〈蔣經國訪泰（二）〉，《蔣經國總統文物》，國史館藏，數位典藏號：005-010100-00022-018。

17　〈沈昌煥舉行酒會　歡迎蔣特使　五百嘉賓與會〉，《中央日報》，臺北，1969年5月13日，第2版。

18　〈蔣特使今飛華欣宮　謁見泰王與后　昨日贈勳集滴上將　並向泰陣亡將士碑獻花〉，《聯合報》，臺北，1969年5月14日，第1版。

19　〈蔣特使今舉行答宴　款待泰官員及使節　邀請樞密院長他尼訪華　昨拍電台北祝其夫人生日快樂〉，《聯合報》，臺北，1969年5月15日，第2版；〈蔣特使昨赴華欣宮　晉見泰王呈遞國書　面致蔣總統親函並獻贈禮物　接受午宴款待後與泰王密談〉，《聯合報》，臺北，1969年5月15日，第1版。

5月15日 陪同蔣經國與自臺北赴泰國採訪記者午餐。[20]

5月16日 陪同蔣經國與旅泰僑胞及榮工處人員敘談。[21]

5月17日 陪同蔣經國與泰國國務院院長他儂元帥再度密談。[22]

5月18日 對記者說明蔣經國訪問泰國意義重大，成功達成任務。[23]

5月19日 蔣經國來電致謝此次訪泰接待，並作多次懇談。[24]

5月20日 出席於泰國國務院舉辦之東南亞公約組織第十四屆理事會。[25]

5月 於蔣經國訪泰期間，兩人曾有深談。[26]

6月2日 電蔣經國，謂泰國他威上將對我方擬派胡炘中將等前來商談李文煥、段希文問題表示歡迎，並謂泰國擬派坤瑟、查容、賴克三中將為商談代表，又會談日期以7月上旬為宜。[27]

6月3日 蔣經國來電，胡炘等決於7月上旬來泰商談李文煥、段希文問題，並請示處理之辦法。[28]

---

20 〈他儂元帥代表泰王　贈勛蔣特使等　蔣特使昨參觀泰海空軍　並與自台北赴泰記者共進午餐〉，《聯合報》，臺北，1969年5月16日，第2版；〈蔣特使訪泰紀聞〉，《聯合報》，臺北，1969年5月15日，第2版。

21 〈訪泰達成任務　蔣特使今返國〉，《經濟日報》，臺北，1969年5月17日，第1版；〈蔣特使昨接見旅泰僑胞　報告祖國進步實況　轉達總統關懷德意〉，《聯合報》，臺北，1969年5月17日，第1版。

22 〈蔣特使與他儂　昨曾再度密談〉，《聯合報》，臺北，1969年5月18日，第1版。

23 〈蔣特使訪泰意義極重大　成功達成任務　沈昌煥大使昨表示〉，《聯合報》，臺北，1969年5月19日，第2版；〈沈昌煥大使昨表示　蔣特使訪泰國　任務非常成功　在時間上有其特殊意義〉，《中央日報》，臺北，1969年5月19日，第1版。

24 《蔣經國日記》，1969年5月19日，史丹福大學胡佛研究所藏；〈一般資料—各界上蔣經國文電資料（二十）〉，《蔣中正總統文物》，國史館藏，數位典藏號：002-080200-00667-050。

25 〈泰國雜卷（八）〉，《外交部》，國史館藏，數位典藏號：020-010499-0021。

26 《蔣經國日記》，1969年5月，史丹福大學胡佛研究所藏。

27 〈一般資料—各界上蔣經國文電資料（二十）〉，《蔣中正總統文物》，國史館藏，數位典藏號：002-080200-00667-051。

28 〈一般資料—蔣經國致各界文電資料（十八）〉，《蔣中正總統文物》，國史館藏，數位

6月15日　行政院任命先生兼任駐聯合國亞洲和遠東經濟委員會
　　　　　常任代表。[29]

6月20日　蔣經國來電，原定7月上旬來泰商談李文煥、段希文
　　　　　問題之胡炘因另有任務，改派易瑾擔任。[30]

6月26日　電賀蔣經國榮任行政院副院長。[31]

7月3日　易瑾來電，與夏超、項成豪等定於7月5日乘中華航空
　　　　　班機至泰。[32]

7月15日　電外交部，告以美國總統尼克森將訪泰，泰方參加人
　　　　　員包括國務院長他儂、國務院副院長兼建設部長乃
　　　　　樸、外交部長他納等，並商討改訂或延長泰美秘密協
　　　　　定。[33]

7月18日　亞洲區域合作工業調查會議在聯合國亞洲和遠東經濟
　　　　　委員會曼谷總部舉行，先生代表開會。[34]
　　　　　電蔣經國，據易瑾報告與泰方會談結果，泰方建議以
　　　　　彭孟緝前與泰方所取得的三項協議為商談指導原則，
　　　　　又在未商談前由中泰聯合進行現場調查訪問，瞭解現
　　　　　況。[35]

典藏號：002-080200-00646-038。

29　〈駐泰大使沈昌煥　兼任亞經會代表〉，《聯合報》，臺北，1969年6月15日，第2版。

30　〈一般資料—蔣經國致各界文電資料（十八）〉，《蔣中正總統文物》，國史館藏，數位
　　典藏號：002-080200-00646-039。

31　〈蔣經國函札暨題詞稿（十二）〉，《蔣經國總統文物》，國史館藏，數位典藏號：005-
　　010502-00068-002。

32　〈一般資料—蔣經國致各界文電資料（十八）〉，《蔣中正總統文物》，國史館藏，數位
　　典藏號：002-080200-00646-048。

33　〈沈昌煥蔣經國往來函電〉，《蔣經國總統文物》，國史館藏，數位典藏號：005-010205-
　　00032-011。

34　〈亞遠石油化學工業會議明起在泰舉行　十一國家及地區參加　將商討區域合作問題〉，
　　《經濟日報》，臺北，1969年7月20日，第1版。

35　〈沈昌煥蔣經國往來函電〉，《蔣經國總統文物》，國史館藏，數位典藏號：005-010205-
　　00032-001。

7月31日 電蔣經國，報告易瑾等人與泰方坤瑟等多人訪問段希文、李文煥、馬俊國三部，及段、李蠻映、光武兩眷村情形，及研判泰方態度頗具合作誠意，現正遵所示原則繼續商談。[36]

8月 6日 電蔣經國，據易瑾稱泰方商談態度謹慎，往往須向層峰請示，以致超過預期，留泰期間判斷至少尚須1月等語，已囑其耐心繼續商談，所需增加差旅費由本館墊發。[37]

8月19日 電臺北總統府轉蔣經國電，計呈關於兩週來商談情形，據報段希文、李文煥部隊問題，泰方已同意且建議成立中泰聯合小組擔任管制任務，並報告易瑾兩週來與泰方商談段希文、李文煥、鄧文襄、沈銓問題之情形。[38]蔣經國電覆，請就近指導繼續商談，並希從速能得一結論。[39]

8月22日 電外交部，匯報與寮國駐泰大使接觸，談及聯合國大會代表權事。[40]

8月25日 電蔣經國，據易瑾報稱關於鄧文襄、沈銓部分改為協調關係一節，泰方同意延後討論，及與段希文、李文煥連續接觸5天後之綜合意見。29日，蔣經國電覆，8

---

36 〈沈昌煥蔣經國往來函電〉，《蔣經國總統文物》，國史館藏，數位典藏號：005-010205-00032-001。

37 〈沈昌煥蔣經國往來函電〉，《蔣經國總統文物》，國史館藏，數位典藏號：005-010205-00032-001。

38 〈對韓菲越關係（二）〉，《蔣中正總統文物》，國史館藏，數位典藏號：002-090103-00010-504；〈一般資料—各界上蔣經國文電資料（二十）〉，《蔣中正總統文物》，國史館藏，數位典藏號：002-080200-00667-063。

39 〈一般資料—蔣經國致各界文電資料（十八）〉，《蔣中正總統文物》，國史館藏，數位典藏號：002-080200-00646-059；〈沈昌煥蔣經國往來函電〉，《蔣經國總統文物》，國史館藏，數位典藏號：005-010205-00032-001。

40 〈救濟寮國戰禍災民〉，《外交部》，國史館藏，數位典藏號：020-011208-0003。

月18日中泰雙方簽訂之協議已呈奉總統蔣中正核准，現應設法獲致泰方同意，採取一致立場，堅持協議原則，促使段希文、李文煥就範。[41]

8月28日 電外交部關於泰國、美國簽訂軍事作戰計畫事。[42]

9月1日 電總統府，為蔣經國已來曼谷拜會泰國國務院院長他儂及泰國參謀總長他威，並與泰方正式會談有關援助難民等。次日，蔣經國電覆，關於段希文、李文煥兩人返臺後再赴泰定居一節，須俟部隊整編完成，經我政府認可始得辦理，其餘各項可照來電意見辦理。[43]

9月8日 電外交部，陳述泰國外交部長他納有關聯合國大會之展望，及對美國現行政策之看法及北越情勢等談話內容。[44]

9月12日 蔣經國來電，稱易瑾已返臺北，得知交涉經過甚詳，並將續商處理辦法。[45]

9月18日 代表中華民國政府捐贈肥料給聯合國湄公河委員會。[46]

10月25日 蔣經國來電祝賀生日，先生於31日電覆申謝。[47]

10月31日 報部電稱泰國有政變謠言。[48]

---

41 〈沈昌煥蔣經國往來函電〉，《蔣經國總統文物》，國史館藏，數位典藏號：005-010205-00032-001。

42 〈外交—駐外單位之外交部收電（七）〉，《蔣經國總統文物》，國史館藏，數位典藏號：005-010205-00152-008。

43 〈沈昌煥蔣經國往來函電〉，《蔣經國總統文物》，國史館藏，數位典藏號：005-010205-00032-001。

44 〈沈昌煥蔣經國往來函電〉，《蔣經國總統文物》，國史館藏，數位典藏號：005-010205-00032-002。

45 〈一般資料—蔣經國致各界文電資料（十八）〉，《蔣中正總統文物》，國史館藏，數位典藏號：002-080200-00646-064。

46 〈我國捐贈肥料給湄公河委會〉，《聯合報》，臺北，1969年9月19日，第2版。

47 〈一般資料—各界上蔣經國文電資料（二十）〉，《蔣中正總統文物》，國史館藏，數位典藏號：002-080200-00667-077。

48 〈外交—駐外單位之外交部收電（八）〉，《蔣經國總統文物》，國史館藏，數位典藏號：

11月 4 日 致電外交部，匯報協助泰國爭取國際法院法官事。[49]

11月 5 日 致電外交部，匯報泰國政變謠言後續。6日、13日、
25日續報。[50]

11月25日 致電外交部，報告泰國外交部長他納就泰國現行外交
政策發表談話要點。[51]

11月26日 與泰國政府交涉，獲泰方同意考慮恢復玉米輸臺。[52]

12月19日 電蔣經國，巴博接見我駐泰國武官龐祖戡時表示，段
希文、李文煥最近曾向加拿大購入武器，國會議員頗
多不滿，龐答覆我國政府極願與泰方合作，共謀妥善
解決。[53]

12月31日 電賀蔣總統暨夫人新年快樂。[54]

005-010205-00153-007。

49 〈泰國雜卷（八）〉，《外交部》，國史館藏，數位典藏號：020-010499-0021。

50 〈外交—駐外單位之外交部收電（八）〉，《蔣經國總統文物》，國史館藏，數位典藏號：
005-010205-00153-007。

51 〈外交—駐外單位之外交部收電（八）〉，《蔣經國總統文物》，國史館藏，數位典藏號：
005-010205-00153-007。

52 〈儲家昌曼谷來電說，經沈大使交涉後——泰國已允考慮恢復玉米輸台〉，《經濟日報》，
臺北，1969 年 11 月 26 日，第 2 版。

53 〈一般資料—各界上蔣經國文電資料（二十一）〉，《蔣中正總統文物》，國史館藏，數
位典藏號：002-080200-00668-009。

54 〈外交—駐外單位之外交部收電（八）〉，《蔣經國總統文物》，國史館藏，數位典藏號：
005-010205-00153-007。

民國59年（1970） 57歲

1月1日 致電外交部轉中央銀行總裁俞國華，匯報參與亞銀董事會事。[1]

1月2日 致電蔣經國，泰國最高統帥部參謀長他威擬率副參謀長坤瑟、作戰次長賴克及隨員等前來臺北，商談段希文、李文煥部隊問題。[2]

2月4日 致電蔣經國，為段希文由陳家任陪同來見，對安排其返臺與家人團聚表示謝意，至其與泰國最高統帥部參謀長他威晤談情形隻字未提。[3]

2月5日 致電總統暨夫人慶賀春節。[4]
電覆蔣經國致謝並祝闔府康樂。[5]

2月20日 致電外交部，匯報泰方要求延航權及中泰航權事。[6]

3月6日 致電外交部，為訪晤東南亞公約組織秘書長華加斯，告稱寮國局勢發展極為可慮，美方雖以強力轟炸，但僅延緩敵人攻勢。[7]

---

1 〈泰國雜卷（八）〉，《外交部》，國史館藏，數位典藏號：020-010499-0021。

2 〈沈昌煥蔣經國往來函電〉，《蔣經國總統文物》，國史館藏，數位典藏號：005-010205-00032-003。

3 〈沈昌煥蔣經國往來函電〉，《蔣經國總統文物》，國史館藏，數位典藏號：005-010205-00032-004；〈沈昌煥蔣經國往來函電〉，《蔣經國總統文物》，國史館藏，數位典藏號：005-010205-00032-005。

4 〈外交—駐外單位之外交部收電（九）〉，《蔣經國總統文物》，國史館藏，數位典藏號：005-010205-00154-005。

5 〈蔣經國函札暨題詞稿（十三）〉，《蔣經國總統文物》，國史館藏，數位典藏號：005-010502-00069-003；〈沈昌煥蔣經國往來函電〉，《蔣經國總統文物》，國史館藏，數位典藏號：005-010205-00032-005。

6 〈泰國雜卷（八）〉，《外交部》，國史館藏，數位典藏號：020-010499-0021。

7 〈外交—駐外單位之外交部收電（九）〉，《蔣經國總統文物》，國史館藏，數位典藏號：005-010205-00154-005。

3月24日　連發三電，陳報寮國情勢。[8]

3月26日　自曼谷返回臺北，出席中國國民黨第十屆二中全會。[9]

3月27日　接受記者訪問談東南亞局勢，泰國在中南半島已成為
反共堡壘。[10]

4月3日　出席亞太及中東地區使節會議。[11]

4月8日　在監察院外交委員會秘密會議報告泰國政情。[12]
出席總統款待駐外使節茶會。[13]

4月13日　在中國國民黨中央委員會總理紀念週報告中泰關係，
雙方亟應加強合作。[14]

4月15日　應邀在立法院外交委員會報告中泰外交關係及從泰國
看中南半島現勢。[15]

5月14日　致電外交部，報告與高棉派來談判恢復泰棉交通代表
團團長卜勒克卡德取得聯繫，由其安排與高棉副總理
兼外交部長森堡於本日晨晤面談話要點。[16]

8　〈外交—駐外單位之外交部收電（九）〉，《蔣經國總統文物》，國史館藏，數位典藏號：
005-010205-00154-005。

9　〈臺灣新生報底片民國五十九年（四）〉，《台灣新生報》，國史館藏，數位典藏號：
150-030900-0004-020；〈沈昌煥和胡建　分自任所返國〉，《聯合報》，臺北，1970年3
月27日，第2版。

10　〈沈昌煥談東南亞局勢　泰國在中南半島　已成為反共堡壘〉，《中央日報》，臺北，
1970年3月28日，第2版。

11　〈駐亞太及中東地區使節　今日舉行會議　討論美國政策影響與各地情勢　研訂因應策略
及今後工作方針〉，《聯合報》，臺北，1970年4月3日，第1版。

12　〈沈昌煥孫碧奇　昨日報告泰菲政情〉，《聯合報》，臺北，1970年4月9日，第1版；
〈周書楷沈昌煥孫碧奇　昨分在立監院提報告〉，《中央日報》，臺北，1970年4月9日，
第2版。

13　〈總統事略日記59.04〉，《蔣中正總統文物》，國史館藏，數位典藏號：002-110101-
00074-008；〈總統昨日款待　十四駐外使節〉，《聯合報》，臺北，1970年4月9日，
第1版。

14　〈沈昌煥大使昨報告指出　中泰亟應加強合作　確保亞太區域安全〉，《聯合報》，臺北，
1970年4月14日，第2版。

15　〈沈昌煥李琴　在立院報告〉，《中央日報》，臺北，1970年4月16日，第2版。

16　〈外交—駐外單位之外交部收電（十）〉，《蔣經國總統文物》，國史館藏，數位典藏號：
005-010205-00155-008。

致電蔣中正總統，報告與高棉副總理兼外交部長森堡秘密晤談，並以高棉處境艱危，建議政府應核撥經費支援，藉以奠中棉關係之基礎。[17]

6月16日 電外交部，匯報有關與泰國他儂院長就我將及時支持柬埔寨等談話要點。[18]

7月 1 日 電外交部，關於董宗山訪晤泰國國家安全指揮部副參謀長堅塞檢討柬埔寨當前情勢要點。[19]

7月 6 日 電外交部，關於董宗山與訪問團赴柬埔寨及金邊防務鞏固無危險。[20]

8月 3 日 與泰國國家發展部長乃樸代表兩國政府簽訂中泰農業技術合作新協定，中華民國將派農業技術團前往泰國。[21] 9月3日行政院院會核定中泰農業技術合作協議書。[22]

8月 5 日 電蔣經國，據段希文稱最近泰國安全指揮部坤瑟中將赴段、李兩部營區視察，及泰方為應付內外觀感，原則上將以難民問題處理該案，由泰方撥地屯墾。[23]

8月14日 電外交部，關於泰國政局及柬埔寨戰事發生後，泰高級首長紛主派兵入柬，但因軍費問題致泰國與美國間

17 〈外交—駐外單位之外交部收電（十）〉，《蔣經國總統文物》，國史館藏，數位典藏號：005-010205-00155-010。
18 〈外交—駐外單位之外交部收電（十）〉，《蔣經國總統文物》，國史館藏，數位典藏號：005-010205-00155-024。
19 〈外交—駐外單位之外交部收電（十）〉，《蔣經國總統文物》，國史館藏，數位典藏號：005-010205-00155-034。
20 〈外交—駐外單位之外交部收電（十）〉，《蔣經國總統文物》，國史館藏，數位典藏號：005-010205-00155-037。
21 〈中泰昨簽訂農技新協定〉，《聯合報》，臺北，1970 年 8 月 4 日，第 2 版。
22 〈我駐泰農技團延長服務一年〉，《經濟日報》，臺北，1970 年 9 月 4 日，第 1 版。
23 〈沈昌煥蔣經國往來函電〉，《蔣經國總統文物》，國史館藏，數位典藏號：005-010205-00032-006。

磋商未達成協議。[24]

10月16日 接蔣經國來電，對他儂、他威等泰方官員之友好態度表示誠摯謝意，我方決尊重泰國主權，並盼泰方續予以協助，因我在泰北地區之活動均以反共為目標。[25]

10月24日 致電蔣經國，感謝來電祝賀生日。[26]

11月 6 日 電告蔣經國與泰方交涉入泰軍隊安置情況。[27]

11月 7 日 蔣經國電謝致菓，並告已收得電報。[28]

葉翔之呈蔣經國，報告對於先生提出我有關單位在泰境活動問題建議之研議意見。[29]

11月 9 日 蔣經國來電，擬請答覆泰方我在清邁清萊城內之單位與人員均可撤離，為建立進一步之正常合作關係，如泰方須作細節商談時，我政府願正式邀請堅塞中將訪臺面商。[30]

11月14日 電外交部，匯報泰國外交部長秘書奉命轉告，據馬來西亞表示聯合國大會馬國對重要問題案早擬投反對票，對排我納共案擬棄權等，16日復電後續。[31]

---

24 〈外交—駐外單位之外交部收電（十）〉，《蔣經國總統文物》，國史館藏，數位典藏號：005-010205-00155-044。

25 〈沈昌煥蔣經國往來函電〉，《蔣經國總統文物》，國史館藏，數位典藏號：005-010205-00032-007。

26 〈沈昌煥蔣經國往來函電〉，《蔣經國總統文物》，國史館藏，數位典藏號：005-010205-00032-013；〈沈昌煥蔣經國往來函電〉，《蔣經國總統文物》，國史館藏，數位典藏號：005-010205-00032-008。

27 〈沈昌煥蔣經國往來函電〉，《蔣經國總統文物》，國史館藏，數位典藏號：005-010205-00032-007。

28 〈沈昌煥蔣經國往來函電〉，《蔣經國總統文物》，國史館藏，數位典藏號：005-010205-00032-007。

29 〈沈昌煥蔣經國往來函電〉，《蔣經國總統文物》，國史館藏，數位典藏號：005-010205-00032-007。

30 〈沈昌煥蔣經國往來函電〉，《蔣經國總統文物》，國史館藏，數位典藏號：005-010205-00032-007。

31 〈外交—駐外單位之外交部收電（十一）〉，《蔣經國總統文物》，國史館藏，數位典藏

11月16日	電外交部並請轉呈經濟部長孫運璿，報告泰國外交部長他納於13日發表談話，重申對我支持之立場，泰國經濟部長亦於同日發表談話稱，泰國拒不承認中共。[32]
11月22日	電告蔣經國與泰方約見情況。[33]
12月 3 日	致電蔣經國，報告與他儂、他威會見情形，並談及部隊安置問題。次日，蔣經國電覆指示兩點。15日，電覆告已轉知泰方堅塞。[34]
12月15日	代表中華民國政府簽署亞洲郵政訓練學校實施方案。[35]
12月29日	電告蔣經國，泰方同意我方派葉翔之赴泰談判，會談時間定於明年1月15日上午。嗣因是日國內適有重要會議，葉翔之無法離國，經遵蔣經國指示，與泰方洽商，會談日前改於明年2月初。[36]
12月31日	接蔣經國來電祝賀新年。[37]

號：005-010205-00156-030。

32　〈外交—駐外單位之外交部收電（十一）〉，《蔣經國總統文物》，國史館藏，數位典藏號：005-010205-00156-030。

33　〈沈昌煥蔣經國往來函電〉，《蔣經國總統文物》，國史館藏，數位典藏號：005-010205-00032-007。

34　〈沈昌煥蔣經國往來函電〉，《蔣經國總統文物》，國史館藏，數位典藏號：005-010205-00032-007。

35　〈亞郵方案我已簽字〉，《聯合報》，臺北，1970 年 12 月 18 日，第 2 版。

36　〈沈昌煥蔣經國往來函電〉，《蔣經國總統文物》，國史館藏，數位典藏號：005-010205-00032-007。

37　〈蔣經國與各界往來函札（二十八）〉，《蔣經國總統文物》，國史館藏，數位典藏號：005-010502-00041-022。

民國60年（1971）　58歲

1月2日　率駐泰使館同仁及中央駐泰各單位同仁致電總統暨夫人賀新歲。[1]

1月8日　電蔣經國，現泰方同意會談時間定於2月3日星期三上午10時舉行，由他威上將親自主持。[2]

3月15日　蔣經國來電，祝賀結婚紀念日。[3]

3月22日　電蔣經國，傳說蘇聯政府因鑒於中國問題難以解決，可能考慮承認中華民國政府。[4]

4月25日　電蔣經國，值此國際姑息氣氛囂張、若干友邦態度轉變之時，我方似須多方設法加強中泰合作，始可堅定其對我支持之立場。[5]次日，蔣經國來電，將接見堅塞中將並照先生意，作暗示性之表示。[6]

5月14日　電外交部，並請轉教育部長羅雲平。泰國教育部長正式訪華，擬呈請晉謁蔣中正總統致敬，嚴家淦或蔣經國賜宴，以示優遇。[7]

1　〈外交—駐外單位之外交部收電（十二）〉，《蔣經國總統文物》，國史館藏，數位典藏號：005-010205-00157-001。

2　〈外交—駐外單位之外交部收電（十二）〉，《蔣經國總統文物》，國史館藏，數位典藏號：005-010205-00157-001。

3　〈沈昌煥蔣經國往來函電〉，《蔣經國總統文物》，國史館藏，數位典藏號：005-010205-00032-014。

4　〈沈昌煥蔣經國往來函電〉，《蔣經國總統文物》，國史館藏，數位典藏號：005-010205-00032-009。

5　〈一般資料—各界上蔣經國文電資料（二十一）〉，《蔣中正總統文物》，國史館藏，數位典藏號：002-080200-00668-030。

6　〈一般資料—蔣經國致各界文電資料（十九）〉，《蔣中正總統文物》，國史館藏，數位典藏號：002-080200-00647-014。

7　〈外交—駐外單位之外交部收電（十四）〉，《蔣中正總統文物》，國史館藏，數位典藏號：005-010205-00159-008。

5月21日　覆電蔣經國，為泰國國務院副院長巴博之女Jirapa
　　　　　Charusathira與新婚夫婿第一軍軍長堅皆之子Sompob
　　　　　Attananeana中尉將來臺蜜月旅行，已另通知陸軍總司
　　　　　令于豪章等妥為照應。[8]

5月22日　電外交部並請轉府院報告，泰國他儂院長發表談話，
　　　　　強調泰國目前對中共政策並未改變。[9] 24日，續報後
　　　　　續。[10]

6月12日　電告外交部長周書楷與泰國國務院長他儂談話，有關
　　　　　聯合國之排我納共案，盼泰國運用泰馬關係，影響馬
　　　　　來西亞首長對我處境予以支持。[11]

6月22日　電外交部，報告訪泰國副國務院長兼國家建設部長乃
　　　　　樸詢問泰國與中共接觸及通商事。[12]

7月22日　電蔣經國，紐約大學董霖教授將於7月25日隨美國旅
　　　　　行團抵臺北，住統一飯店，在臺期間甚望晉謁致敬。[13]

7月31日　電外交部，有關中、日、韓、菲、馬等國舉行非正式
　　　　　會談，討論美國總統尼克森宣布訪問中共雙方動機為
　　　　　何。[14]

8　〈一般資料—各界上蔣經國文電資料（二十一）〉，《蔣中正總統文物》，國史館藏，數
　　位典藏號：002-080200-00668-031。
9　〈外交—駐外單位之外交部收電（十四）〉，《蔣經國總統文物》，國史館藏，數位典藏
　　號：005-010205-00159-044。
10　〈外交—駐外單位之外交部收電（十四）〉，《蔣經國總統文物》，國史館藏，數位典藏
　　號：005-010205-00159-056。
11　〈外交—駐外單位之外交部收電（十五）〉，《蔣經國總統文物》，國史館藏，數位典藏
　　號：005-010205-00160-038。
12　〈外交—駐外單位之外交部收電（十五）〉，《蔣經國總統文物》，國史館藏，數位典藏
　　號：005-010205-00160-063。
13　〈一般資料—各界上蔣經國文電資料（二十一）〉，《蔣中正總統文物》，國史館藏，數
　　位典藏號：002-080200-00668-034。
14　〈外交—駐外單位之外交部收電（十六）〉，《蔣經國總統文物》，國史館藏，數位典藏
　　號：005-010205-00161-051。

8月4日　電蔣經國，堅塞中將返泰後曾向他儂院長報告，除有
　　　　　　關情報合作方面已由堅塞洽杜新逐步實施外，關於小
　　　　　　型機器之製造與後勤修護雙方互助事，他儂院長甚為
　　　　　　感激。[15]

8月5日　返國參加外交部舉辦的駐外使節會議。[16]

8月6日　上午出席駐亞太地區使節會議；下午參加蔣中正總統
　　　　　　暨夫人約見外交使節集會。[17]
　　　　　　蔣經國來訪。[18]

8月10日　駐泰國大使館公使凌楚珣電外交部與先生，據探悉關
　　　　　　於中國代表權案接納中共部分，泰國擬棄權，而排除
　　　　　　中華民國部分則反對，並支持繼續保持安全理事會席
　　　　　　位。[19]

8月11日　應邀在立法院外交委員會報告中泰關係。[20]

8月17日　陪同泰國國務院委員兼外交部副部長沙雅，拜會副總
　　　　　　統兼行政院院長嚴家淦。[21]

8月22日　返回泰國曼谷任所。[22]

15　〈一般資料—各界上蔣經國文電資料（二十一）〉，《蔣中正總統文物》，國史館藏，數
　　位典藏號：002-080200-00668-037。
16　〈要聞集粹〉，《經濟日報》，臺北，1971年8月5日，第1版。
17　〈總統事略日記60.08〉，《蔣中正總統文物》，國史館藏，數位典藏號：002-110101-
　　00090-004；〈總統勉外交使節激揚獨立不撓精神　愈當艱難時刻愈要堅苦奮鬥〉，《經
　　濟日報》，臺北，1971年8月7日，第1版；〈駐亞太地區使節昨集會　聽取政府因應
　　國際情勢決策簡報〉，《聯合報》，臺北，1971年8月7日，第1版。
18　《蔣經國日記》，1971年8月6日，史丹福大學胡佛研究所藏。
19　〈外交—關於聯合國代表權等外交部收電（十一）〉，《蔣經國總統文物》，國史館藏，
　　數位典藏號：005-010205-00181-020。
20　〈立院外交委員會昨邀沈昌煥報告〉，《聯合報》，臺北，1971年8月12日，第2版。
21　〈臺灣新生報底片民國六十年（十五）〉，《台灣新生報》，國史館藏，數位典藏號：
　　150-031000-0015-038；〈沙雅曾在香港　研究中共動態〉，《聯合報》，臺北，1971年8
　　月23日，第1版。
22　〈沙雅曾在香港　研究中共動態〉，《聯合報》，臺北，1971年8月23日，第1版。

8月24日　電外交部轉呈總統府、行政院，為泰國外交部副部長保證仍支持我在聯合國席次。[23]

8月27日　電外交部，為美國將要求泰國連署美方兩草案。[24]

8月30日　電外交部，並請轉陳總統府、行政院，謂偕安全局駐永珍代表高潔拜晤寮國總理富瑪，渠稱尚不知此次聯合國大會各提案內容，但絕不採取對我國不友好之行動。[25]次日，復電報稱，訪晤泰國外長，其表示關於程序問題今年情況非常艱苦，美方兩草案必須設法優先討論，否則即將先討論阿爾巴尼亞案。[26]

　　　　　寮國水災，代表政府捐助泰幣500,000元，且提供疫苗。[27]

9月 3日　電外交部，報告泰國外交部次長沙牙於記者招待會略稱，泰國可能追隨多數會員國贊成中共入聯合國，惟將繼續支持中華民國席位。[28]

9月 8日　電外交部，據泰國國務院長他儂告記者稱，泰國內閣定10日決定其對中共進入聯合國案立場，惟在聯大投票前將守秘密。[29]

9月10日　電外交部次長，據悉泰國國家安全委員會改定10日討

23　〈外交—關於聯合國代表權等外交部收電（四）〉，《蔣經國總統文物》，國史館藏，數位典藏號：005-010205-00174-022。

24　〈外交—關於聯合國代表權等外交部收電（四）〉，《蔣經國總統文物》，國史館藏，數位典藏號：005-010205-00174-059。

25　〈外交—關於聯合國代表權等外交部收電（四）〉，《蔣經國總統文物》，國史館藏，數位典藏號：005-010205-00174-069。

26　〈外交—關於聯合國代表權等外交部收電（五）〉，《蔣經國總統文物》，國史館藏，數位典藏號：005-010205-00175-005。

27　〈救濟寮國水災（二）〉，《外交部》，國史館藏，數位典藏號：020-011208-0002。

28　〈外交—關於聯合國代表權等外交部收電（五）〉，《蔣經國總統文物》，國史館藏，數位典藏號：005-010205-00175-057。

29　〈外交—關於聯合國代表權等外交部收電（五）〉，《蔣經國總統文物》，國史館藏，數位典藏號：005-010205-00175-095。

論我代表權案，14日提出內閣會議作最後決定，交泰
國外交部長遵辦。[30]次日，電外交部，美國政府認為
雙重代表權案確有修正之必要，及擬將安理會席位給
予中共。[31]

9月11日 電外交部，泰國政府近數月來積極剿共，惟共黨活動
仍告猖獗，及調動我前九十三師留泰部隊配合剿共。[32]
15日，復電告後續。[33]

9月15日 陪同經濟部國貿局長汪彝定拜會泰國經濟部長乃汶差
納，並與貿易協會人員討論玉米貿易。[34]

9月17日 電外交部，懇洽泰國連署變相重要問題案及泰方表示
同意；並電令泰國代表團照辦。[35] 21日，復報後續。[36]

9月18日 拜會泰國總理他儂，商議兩國貿易問題。[37]

10月1日 電外交部，泰國政府已決定連署美方二案，請周書楷
逕洽泰國外交部長或由我代表逕洽泰國代表團阿南大
使。[38]

---

30 〈外交—關於聯合國代表權等外交部收電（五）〉，《蔣經國總統文物》，國史館藏，數
位典藏號：005-010205-00175-099。

31 〈外交—關於聯合國代表權等外交部收電（六）〉，《蔣經國總統文物》，國史館藏，數
位典藏號：005-010205-00176-016；〈外交—關於聯合國代表權等外交部收電（六）〉，《蔣
經國總統文物》，國史館藏，數位典藏號：005-010205-00176-010。

32 〈外交—關於聯合國代表權等外交部收電（六）〉，《蔣經國總統文物》，國史館藏，數
位典藏號：005-010205-00176-005。

33 〈外交—關於聯合國代表權等外交部收電（六）〉，《蔣經國總統文物》，國史館藏，數
位典藏號：005-010205-00176-034。

34 〈汪彝定抵曼谷商討玉米貿易〉，《經濟日報》，臺北，1971年9月16日，第4版。

35 〈外交—關於聯合國代表權等外交部收電（六）〉，《蔣經國總統文物》，國史館藏，數
位典藏號：005-010205-00176-048；〈外交—關於聯合國代表權等外交部收電（六）〉，《蔣
經國總統文物》，國史館藏，數位典藏號：005-010205-00176-047。

36 〈外交—關於聯合國代表權等外交部收電（七）〉，《蔣經國總統文物》，國史館藏，數
位典藏號：005-010205-00177-011。

37 〈沈大使拜會泰總理商兩國間問題〉，《聯合報》，臺北，1971年9月19日，第1版。

38 〈外交—關於聯合國代表權等外交部收電（八）〉，《蔣經國總統文物》，國史館藏，數
位典藏號：005-010205-00178-022。

10月 8 日　電外交部稱，泰國前副黨魁巴硯主張派代表團訪問中
　　　　　共，泰國國務院總理他儂發表談話堅決表示，不准許
　　　　　任何代表團前往中國大陸。[39]

10月25日　聯合國第二十六屆大會，我國宣布退出聯合國。

10月27日　泰國重申友好立場，保持雙邊關係。[40]

10月28日　連發三電報部，為泰國國務院院長他儂於聯合國大會
　　　　　投票前稱，如中共入聯合國，則泰國與中華民國關係
　　　　　不受影響，並提示如果泰國承認中共，而中共對僑社
　　　　　必積極分化，學校及華文報為中共滲透主要對象，如
　　　　　何安定僑社值得注意。[41]

10月30日　率員出席蔣總統八秩晉五華誕慶祝活動。[42]
　　　　　電外交部，據泰國國務院巴博副院長稱，中共進入聯
　　　　　合國後應遵守憲章，始有助和平，至於是否對泰有
　　　　　利，應視其今後態度而定。[43]

11月 2 日　電外交部，查國際商會亞洲及遠東地區委員會在曼谷
　　　　　召開執行委員會議，由辜振甫擔任主席，各國代表對
　　　　　我方極為支持，並一致證實下屆全體會議仍在臺北舉
　　　　　行。[44]

39　〈外交—關於聯合國代表權等外交部收電（八）〉，《蔣經國總統文物》，國史館藏，數
　　位典藏號：005-010205-00178-100。
40　〈友好國家重申立場　保持與我關係〉，《聯合報》，臺北，1971年10月28日，第1版。
41　〈外交—關於聯合國代表權等外交部收電（十）〉，《蔣經國總統文物》，國史館藏，數
　　位典藏號：005-010205-00180-062；〈外交—關於聯合國代表權等外交部收電（十）〉，
　　《蔣經國總統文物》，國史館藏，數位典藏號：005-010205-00180-063；〈外交—關於聯
　　合國代表權等外交部收電（十）〉，《蔣經國總統文物》，國史館藏，數位典藏號：005-
　　010205-00180-064。
42　〈嚴副總統昨在西貢參加暖壽晚會　全球各地僑胞熱烈祝嘏〉，《聯合報》，臺北，1971
　　年10月31日，第2版。
43　〈外交—關於聯合國代表權等外交部收電（十）〉，《蔣經國總統文物》，國史館藏，數
　　位典藏號：005-010205-00180-090。
44　〈外交—駐外單位之外交部收電（十七）〉，《蔣經國總統文物》，國史館藏，數位典藏

11月 3 日　電蔣經國，為董宗山過境商談中棉關係，其在聯合國
　　　　　予我國全力支持，建議有關部會積極支援高棉及禮遇
　　　　　高棉經濟訪問團。[45]

11月10日　電外交部，《曼谷郵報》刊載趙聚鈺此次來泰，將訪
　　　　　問我前九十三師殘部，查該部已與中華民國斷絕關係
　　　　　20年，目前由泰方以難民身分處理。[46]

　　　　　電外交部，泰國外交部長稱第三國係由法國從中牽
　　　　　線，為時已久，今後可能在聯合國及亞太經合會上直
　　　　　接交涉。[47]

11月13日　電外交部，泰國陸軍副總司令乃吉在泰有舉足輕重之
　　　　　地位，對華極為友好，如加強爭取，當可牽制泰國政
　　　　　客親共傾向，藉以穩定中泰關係。[48]

　　　　　另電蔣經國，泰國國防部副部長兼陸軍副總司令乃吉
　　　　　應邀訪華，擬請賜予接見，並請國防部就如何加強中
　　　　　泰軍事合作提出具體計畫與其懇談，並示我方誠意。[49]

　　　　　18日，蔣經國電覆，卓見當予照辦。[50]

11月14日　電外交部，據報泰國政府已授權泰國外交部長逐步與

────────

　　　號：005-010205-00162-003。

45　〈沈昌煥蔣經國往來函電〉，《蔣經國總統文物》，國史館藏，數位典藏號：005-010205-
　　　00032-018；〈一般資料─蔣經國致各界文電資料（十九）〉，《蔣中正總統文物》，國
　　　史館藏，數位典藏號：002-080200-00647-033。

46　〈外交─駐外單位之外交部收電（十七）〉，《蔣經國總統文物》，國史館藏，數位典藏
　　　號：005-010205-00162-014。

47　〈外交─駐外單位之外交部收電（十七）〉，《蔣經國總統文物》，國史館藏，數位典藏
　　　號：005-010205-00162-016。

48　〈外交─駐外單位之外交部收電（十七）〉，《蔣經國總統文物》，國史館藏，數位典藏
　　　號：005-010205-00162-034。

49　〈一般資料─各界上蔣經國文電資料（二十一）〉，《蔣中正總統文物》，國史館藏，數
　　　位典藏號：002-080200-00668-043。

50　〈一般資料─蔣經國致各界文電資料（十九）〉，《蔣中正總統文物》，國史館藏，數位
　　　典藏號：002-080200-00647-035。

中共接觸，第一步為訓令泰國駐外使節與中共外交人員在社交場合非正式聯繫。[51]

11月18日 電外交部，報告泰國於17日發生政變，他儂為首領之革命團接管全國政權，解散國會、內閣等相關情況。[52]
復電外交部，自中共進入聯合國後，泰國朝野極為震動，泰國朝野及輿論界議論紛紛，多主張取消反共條例與中共通商改善關係。[53]

11月20日 電蔣經國，19日泰方書面通知乃吉訪華事，由於泰國政局已有變化，在目前情況下決定延期再行訪華，又原邀賴名湯訪泰事請暫緩實施，當盡速另行安排。[54]

11月22日 電蔣經國感謝生日電賀，另嚴孝章來泰承贈紀念金幣及田單復國名畫，至感至謝。[55]
電外交部，泰國政變後革命團發布第7號布告聲稱，將繼續尊重聯合國憲章與聯合國合作，及與各國所簽訂之條約、協議仍繼續有效。[56]
電外交部，報告於酒會中會晤他儂元帥，向其分析自中共進入聯合國後僑界人心浮動，潛伏左傾份子活躍，華文報渲染報導為中共張目，政變後僑界反應良

51 〈外交—駐外單位之外交部收電（十七）〉，《蔣經國總統文物》，國史館藏，數位典藏號：005-010205-00162-035。

52 〈外交—駐外單位之外交部收電（十七）〉，《蔣經國總統文物》，國史館藏，數位典藏號：005-010205-00162-055。

53 〈外交—駐外單位之外交部收電（十七）〉，《蔣經國總統文物》，國史館藏，數位典藏號：005-010205-00162-060。

54 〈一般資料—各界上蔣經國文電資料（二十一）〉，《蔣中正總統文物》，國史館藏，數位典藏號：002-080200-00668-045。

55 〈沈昌煥蔣經國往來函電〉，《蔣經國總統文物》，國史館藏，數位典藏號：005-010205-00032-020。

56 〈外交—駐外單位之外交部收電（十七）〉，《蔣經國總統文物》，國史館藏，數位典藏號：005-010205-00162-074。

好，對革命團之斷然措施表示擁護，左傾份子歛跡，
華文報已不敢囂張，他儂元帥聞後至為欣慰。[57]

11月26日 電外交部，為泰國革命團擬任命前外交部次長沙牙為
革命團代表，並赴紐約出席聯合國大會。[58]

11月28日 電外交部，泰國革命團發表由他儂等5首領分掌各
部，而此為過渡性質，預計4個月將公布臨時憲法，
組成新內閣。[59]

12月 1 日 電外交部，據泰國前外交部長他納參加東南亞國家協
會會議後稱，東協各國在中立計畫未獲保證以前，仍
尊重現有防衛協定。[60]

12月 9 日 電外交部，因有若干重要問題急需回國當面報告及請
示，擬請准予回國述職。[61]

12月13日 電外交部，報告其返國述職行程，並請派員接機照
料。[62]

12月15日 返國述職，說明泰國與東南亞政情。[63]

12月27日 凌楚珣電外交部轉告先生，為《曼谷郵報》刊載國家
執政會議透露該會議決定暫行擱置與中共建交或貿易

57 〈外交—駐外單位之外交部收電（十七）〉，《蔣經國總統文物》，國史館藏，數位典藏
　　號：005-010205-00162-076。
58 〈外交—駐外單位之外交部收電（十七）〉，《蔣經國總統文物》，國史館藏，數位典藏
　　號：005-010205-00162-090。
59 〈外交—駐外單位之外交部收電（十八）〉，《蔣經國總統文物》，國史館藏，數位典藏
　　號：005-010205-00163-003。
60 〈外交—駐外單位之外交部收電（十八）〉，《蔣經國總統文物》，國史館藏，數位典藏
　　號：005-010205-00163-002。
61 〈外交—駐外單位之外交部收電（十八）〉，《蔣經國總統文物》，國史館藏，數位典藏
　　號：005-010205-00163-030。
62 〈外交—駐外單位之外交部收電（十八）〉，《蔣經國總統文物》，國史館藏，數位典藏
　　號：005-010205-00163-043。
63 〈沈昌煥大使昨返國述職〉，《中央日報》，臺北，1971 年 12 月 16 日，第 3 版。

之議。[64]

12月30日　電外交部，為巴博上將向報界宣稱中共已在緬甸築路
通往泰國西部，另在寮國築路，中共修築二公路對泰
國安全有極大威脅。[65]

蔣經國電賀新歲。次日，電覆申謝。[66]

64　〈外交—駐外單位之外交部收電（十八）〉，《蔣經國總統文物》，國史館藏，數位典藏
　　號：005-010205-00163-071。

65　〈外交—駐外單位之外交部收電（十八）〉，《蔣經國總統文物》，國史館藏，數位典藏
　　號：005-010205-00163-074。

66　〈蔣經國函札暨題詞稿（一）〉，《蔣經國總統文物》，國史館藏，數位典藏號：005-
　　010502-00057-029。

民國61年（1972） 59歲

1月5日 受邀出席猜納府汕披耶合作社計劃土地重劃區頒發農
民土地所有權典禮，該土地重劃區是中華民國駐泰農
技團與當地政府合作開發的成果之一。[1]

1月16日 機場迎接受邀訪泰國的外交部長周書楷，次日設宴接
風。[2]

1月21日 電外交部，據告美國已承諾絕不放棄東南亞，尤將不
使寮國高棉局勢影響泰國安全等。[3]

1月23日 電外交部，英文《曼谷郵報》社論讚揚他儂元帥不受
暗殺威脅，建議加強保護，並指出泰共日益猖獗，係
由於獲得中共及蘇聯新式武器接濟等。[4]

1月25日 迎接中泰經濟合作會議我方首席代表經濟部長孫運璿
抵泰。

1月26日 電外交部，泰國前外交部長他納以七十年代新趨向發
表演說，要點為未來十年國際主義行將沒落，為國家
主義取代，中共將與美國、蘇聯、日本及歐洲共同市

---

1 〈中泰農技合作 完成土地重劃 他儂上將將與沈大使主持分發農民地契〉，《世界日
報》，曼谷，1972 年 1 月 5 日；〈中泰農技合作計畫高度成就 汕披耶土地重劃區 昨
舉行頒發地權狀 由他儂上將親自主持儀式 沈大使頒發農耕績優獎品〉，《星暹日報》，
曼谷，1972 年 1 月 5 日。

2 〈總統事略日記 61.01~61.02〉，《蔣中正總統文物》，國史館藏，數位典藏號：002-
110101-00095-014。

3 〈外交—駐外單位之外交部收電（十九）〉，《蔣經國總統文物》，國史館藏，數位典藏
號：005-010205-00164-054。

4 〈外交—駐外單位之外交部收電（十九）〉，《蔣經國總統文物》，國史館藏，數位典藏
號：005-010205-00164-053。

場共為五強等。[5]

1月31日　應邀出席第四屆中泰經濟合作會議。[6]

2月3日　電外交部，為曼谷《世界晚報》刊載他儂元帥已批准前外交部長他納解除其在外交部大使職務等。[7]

電外交部，為孫運璿抵曼谷後依照行程參加亞洲理工學院董事會，同時開始中泰經合會議之職官級會議，進行極為順利等。[8]

2月10日　電外交部，為巴博上將接見曼谷市長暨議員時稱，目前共黨分子在泰國攻勢越趨激烈，各地征剿軍警已有多人為國捐軀，而政府有能力控制共黨活動等。[9]

2月11日　電外交部，為東南亞公約組織秘書長華加斯視察泰北四府歸來後稱，泰北共黨係受策進司令及中共顧問指揮，其總部設在寮國沙雅武里等。[10]

2月21日　美國總統尼克森往訪北京，於28日離華前發表《上海公報》。

2月28日　電外交部，美共聯合公報發表後有關泰國之反應，他威上將稱美國與中共獲致協議自屬良好象徵，惟中共在公報中明白表示仍將繼續支持越、寮、棉三國之革

5　〈外交—駐外單位之外交部收電（十九）〉，《蔣經國總統文物》，國史館藏，數位典藏號：005-010205-00164-051。

6　〈我盼與泰國相互投資開拓共同產品海外市場　中泰經合會議昨在曼谷揭幕　下屆會議年內在台舉行〉，《經濟日報》，臺北，1972年2月1日，第1版。

7　〈外交—駐外單位之外交部收電（二十）〉，《蔣經國總統文物》，國史館藏，數位典藏號：005-010205-00165-038。

8　〈外交—駐外單位之外交部收電（二十）〉，《蔣經國總統文物》，國史館藏，數位典藏號：005-010205-00165-012。

9　〈外交—駐外單位之外交部收電（二十）〉，《蔣經國總統文物》，國史館藏，數位典藏號：005-010205-00165-037。

10　〈外交—駐外單位之外交部收電（二十）〉，《蔣經國總統文物》，國史館藏，數位典藏號：005-010205-00165-036。

命政府等。

另電告，英文《曼谷郵報》以半幅版面刊載巴博上將檢閱擄自泰共各種武器之照片，而《民族報》則大幅刊載巴博上將展示泰國解放軍旗幟之照片等。[11]

3 月 6 日　中國國民黨第十屆三中全會舉行預備會議，通過提案審查委員會召集人，先生獲推為第二審查組召集人。[12]

3 月10日　電外交部並轉呈府院，據巴博上將稱泰國繼續承認中華民國為中國合法政府及亞洲理工學院我國學生遞送抗議書，抗議美國與中共之聯合公報。[13]

3 月30日　應邀在監察院報告中泰關係。[14]

4 月 2 日　與蔣經國早餐，談及外交部的官僚弊態。[15]

4 月12日　返回泰國曼谷任所。[16]

4 月19日　電外交部，據泰國他儂元帥稱無意拖延臨時憲法之頒布日期，惟在頒布前必須先完成準備工作，美國轟炸北越雖已稍緩，寮國、高棉局勢但仍可能更趨嚴重。[17]

4 月22日　電外交部，據泰國羽毛球總會稱，年前香港羽毛球協會謂中共歡迎泰隊前往該區比賽，就目前情形而觀，如中共正式邀請，泰方極可能派隊前往。[18]

11　〈外交—駐外單位之外交部收電（二十）〉，《蔣經國總統文物》，國史館藏，數位典藏號：005-010205-00165-113、005-010205-00165-114。

12　〈三中全會預備會通過　主席團及提案審委會召集人〉，《聯合報》，臺北，1972 年 3 月 7 日，第 1 版。

13　〈外交—駐外單位之外交部收電（二十一）〉，《蔣經國總統文物》，國史館藏，數位典藏號：005-010205-00166-051。

14　〈沈大使在監院報告中泰關係〉，《聯合報》，臺北，1972 年 3 月 31 日，第 2 版。

15　《蔣經國日記》，1972 年 4 月 2 日，史丹福大學胡佛研究所藏。

16　〈沈昌煥大使返曼谷任所〉，《聯合報》，臺北，1972 年 4 月 13 日，第 2 版。

17　〈外交—駐外單位之外交部收電（二十二）〉，《蔣經國總統文物》，國史館藏，數位典藏號：005-010205-00167-044。

18　〈外交—駐外單位之外交部收電（二十二）〉，《蔣經國總統文物》，國史館藏，數位典藏號：005-010205-00167-055。

4月24日 電外交部，據巴博上將稱國家執政會議將不准任何泰
國人前往參觀廣州商展，因泰國與中共並無外交關
係，而泰國之反共條例當繼續有效。[19]

5月4日 電外交部，為約見泰國國務院院長他儂報告我國近況
及中日關係現況，並談中泰合作交流與安定華僑情形
等。[20]

5月5日 收蔣經國電，謝生日致賀。[21]

5月12日 電外交部長周書楷，據泰國國家執政會議助理主席乃
樸告稱被派赴臺參加蔣中正就職典禮，並詢特使團是
否由政府招待，又建議擇期在臺舉行本年度中泰合作
會議。[22]

5月26日 電外交部，報告參謀總長賴名湯率團抵泰訪問及泰方
接待情形。[23]

5月29日 奉召搭機返國接任外交部長。[24]

總統明令發布行政院各部會首長，先生為外交部長。[25]

5月30日 行政院長蔣經國率副院長及各部會首長宣誓就職，[26]

19 〈外交─駐外單位之外交部收電（二十二）〉，《蔣經國總統文物》，國史館藏，數位典藏號：005-010205-00167-057。
20 〈外交─駐外單位之外交部收電（二十三）〉，《蔣經國總統文物》，國史館藏，數位典藏號：005-010205-00168-016。
21 〈蔣經國與各界往來函札（二十九）〉，《蔣經國總統文物》，國史館藏，數位典藏號：005-010502-00042-013。
22 〈外交─駐外單位之外交部收電（二十三）〉，《蔣經國總統文物》，國史館藏，數位典藏號：005-010205-00168-055。
23 〈外交─駐外單位之外交部收電（二十三）〉，《蔣經國總統文物》，國史館藏，數位典藏號：005-010205-00168-115。
24 〈沈昌煥返國〉，《經濟日報》，臺北，1972年5月30日，第2版；〈新任外交部長沈昌煥昨返國〉，《聯合報》，臺北，1972年5月30日，第1版。
25 〈總統令〉（1972年5月29日），《總統府公報》，第2422期，頁2。
26 〈蔣經國照片資料輯集─民國五十九年至六十一年〉，《蔣經國總統文物》，國史館藏，數位典藏號：005-030206-00001-033。

總統親臨監誓，勉勵新任政府首長爭生死、決存亡精神。[27]

6月1日 就任外交部長，並說明努力方向。[28]

6月2日 決定於月中赴韓出席亞洲暨太平洋理事會部長級會議。[29]

接徐柏園、王蓬、陳長桐等來電稱，世界銀行總裁麥納瑪拉建議召集一秘密會議，先行交換對中國代表權與新貸款等問題，對此建議似可同意。[30]

6月8日 出席行政院第1276次會議，報告外交事務。[31]

6月12日 赴韓出席第七屆亞太理事會部長級會議，行前與蔣經國、周書楷面商。[32]

6月13日 在駐韓大使館發表談話，強調光復大陸國策不變。[33]

6月14日 亞洲暨太平洋理事會第七屆部長級會議在漢城揭幕。[34]

6月15日 上午，於亞洲暨太平洋理事會第七屆部長級會議中發

---

27 〈總統訓勉新任政府首長 激揚爭生死決存亡精誠 團結奮鬥完成再北伐再統一誓願 新內閣明日接事並召開首次會議〉，《聯合報》，臺北，1972年5月31日，第1版。

28 〈各部會局新舊首長 昨天分別辦理交接 由行政院指派政務委員監交〉，《聯合報》，臺北，1972年6月2日，第2版；〈新任首長說明 今後工作目標〉，《聯合報》，臺北，1972年6月2日，第2版。

29 〈沈外長定月中赴韓 出席亞太理事會議〉，《聯合報》，臺北，1972年6月3日，第1版。

30 〈外交—駐外單位之外交部收電（二十四）〉，《蔣經國總統文物》，國史館藏，數位典藏號：005-010205-00169-005。

31 〈行政院會議議事錄 臺第三八四冊一二七五至一二七七〉，《行政院》，國史館藏，數位典藏號：014-000205-00411-002；〈蔣院長提十項革新指示 要求行政人員共體力行〉，《經濟日報》，臺北，1972年6月9日，第1版。

32 《蔣經國日記》，1972年6月12日，史丹福大學胡佛研究所藏；〈臺灣新生報底片民國六十一年（十六）〉，《台灣新生報》，國史館藏，數位典藏號：150-031100-0016-003；〈沈外長今赴韓 出席亞太理事會〉，《經濟日報》，臺北，1972年6月12日，第1版；〈重要新聞稿（二）〉，《外交部》，國史館藏，數位典藏號：020-090301-0119。

33 〈亞太六屆部長會議 今在漢城隆重揭幕 沈外長在駐韓使館發表談話 強調我國光復大陸政策不變〉，《聯合報》，臺北，1972年6月14日，第2版。

34 〈我密切注意亞太會中的暗流〉，《聯合報》，臺北，1972年6月15日，第2版。

表演說。[35]

6月16日 亞洲暨太平洋理事會第七屆部長級會議閉幕。[36]

6月18日 率團自韓返國，稱亞太各國均願加強合作，越南外長
陳文林同機來華。[37]

6月21日 與越南外交部長陳文林發表聯合公報。[38]

6月28日 應邀在立法院外交委員會報告外交方針。[39]

7月5日 在中國國民黨中常會報告南北韓同時發表公報事。[40]

7月6日 蔣經國召見，討論對美、日外交。[41]
應邀至監察院外交委員會報告最近國際情勢。[42]

7月12日 應邀在立法院外交委員會報告國際情勢，指出日本新
內閣外交政策尚無太大變化。[43]

7月16日 駐日大使館來電報稱，據自民黨顧問石井光次郎稱，
曾約晤內閣總理大臣田中角榮，就對中共問題加以進
言，表示務必慎重，勿輕易妥協。田中總理表示亦持

---

35 〈重要新聞稿（二）〉，《外交部》，國史館藏，數位典藏號：020-090301-0119；〈在亞
太理事會第七屆部長會議政策性演說〉（六十一年[六]月十四日在漢城），收於：外交
部新聞文化司編，《沈昌煥先生言論集》，頁189-197。

36 〈重要新聞稿（二）〉，《外交部》，國史館藏，數位典藏號：020-090301-0119；〈外
交—駐外單位之外交部收電（二十四）〉，《蔣經國總統文物》，國史館藏，數位典藏號：
005-010205-00169-034；〈多方折衝　堅守立場　我代表團在亞太會的奮鬥與收穫〉，《聯
合報》，臺北，1972年6月17日，第2版。

37 〈沈外長自韓返國稱　亞太組織各國　均願加強合作　越外長陳文林同機來華〉，《聯合
報》，臺北，1972年6月19日，第1版。

38 「中華民國外交部長、越南共和國外交部長聯合公報」（1972年6月21日），〈重要新
聞稿（二）〉，《外交部》，國史館藏，數位典藏號：020-090301-0119。

39 〈凡與我無邦交民主國家　我將續與保持聯繫　沈昌煥在立院外委會稱〉，《聯合報》，
臺北，1972年6月29日，第2版。

40 〈要聞集粹〉，《經濟日報》，臺北，1972年7月6日，第1版。

41 《蔣經國日記》，1972年7月6日，史丹福大學胡佛研究所藏。

42 〈監察院外交委員會邀請外交部長沈昌煥來監察院報告國際情勢〉（1972年9月12日），
《監察院公報》，第872期，頁10717。

43 〈沈昌煥外長昨天指出　日新閣外交政策　目前無太大轉變〉，《聯合報》，臺北，1972
年7月13日，第2版。

同樣見解，並願尊重。[44]

7月20日　發表聲明，提醒日本近來發表將與中共「國交正常化」言論，已違反歷年尊重國際信義及條約義務信誓。[45]

7月22日　與蔣經國談商對日、對韓與對菲之外交方針。24日復面商。[46]

7月26日　在中國國民黨中常會報告日本與中共談判問題。[47]

7月31日　接見日本駐華大使宇山厚，闡明我國基本立場。[48]

8月9日　在立法院外交委員會報告中日外交關係，警告日本公然與中共接觸，將破壞中日友誼。[49]

8月14日　接見日本參議員玉置和郎及楠正俊，就日本準備與中共建交問題交換意見。

在監察院外交委員會說明中日關係交涉情況。[50]

8月15日　第一屆海外學人國家建設研究會揭幕，先生報告外交，並強調反共國策不改變。[51]

44　〈外交─駐外單位之外交部收電（二十四）〉，《蔣經國總統文物》，國史館藏，數位典藏號：005-010205-00169-054。

45　〈行政院長蔣經國及外交部部長沈昌煥對日譴責聲明〉（1972年7月20日），《外交部檔案》，中央研究院近代史研究所檔案館藏，館藏號：11-01-02-04-02-194。

46　《蔣經國日記》，1972年7月22、24日，史丹佛大學胡佛研究所藏。

47　〈要聞集粹〉，《經濟日報》，臺北，1972年7月27日，第1版。

48　〈沈外長向日大使　闡明我基本立場〉，《經濟日報》，臺北，1972年8月1日，第1版。

49　〈日政府不顧道義　立法委表示憤慨　希望國人應積極團結　促請政府採審慎措施〉，《聯合報》，臺北，1972年8月9日，第2版；〈沈外長昨警告日本政府　公然與匪代表接觸　蓄意破壞中日友誼　立委促政府連絡世界反共人士　即制止日本危害亞洲和平行為〉，《聯合報》，臺北，1972年8月10日，第2版。

50　〈日本兩議員訪晤沈外長　小宮山英藏昨訪華〉，《聯合報》，臺北，1972年8月15日，第2版；〈要聞選粹〉，《經濟日報》，臺北，1972年8月15日，第1版；〈政府決盡一切努力阻止匪日勾結　沈外長昨在監察院報告〉，《聯合報》，臺北，1972年8月15日，第1版。

51　〈海外學人國家建設研究會今揭幕〉，《經濟日報》，臺北，1972年8月15日，第1版；〈海外學人昨天集會　共同研商國家建設　昨首先聽取政府首長工作報告　沈外長強調反共國策絕不改變〉，《聯合報》，臺北，1972年8月16日，第2版；〈國際情勢之分析

8月24日	邀請張羣及有關人員聽取國民大會代理秘書長陳建中訪日報告，研商對日斷交因應事宜。[52]
8月25日	蔣經國召見，面商對美、日外交問題。[53]
8月28日	接見日本駐華大使宇山厚，重申政府嚴正立場，堅決反對日本與中共政權建交。[54]
9月4日	應邀在立法院外交、僑政兩委員會聯席座談會報告，對於維護在日本僑胞權益，政府已擬妥對策。[55]
9月6日	在中國國民黨中常會就中日有關問題提出詳盡報告，與會常委一致支持政府處理中日外交問題的堅決行動。[56]
9月8日	接見日本駐華大使宇山厚。[57]
9月9日	蔣經國召見，討論對日外交問題。[58]
9月11日	再度接見日本駐華大使宇山厚。[59] 蔣經國約見，討論對日外交。[60]
9月13日	外交部同意日本指派自民黨副總裁椎名悅三郎為特使來華洽談。[61]

與說明—在第一屆海外學人國家建設研究會講詞〉（六十一年八月十五日），收於：外交部新聞文化司編，《沈昌煥先生言論集》，頁198-210。

52 〈任副總統時：中日外交關係〉，《嚴家淦總統文物》，國史館藏，數位典藏號：006-010704-00042-002。
53 《蔣經國日記》，1972年8月25日，史丹福大學胡佛研究所藏。
54 〈要聞集粹〉，《經濟日報》，臺北，1972年8月29日，第1版。
55 〈立委主採強硬立場　警告日勿擅毀和約　外交僑政兩委會昨聯席會議　並聽取中日外交及僑情報告〉，《聯合報》，臺北，1972年9月5日，第1版。
56 〈國民黨中常會明確決議　對於中日外交問題　支持政府堅決行動〉，《聯合報》，臺北，1972年9月7日，第1版。
57 〈宇山厚返台北　昨拜會沈外長〉，《聯合報》，臺北，1972年9月9日，第2版。
58 《蔣經國日記》，1972年9月9日，史丹福大學胡佛研究所藏。
59 〈宇山厚大使昨訪沈外長〉，《聯合報》，臺北，1972年9月12日，第1版。
60 《蔣經國日記》，1972年9月11日，史丹福大學胡佛研究所藏。
61 〈椎名來訪交涉始末〉，《聯合報》，臺北，1972年9月14日，第2版。

9月18日 兩度接見日本特使椎名悅三郎。[62]

9月19日 陪同蔣經國院長接見日本特使椎名悅三郎，日方強調
與北平關係正常化時，將致力維持與我國關係。[63]

9月20日 接見日本駐華大使宇山厚，就中日外交關係交換意
見。[64]

9月22日 蔣經國約見，討論今後對日外交基本方針。[65]

9月27日 出席行政院第1292次秘密會議，報告有關日本總理田
中角榮與中國大陸談判後之可能結果，並擬具因應意
見。[66]

9月29日 日本宣布承認中共，我國宣布斷交；宇山厚兩度赴外
交部請求會晤。[67]

先生在立法院答覆質詢，指出日本與中共建交後，將
影響《美日安保條約》。[68]

外交部發表中日斷交聲明。[69]

10月3日 列席立法院會議，答覆立法委員質詢。[70]

10月6日 列席立法院會議，繼續答覆立法委員對行政院院長提

---

62 〈嚴副總統接見椎名　重申反對日本媚匪　沈外長與椎名就中日關係交換意見〉，《經濟
日報》，臺北，1972年9月19日，第1版。

63 〈張羣先生文卷—中日兩國斷交前後資料〉，《蔣中正總統文物》，國史館藏，數位典藏
號：002-110400-00009-012；〈椎名曾向我國強調　致力維持中日外交　牢記兩國和約的
重要性〉，《聯合報》，臺北，1972年9月20日，第1版。

64 〈沈昌煥外長　接見日大使〉，《聯合報》，臺北，1972年9月21日，第1版。

65 《蔣經國日記》，1972年9月22日，史丹福大學胡佛研究所藏。

66 〈行政院會議議事錄　臺第三九一冊一二九二至一二九六〉，《行政院》，國史館藏，數
位典藏號：014-000205-00418-001。

67 〈日駐華大使宇山厚　昨兩謁我外交首長〉，《聯合報》，臺北，1972年9月30日，第2版。

68 〈第一屆第五十期第一次會議紀錄〉（1972年9月29日），《立法院公報》，第61
卷第78期，頁32-35、43-45、56-57。

69 〈張羣先生文卷—中日兩國斷交前後資料〉，《蔣中正總統文物》，國史館藏，數位典藏
號：002-110400-00009-004。

70 〈第一屆第五十會期第二次會議紀錄〉（1972年10月3日），《立法院公報》，第61
卷第79期，頁6、21-22、24-25、64。

出施政報告之質詢。[71]

10月16日　列席中國國民黨評議委員及中央委員聯合座談會，提出外交報告。[72]

甘比亞總統賈瓦拉（Dawda Kairaba David Kweissi Jawara）來訪，[73] 21日設宴款待。[74]

10月17日　蔣經國約見，詳談外交形勢。[75]

10月18日　陪同賈瓦拉總統伉儷參觀振興復健醫學中心。[76]

10月22日　出席我國與甘比亞技術合作協定延長簽字換文儀式。[77]

10月26日　在立法院外交委員會報告最近外交情勢。[78]

11月 2 日　應邀在國民大會憲政研討委員會報告國際問題。[79]

11月27日　受任為六十一年特種考試外交領事人員考試典試委員。[80]

71　〈第一屆第五十會期第三次會議紀錄〉（1972年10月6日），《立法院公報》，第61卷第80期，頁12。

72　〈國民黨明舉行評議委員中央委員聯合座談〉，《聯合報》，臺北，1972年10月15日，第2版。

73　〈賈瓦拉總統夫婦拜會蔣總統伉儷　並互贈兩國最高勳章　嚴副總統與沈外長亦獲贈勳〉，《聯合報》，臺北，1972年10月17日，第1版；〈甘比亞總統抵華受盛迎〉，《經濟日報》，臺北，1972年10月17日，第1版。

74　〈沈外長款宴賈瓦拉總統〉，《聯合報》，臺北，1972年10月22日，第1版；〈民國五十五至六十六年嚴家淦先生活動輯〉，《嚴家淦總統文物》，國史館藏，數位典藏號：006-030204-00049-023。

75　《蔣經國日記》，1972年10月17日，史丹福大學胡佛研究所藏。

76　〈賈瓦拉伉儷昨晚設盛宴　答謝我國朝野熱忱款待〉，《聯合報》，臺北，1972年10月23日，第2版。

77　〈中甘技術合作延長兩年　協定換文昨在台北簽字　賈瓦拉總統讚揚我農耕隊優異成就　希望兩國加強多方面合作〉，《聯合報》，臺北，1972年10月23日，第2版。

78　〈沈外長在立院報告外交情勢〉，《聯合報》，臺北，1972年10月27日，第2版。

79　〈國際問題專題報告—在國民大會憲政研討會第廿三次綜合會議報告〉（六十一年十一月二日），收入：外交部新聞文化司編，《沈昌煥先生言論集》，頁211-226；〈谷正綱在憲研會議強調　結合全國總體力量　達成反共復國目標〉，《聯合報》，臺北，1972年11月3日，第2版。

80　〈總統令〉（1972年11月27日），《總統府公報》，第2500期，頁1。

11月30日	在立法院外交委員會報告與日本斷交後的情形。[81]
12月 6 日	在中國國民黨中常會報告外交議題。[82]
12月19日	先生指示外交部修改人事法規，以符合「男女平等」原則。[83]
12月22日	澳洲宣布承認中共，我國宣布斷交。
12月24日	應邀在光復大陸設計研究委員會演講當前國際局勢，表示堅持反共，推動總體外交。[84]
12月26日	亞東關係協會與日本財團法人交流協會簽署在日本及中華民國互設駐外辦事處協議書。[85]

81　〈中日兩民間機構　明分別召開發起人會議　推動兩國間文經交流　並辦理領事僑務工作〉，《聯合報》，臺北，1972 年 12 月 1 日，第 1 版。

82　〈我決採取總體外交　機先適應國際形勢　國民黨中常會昨責成外交當局〉，《聯合報》，臺北，1972 年 12 月 7 日，第 2 版。

83　〈外交官男女平等　女外交官在駐外使領館服務　她們的丈夫得享受眷屬待遇〉，《聯合報》，臺北，1972 年 12 月 19 日，第 2 版。

84　〈外長沈昌煥昨表示　堅持反共國策　推動總體外交〉，《聯合報》，臺北，1972 年 12 月 25 日，第 2 版；〈當前國際形勢及外交措施—在光復大陸設計研究委員會講詞〉（六十一年十二月廿四日），收於：外交部新聞文化司編，《沈昌煥先生言論集》，頁 227-242。

85　〈任副總統時：中日斷交前後雙方關係文件〉，《嚴家淦總統文物》，國史館藏，數位典藏號：006-010704-00041-001。

民國62年（1973）　60歲

1月3日　副總統嚴家淦以特使身分赴美參加故總統杜魯門追思禮拜，前往機場送行。[1]

1月22日　東加王國總理杜培勒哈克抵華訪問，陪同拜會行政院長蔣經國。[2]

1月23日　設宴款待東加王國總理杜培勒哈克。[3]

1月26日　歡送亞東關係協會駐日代表馬樹禮赴日履新。[4]

1月31日　接見美國駐華大使馬康衛，就中美兩國在國際活動合作事宜交換意見。[5]

2月1日　在中外記者茶會上表示我國在國際社會不孤立。[6]

2月23日　列席立法院會議，答覆立法委員谷正鼎、武誓彭、周樹聲質詢。[7]

2月24日　接見美國歐文銀行董事長華萊士等人。[8]

2月27日　列席立法院會議，答覆立法委員謝仁釗質詢。[9]

1 〈蔣經國照片資料輯集—民國六十一年至六十二年（一）〉，《蔣經國總統文物》，國史館藏，數位典藏號：005-030206-00003-047。

2 〈蔣經國總統照片（七）〉，《蔣經國總統文物》，國史館藏，數位典藏號：005-030206-00034-01；〈東加王國總理　昨日抵華訪問〉，《聯合報》，臺北，1973年1月23日，第2版。

3 〈民國六十一至六十二年嚴家淦副總統活動輯（三）〉，《嚴家淦總統文物》，國史館藏，數位典藏號：006-030204-00010-014；〈東加王國總理　拜會嚴副總統〉，《聯合報》，臺北，1973年1月24日，第2版。

4 〈亞東關係協會駐日代表　馬樹禮赴日〉，《聯合報》，臺北，1973年1月27日，第2版。

5 〈外長沈昌煥　接見馬康衛〉，《聯合報》，臺北，1973年2月1日，第2版。

6 〈沈外長表示　我在國際並不孤立〉，《聯合報》，臺北，1973年2月2日，第2版。

7 〈第一屆第五十一會期第一次會議紀錄〉（1973年2月23日），《立法院公報》，第62卷第13期，頁40-41、45、56-57、61。

8 〈蔣院長接見華萊士〉，《經濟日報》，臺北，1973年2月25日，第1版。

9 〈第一屆第五十一會期第二次會議紀錄〉（1973年2月27日），《立法院公報》，第62

3月 8 日 晚宴款待來訪的中非共和國外交部長卜篤洛（Joseph Potolot）。[10]

3月12日 與中非共和國外交部長卜篤洛簽署聯合公報。[11]

晚宴款待來華訪問的賴比瑞亞財政部長陶伯特、農業部長菲利浦、計畫及經濟部長尼爾等一行5人。[12]

3月26日 列席立法院僑政委員會，報告政府採取保僑措施，輔導僑社，加強團結。[13]

3月30日 主持外交部召開的中美外交業務檢討會，商討加強中美外交可行方案。[14]

3月 蔣經國因外交困局難解，在日記中抱怨先生處理能力。[15]

4月12日 歡迎越南總統阮文紹抵華訪問，並參加蔣總統夫人代表總統主持的歡迎晚宴。[16]

4月13日 接受越南總統阮文紹贈勳。[17]

4月14日 陪同越南總統阮文紹參觀故宮。[18]

卷第 14 期，頁 56。

10 〈中非外長昨拜會　嚴副總統蔣院長〉，《聯合報》，臺北，1973 年 3 月 9 日，第 2 版。

11 〈中華民國外交部長沈昌煥閣下、中非共和國外交部長卜篤洛閣下聯合公報〉（1973 年 3 月 12 日），《外交部公報》，第 38 卷第 1 期，頁 20；〈中外聯合公報（二）〉，《外交部》，國史館藏，數位典藏號：020-090801-0011。

12 〈賴比瑞亞三部長　昨抵華訪問六天〉，《聯合報》，臺北，1973 年 3 月 13 日，第 2 版。

13 〈僑政委員會第五十一會期第三次全體委員會議紀錄〉（1973 年 3 月 26 日），《立法院公報》，第 62 卷第 41 期，頁 22-26。

14 〈策劃加強中美外交　外部商討可行方案〉，《聯合報》，臺北，1973 年 3 月 31 日，第 2 版。

15 《蔣經國日記》，1973 年 3 月 12 日，史丹福大學胡佛研究所藏。

16 〈蔣經國照片資料輯集—民國六十二年（一）〉，《蔣經國總統文物》，國史館藏，數位典藏號：005-030206-00005-047；〈阮文紹總統抵華訪問〉，《經濟日報》，臺北，1973 年 4 月 13 日，第 1 版；〈蔣夫人舉行宴會　款待越總統伉儷〉，《聯合報》，臺北，1973 年 4 月 13 日，第 1 版。

17 〈阮文紹總統昨發表談話　越南重建　需要我國合作與經驗〉，《經濟日報》，臺北，1973 年 4 月 14 日，第 2 版；〈越南總統阮文紹贈勳我文武官員〉，《聯合報》，臺北，1973 年 4 月 14 日，第 2 版。

18 〈越南總統等一行　昨參觀故宮文物〉，《聯合報》，臺北，1973 年 4 月 15 日，第 3 版；〈阮

4月16日　晚宴款待約旦王儲哈山親王（Hassan bin Talal），歡迎來訪。[19]

4月17日　上午陪同哈山親王拜會蔣經國；下午參加蔣總統夫人款待約旦王儲哈山親王茶會。[20]

4月22日　陪同約旦王儲哈山親王與蔣經國前往金門訪問。[21]

4月24日　拜訪來華訪問的諾魯共和國總統戴羅伯（Hammer DeRoburt），針對兩國共同利益與加強經貿關係等交換意見。[22]

4月　　　與蔣經國多次談及外交情況，蔣經國認為是外交人才匱乏衍生問題。[23]

5月1日　接見日華關係議員懇談會藤尾正行等人，就中日加強合作聯繫及當前局勢交換意見。[24]

5月2日　美國自由中國委員會執行秘書李艾華來華訪問，拜會先生，對加強中美聯繫及合作事宜交換意見。[25]

5月3日　列席立法院外交委員會，報告外交施政，闡釋我外交政策，堅守自由民主立場，運用總體外交，穩定反共

文紹總統返抵西貢說　歡迎中韓助越南重建〉，《經濟日報》，臺北，1973 年 4 月 15 日，第 1 版。

19 〈蔣經國照片資料輯集—民國六十二年至六十四年〉，《蔣經國總統文物》，國史館藏，數位典藏號：005-030206-00009-009；〈約旦王儲莅華訪問　今將與蔣院長共商有關問題　嚴副總統昨隆重歡迎〉，《聯合報》，臺北，1973 年 4 月 17 日，第 1 版；〈約旦王儲哈山親王抵華訪問　會商經濟合作細節〉，《經濟日報》，臺北，1973 年 4 月 17 日，第 1 版。

20 〈總統事略日記 62.04~62.06〉，《蔣中正總統文物》，國史館藏，數位典藏號：002-110101-00102-012；〈蔣夫人款待哈山親王〉，《聯合報》，臺北，1973 年 4 月 18 日，第 2 版；〈約旦王儲與蔣院長會談，商討加強中約關係，嚴副總統贈勳哈山親王　呼籲攜手合作維護自由〉，《聯合報》，臺北，1973 年 4 月 18 日，第 1 版。

21 〈約旦王儲與蔣院長　昨訪金門澎湖〉，《聯合報》，臺北，1973 年 4 月 23 日，第 1 版。

22 〈輔導會派技術人員　協助諾魯開發工作〉，《聯合報》，臺北，1973 年 4 月 25 日，第 2 版。

23 《蔣經國日記》，1973 年 4 月 18 日，史丹佛大學胡佛研究所藏。

24 〈藤尾正行等　拜會沈外長〉，《聯合報》，臺北，1973 年 5 月 2 日，第 2 版。

25 〈蔣院長接見李艾華〉，《聯合報》，臺北，1973 年 5 月 3 日，第 2 版。

形勢。[26]

5月11日 在國際教育研究會主辦的現代問題座談會，告訴青年學生，政府全力推展總體外交，以打破中共孤立陰謀。[27]

5月19日 設宴歡迎回國參加僑社工作研討會的僑胞代表。[28]

7月 4日 接見美國駐華大使馬康衛，接受美方邀請我國參加1976年美國獨立200週年之各項慶祝活動。[29]

7月12日 在黨務工作會議報告當前國際情勢。[30]

7月21日 陪同蔣經國院長巡視鹿港農會等地後，接見美國商務部長鄧特（Fredrick Dent）。[31]

7月23日 晚宴款待美國商務部長鄧特夫婦暨隨員。[32]

7月24日 陪同蔣經國搭機赴臺中，前往成功嶺視察大專暑期集訓。[33]

8月 6日 在國家建設研究會報告當前外交政策，反共復國的國家基本政策與目標不變。[34]

---

26 〈沈昌煥闡釋我外交政策　堅守自由民主立場　運用總體外交穩定反共形勢〉，《中央日報》，臺北，1973 年 5 月 4 日，第 1 版。

27 〈外長沈昌煥昨天強調　全力推展總體外交　打破共匪孤立陰謀〉，《聯合報》，臺北，1973 年 5 月 12 日，第 2 版。

28 〈九個地區僑領座談　希望推廣僑教　增加僑生名額〉，《聯合報》，臺北，1973 年 5 月 20 日，第 2 版。

29 〈美使慶祝國慶酒會　政府首長前往致賀　馬康衛大使昨邀我參加　美國獨立兩百週年慶典〉，臺北，《聯合報》，臺北，1973 年 7 月 5 日，第 2 版。

30 〈當前國際局勢—在六十二年黨務工作會議報告〉（六十二年七月十二日），收於：外交部新聞文化司編，《沈昌煥先生言論集》，頁 243-266。

31 〈蔣院長巡視鹿港農會　他說：政府許多措施都是為農民福利著想，希望農會不要讓旁人從中取利〉，《經濟日報》，臺北，1973 年 7 月 22 日，第 2 版；〈蔣院長接見鄧特〉，《經濟日報》，臺北，1973 年 7 月 22 日，第 1 版。

32 〈美決根據實情　放寬我輸美紡織品設限　中美擴展經貿會談告一段落　今宣佈結論〉，《經濟日報》，臺北，1973 年 7 月 23 日，第 1 版；〈美商長離華飛港〉，《經濟日報》，臺北，1973 年 7 月 25 日，第 2 版。

33 《蔣經國日記》，1973 年 7 月 24 日，史丹福大學胡佛研究所藏。

34 〈當前外交政策之分析與說明—在國家建設研究會講詞〉（六十二年八月六日），收於：

8月10日 蔣經國約見，討論對日航權，14日復再談。[35]

8月16日 出席駐史瓦濟蘭大使鄭健生追思彌撒。[36]

8月25日 蔣經國約見，商討對美、泰、日外交可能發生突變，國家將又一次的遭受到衝擊，應逆來順受，積極奮鬥。[37]

8月28日 接見泰國駐華大使薩農（Sanong Nisalak），就兩國有關文化交流及經技合作等問題交換意見。[38]

9月9日 迎接甘比亞共和國國會議長鍾斯訪華。[39]

9月14日 接見來華訪問之美國國防部助理部長奚爾。[40]

9月23日 與來華訪問的印尼外交部長馬立克（Adam Malik）就東南亞局勢進行晤談。[41]

9月26日 致電美國新任國務卿季辛吉（Henry Alfred Kissinger）恭賀新職。[42]

9月25日 在立法院答覆質詢時表示堅持獨立自主外交，不存依賴心理，[43]並答覆立法委員吳鑄人、谷正鼎、趙惠謨

外交部新聞文化司編，《沈昌煥先生言論集》，頁267-285；〈國家建設研究會 昨聽取國情分析 當前的國家基本政策 反共復國總目標不變〉，《聯合報》，臺北，1973年8月7日，第2版。

35 《蔣經國日記》，1973年8月10、14、25日，史丹福大學胡佛研究所藏。

36 〈臺灣新生報底片民國六十二年（十三）〉，《台灣新生報》，國史館藏，數位典藏號：150-031200-0013-029；〈鄭健生在非喪生 非使節齊表哀悼〉，《聯合報》，臺北，1973年7月19日，第3版。

37 《蔣經國日記》，1973年8月25日，史丹福大學胡佛研究所藏。

38 〈沈外長接見 泰大使薩農〉，《聯合報》，臺北，1973年8月29日，第2版。

39 〈甘比亞議長 鍾斯昨訪華〉，《聯合報》，臺北，1973年9月10日，第2版。

40 〈美國防部助理部長 奚爾昨天來華訪問〉，《聯合報》，臺北，1973年9月15日，第2版。

41 〈任總統時：印尼外長馬立克訪華〉，《嚴家淦總統文物》，國史館藏，數位典藏號：006-010804-00006-001。

42 〈沈外長電賀 季辛吉新職〉，《聯合報》，臺北，1973年9月26日，第2版。

43 〈外長沈昌煥昨天表示 堅持獨立自主外交 絕不存有依賴心理〉，《聯合報》，臺北，1973年9月26日，第2版。

質詢。[44]

9月26日 接待來華訪問的諾魯共和國總統戴羅伯。[45]

9月 蔣經國在日記中抱怨外交人員作為。[46]

9月29日 副總統嚴家淦函轉中華航空公司董事長徐煥昇,請示中華民國與瓜地馬拉合作民航事業事。[47]

10月1日 接見日本國會議員訪華團,表示日本承認中共政權的行為,讓東南亞自由國家造成困擾。[48]

10月2日 列席立法院會議,答覆立法委員魏惜言質詢,表示政府對中日航權政府立場堅定。[49]

10月5日 列席立法院會議,答覆立法委員謝仁釗、侯庭督質詢,表示政府採取不同途徑加強與無邦交國家的聯繫。[50]

10月7日 接見美國自由中國協會主席周以德博士,對於相關問題進行意見交換。[51]

10月12日 接見美國駐華大使馬康衛,對中美兩國事務與國際情勢交換意見。[52]

---

44 〈第一屆第五十二會期第一次會議紀錄〉(1973年9月25日),《立法院公報》,第62卷第74期,頁19、23-24、40-41。

45 〈諾魯共和國總統戴羅伯昨天訪華〉,《聯合報》,臺北,1973年9月27日,第2版。

46 《蔣經國日記》,1973年9月21日,史丹福大學胡佛研究所藏。

47 〈任副總統時:僑情概況〉,《嚴家淦總統文物》,國史館藏,數位典藏號:006-010704-00047-015。

48 〈張羣先生文卷—中日兩國斷交前後資料〉,《蔣中正總統文物》,國史館藏,數位典藏號:002-110400-00009-019。

49 〈維護中日航權 政府立場堅定〉,《聯合報》,臺北,1973年10月3日,第2版;〈第一屆第五十二會期第二次會議紀錄〉(1973年10月2日),《立法院公報》,第62卷第75期,頁28-29。

50 〈第一屆第五十二會期第三次會議〉(1973年10月5日),《立法院公報》,第62卷第76期,頁28-29、53。

51 〈周以德博士 拜會沈外長〉,《聯合報》,臺北,1973年10月7日,第2版。

52 〈美大使馬康衛重申 美國對華政策不變〉,《聯合報》,臺北,1973年10月13日,第2版。

10月15日	約見泰國駐華大使薩農，對泰國局勢表示關切。[53]

10月15日　約見泰國駐華大使薩農，對泰國局勢表示關切。[53]

10月22日　在華僑救國聯合總會報告國際現勢與國家前途。[54]

10月25日　獲選為華僑救國聯合總會在臺名譽理事。[55]

10月26日　鄭彥棻呈蔣中正，據先生函稱，約旦及沙烏地阿拉伯參加中東戰爭，建議致電兩國國王表示關切。[56]

10月29日　列席立法院外交委員會，報告外交施政，展開堅強奮鬥，突破中共孤立的陰謀。[57]

11月 7 日　受任為六十二年特種考試外交領事人員考試典試委員。[58]

11月12日　出席中國國民黨第十屆四中全會，[59]當選中常委。[60]

12月 8 日　在立法院外交委員會報告國際情勢，分析美國與中共近況。[61]

12月23日　應邀在光復大陸設計委員會第20次全體委員會議報告國際局勢與我國對外關係。[62]

53　〈沈外長關切　泰目前局勢〉，《聯合報》，臺北，1973 年 10 月 16 日，第 4 版。

54　〈我執行復國總目標　絕對不與中共妥協　沈外長在僑聯大會中提出報告　陳裕清指出匪統僞已徹底失敗〉，《聯合報》，臺北，1973 年 10 月 23 日，第 2 版。

55　〈蔣夫人等三十六人　當選僑聯名譽理事〉，《聯合報》，臺北，1973 年 10 月 26 日，第 2 版。

56　〈外交—阻遏共黨滲透以確保亞洲自由繁榮與和平〉，《蔣經國總統文物》，國史館藏，數位典藏號：005-010205-00046-017。

57　〈外交部長沈昌煥昨表示　外交展開堅強奮鬥　突破匪孤立我陰謀〉，《聯合報》，臺北，1973 年 10 月 30 日，第 2 版。

58　〈總統令〉（1973 年 11 月 7 日），《總統府公報》，第 2648 期，頁 2。

59　〈蔣經國照片資料輯集—民國六十二年至六十四年〉，《蔣經國總統文物》，國史館藏，數位典藏號：005-030206-00009-035。

60　〈四中全會選出　廿一位中常委〉，《中央日報》，臺北，1973 年 11 月 16 日，第 1 版；〈中國國民黨中央委員會函任為中央常務委員〉，《嚴家淦總統文物》，國史館藏，數位典藏號：006-011300-00013-001。

61　〈美曾再度向我重申　維護中美友好關係　繼續遵守條約承諾〉，《聯合報》，臺北，1973 年 12 月 9 日，第 1 版；〈共匪發動反孔運動　顯示大鬥爭再上演　沈昌煥指出匪加強對外統戰〉，《中央日報》，臺北，1973 年 12 月 9 日，第 1 版。

62　〈當前國際局勢—在光復大陸設計研究委員會講詞〉（六十二年十二月廿三日），收於：外交部新聞文化司編，《沈昌煥先生言論集》，頁 286-298；〈沈昌煥在光復會指出實施總體外交贏得友誼尊重〉，《中央日報》，臺北，1973 年 12 月 24 日，第 3 版。

民國63年（1974） 61歲

1月5日 蔣經國約見，討論臺日航運事。復於12日、24日約見續談。[1]

1月14日 致函副總統嚴家淦，關於建議由立法委員陳錦濤及智利中華會館主席黃一又分別擔任中厄及智利復交工作人選事。[2]

1月28日 接見美國助理國務卿殷格索（Robert S. Ingersoll），殷格索並拜會嚴家淦副總統與蔣經國院長。[3]

2月1日 接見來華訪問的韓國國會議員訪問團金振鳳議員等。[4]
蔣經國約見，再談南沙問題。[5]

2月5日 在記者茶會表示華航如被迫放棄經東京飛美國航線，將自動獲得經關島飛美國的航權。[6]

2月7日 約見越南駐華大使館代辦阮文矯，就越南近來對南沙群島主張領土主權提出抗議，強調南沙群島為中華民國固有領土。[7]

2月14日 接見韓國駐華大使金桂元，就中華民國政府對東海大

1 《蔣經國日記》，1974年1月5、12、24日，史丹福大學胡佛研究所藏。
2 〈任副總統時：函（六十三年）（二）〉，《嚴家淦總統文物》，國史館藏，數位典藏號：006-010707-00011-026。
3 〈嚴副總統與蔣院長　昨分別接見殷格索〉，《聯合報》，臺北，1974年1月29日，第1版；〈殷格索台北度生辰〉，《聯合報》，臺北，1974年1月29日，第2版；〈殷格索的一句費猜測的話〉，《聯合報》，臺北，1974年1月31日，第2版。
4 〈韓國國會議員團　展開拜會活動〉，《聯合報》，臺北，1974年2月2日，第2版。
5 《蔣經國日記》，1974年2月1日，史丹福大學胡佛研究所藏。
6 〈沈昌煥說：華航如被迫放棄東京航線　可自動獲得經關島飛美航權〉，《經濟日報》，臺北，1974年2月6日，第1版。
7 〈總統事略日記63.01~63.03〉，《蔣中正總統文物》，國史館藏，數位典藏號：002-110101-00105-029。

陸礁層問題重申政府立場；外交部發表東海大陸礁層主權聲明。[8]

2月22日 在總統府動員月會報告外交工作一年來的檢討。[9]

2月26日 列席立法院會議，答覆立法委員谷正鼎質詢，說明中日航線、南沙群島等問題。[10]

3月1日 列席立法院會議，答覆立法委員汪寶瑄、謝仁釗質詢，表示雖然美國與中共有接觸，但兩年來中美關係在各方面都不斷加強；並重申我國對中日空運問題的嚴正立場，以及南海諸島問題，強調東沙、西沙、南沙、中沙諸群島皆為我國領土。[11]

3月13日 接見沙烏地阿拉伯王國外務大臣沙卡夫（Omar Al Saqqaf）。[12]

3月14日 陪同沙烏地阿拉伯王國外務大臣沙卡夫等參觀故宮博物院。[13]

3月15日 設宴款待沙烏地阿拉伯王國外務大臣沙卡夫。[14]

8　〈東海海底資源開發　政府發表主權聲明〉，《經濟日報》，臺北，1974年2月15日，第1版。

9　〈沈外長昨檢討外交工作　瓦解共匪孤立企圖　開創反共復國機運〉，《聯合報》，臺北，1974年2月23日，第2版。

10　〈第一屆第五十三會期第一次會議〉（1974年2月26日），《立法院公報》，第63卷第14期，頁30。

11　〈第一屆立五十三會期第二次會議紀錄〉（1974年3月1日），《立法院公報》，第63卷第15期，頁4-5、37-38；〈沈外長在立院表示　中美關係不斷增進　重申我對南沙堅定立場〉，《聯合報》，臺北，1974年3月2日，第1版。

12　〈臺灣新生報底片民國六十三年（四）〉，《台灣新生報》，國史館藏，數位典藏號：150-031300-0004-015；〈沙外務大臣拜會蔣院長　強調中沙志同道合　兩國友誼永恆不渝　沙卡夫昨率團抵華訪問〉，《聯合報》，臺北，1974年3月14日，第1版。

13　〈沙外務大臣沙卡夫表示　中沙貿易將續增加〉，《聯合報》，臺北，1974年3月15日，第2版。

14　〈我為沙國造漁試船　沈外長昨宴沙外務大臣〉，《聯合報》，臺北，1974年3月16日，第2版。

3月20日	在立法院外交委員會報告外交施政及國際局勢。[15]
3月23日	設宴餞別即將退休的美國駐華大使馬康衛夫婦。[16]
4月 6日	與宏都拉斯共和國外交部長巴特瑞斯（César A. Batres）簽訂漁業技術合作協定，合作發展漁業。[17]
	蔣經國約見，討論中日航線問題並作最後決定。[18]
4月 7日	與宏都拉斯共和國外交部長巴特瑞斯簽署聯合公報，加強雙邊合作關係。[19]
4月11日	針對中日航線，重申我國不容日本改變中日航線現狀，而損及我國國家尊嚴與權益的立場。[20]
4月14日	主持跨部會首長會議，討論中日航線中斷後將採取必要措施。[21]
4月15日	在立法院僑政委員會全體委員會議報告保護僑民措施，表示政府將本著以往照顧華僑立場，繼續改善辦法，達到保僑、便僑的目的。[22]

---

15 〈沈外長在立院　分析國際情勢〉，《聯合報》，臺北，1974年3月21日，第1版。

16 〈總統事略日記63.01~63.03〉，《蔣中正總統文物》，國史館藏，數位典藏號：002-110101-00105-064；〈沈外長餞別馬康衛夫婦〉，《聯合報》，臺北，1974年3月24日，第2版。

17 〈臺灣新生報底片民國六十三年（六）〉，《台灣新生報》，國史館藏，數位典藏號：150-031300-0006-016；〈中宏今簽協定　合作發展漁業〉，《經濟日報》，臺北，1974年4月6日，第1版；〈中宏昨日簽訂　漁技合作協定〉，《聯合報》，臺北，1974年4月7日，第2版。

18 《蔣經國日記》，1974年4月6日，史丹福大學胡佛研究所藏。

19 〈中外聯合公報（二）〉，《外交部》，國史館藏，典藏號：020-090801-0011；〈中宏兩國外長聯合公報　同意加強雙邊關係　擴展貿易文化交流〉，《聯合報》，臺北，1974年4月8日，第1版。

20 〈就中日航線問題之立場外交部部長沈昌煥發表談話〉（1974年4月11日），《外交部公報》，第39卷第2期，頁25；〈有關中日航線問題　我國立場絕不改變　蔣院長指示須維護國家尊嚴　沈外長強調必貫徹既定政策〉，《聯合報》，臺北，1974年4月12日，第1版。

21 〈中日航線如果中斷　我即採取必要措施　外交部長昨邀有關首長商討　並令駐美使館接洽關島航線〉，《聯合報》，臺北，1974年4月15日，第1版。

22 〈沈外長在立院　報告保僑措施〉，《聯合報》，臺北，1974年4月16日，第2版；〈僑政委員會第五十三會期第三次全體委員會議紀錄〉（1974年4月15日），《立法院公報》，

約見美國駐華大使館臨時代辦來天惠（William Henry Gleysteen, Jr.）洽談中美關島航線。[23]

蔣經國約見，談對日外交。[24]

4月17日 在中國國民黨中常會報告中日航線問題。[25]

4月18日 在行政院第1370次會議對中日航線問題及坂垣修來華進行報告，說明政府對中日航線立場堅定不移。[26]

4月20日 宣布終止中日航線，維護國家尊嚴。自即日起中華民國航空器不再飛越日本管轄之飛航情報區及防空識別區，日本航空器亦不准飛越我國管轄之飛航情報區及防空識別區。[27]

4月22日 應邀在立法院外交委員會秘密會議報告中日航線問題，指出大平正芳破壞中日航線卸責。[28]

4月25日 出席行政院第1371次會議，報告中斷中日航線之經過情形。蔣經國指示，我國不考慮日本提議復航。[29]

第63卷第44期，頁20-24。

23 〈沈外長約見美代辦　洽談中美關島航線　華航準備隨時停飛日本〉，《聯合報》，臺北，1974年4月16日，第1版。

24 《蔣經國日記》，1974年4月15日，史丹福大學胡佛研究所藏。

25 〈有關中日航線問題　蔣院長決心貫澈堅定立場　中常會授權採取斷然措施　坂垣修昨攜來日方書面答覆〉，《經濟日報》，臺北，1974年4月18日，第1版。

26 〈日本屈服匪荒謬要求　我國政府別無選擇　決定貫徹既定立場　外交部發言人今晨發表談話〉，《聯合報》，臺北，1974年4月19日，第1版；〈我已向美政府洽談　中美航線改經關島〉，《經濟日報》，臺北，1974年4月19日，第1版；〈行政院會議議事錄　臺第四一六冊一三六九至一三七四〉，《行政院》，國史館藏，數位典藏號：014-000205-00443-002。

27 〈日嚴重損害我國尊嚴與權益　我機停飛日本航線　禁止日機入我航區　我外交部昨鄭重聲明〉，《聯合報》；〈政府終止中日航線是為維護國家權益　蔣院長指示妥慎處理善後〉，臺北，1974年4月21日，第1版；〈任副總統時：中日外交關係〉，《嚴家淦總統文物》，國史館藏，數位典藏號：006-010704-00042-007。

28 〈沈外長昨在立法院指出　大平破壞中日航線　故作姿態圖卸責任〉，《聯合報》，臺北，1974年4月23日，第1版。

29 〈行政院會議議事錄　臺第四一六冊一三六九至一三七四〉，《行政院》，國史館藏，數位典藏號：014-000205-00443-003；〈日方各種復航傳說　我均不作考慮〉，《聯合報》，臺北，1974年4月26日，第1版。

4月27日　與經濟部長孫運璿在經濟部會議，表示政府決以經濟
配合外交，加強對外合作。[30]

5月20日　函蔣經國，為郭鑫生出境案建議親函美國眾議員薛禮
（William J. Scherle），避免其進一步為郭案奔走，演
變為對我不利。[31]

5月21日　蔣經國約見，談外交形勢，咸感不利。[32]

5月27日　蔣經國約見，討論對韓、對菲、對印尼與泰國之外
交。次日，復約見，外交部次長楊西崑隨行。[33]

6月4日　蔣經國約見，討論東南亞局勢。[34]

6月17日　在立法院外交委員會報告國際情勢。[35]

6月18日　蔣經國約見，討論外交問題，周書楷同行。[36]

7月8日　應邀於監察院外交委員會報告最近國際情勢。[37]

7月16日　在中央研究院第11次院士會議報告國際關係專題。[38]

7月29日　在國家建設研究會報告當前國際關係。[39]

30　〈政府決以經濟配合外交　加強對外經濟技術合作〉，《經濟日報》，臺北，1974 年 4
月 28 日，第 1 版。

31　〈薛禮（Scherle, William J.）往來函件〉，《蔣經國總統文物》，國史館藏，數位典藏號：
005-010502-00607-002。

32　《蔣經國日記》，1974 年 5 月 21 日，史丹福大學胡佛研究所藏。

33　《蔣經國日記》，1974 年 5 月 27、28 日，史丹福大學胡佛研究所藏。

34　《蔣經國日記》，1974 年 6 月 4 日，史丹福大學胡佛研究所藏。

35　〈中美經貿科技合作日增　顯示兩國關係增進　沈昌煥昨在立院報告國際情勢〉，《聯合
報》，臺北，1974 年 6 月 18 日，第 2 版。

36　《蔣經國日記》，1974 年 6 月 18 日，史丹福大學胡佛研究所藏。

37　〈監察院外交委員會邀請外交部部長沈昌煥報告最近國際情勢〉（1974 年 7 月 19 日），《監
察院公報》，第 960 期，頁 12058。

38　〈國際關係專題報告—在中央研究院第十一次院士會議報告〉（六十三年七月十六日），
收於：外交部新聞文化司編，《沈昌煥先生言論集》，頁 299-311；〈蔣院長昨以便餐招
待中研院院士　院士選舉。投票五次　中研院昨寫下新紀錄〉，《聯合報》，臺北，1974
年 7 月 17 日，第 2 版。

39　〈國際關係—在國家建設研究會報告〉（六十三年七月廿九日），收於：外交部新聞文化
司編，《沈昌煥先生言論集》，頁 312-328；〈沈昌煥在國建會報告國際關係　我本操之
在我原則　自立自強開創機運　與日復航問題須看日誠意如何〉，《中央日報》，臺北，
1974 年 7 月 30 日，第 1 版。

蔣經國約見，討論外交問題，周書楷同行。[40]

8月3日 與經濟部長孫運璿、巴拉圭農牧部長貝多尼、工商部長吳嘉德，分別代表雙方政府簽署經濟技術合作議定書，擴大技術合作簽署技術合作議定書，擴大技術合作。[41]

8月10日 美國國務卿季辛吉致電保證信守條約承諾。[42]

8月15日 代表政府對韓國朴正熙總統遭遇謀刺事件深致關切。[43]

蔣經國約見，討論外交問題，周書楷同行。[44]

在行政院會議上報告中美關係。[45]

9月5日 應邀在監察院外交委員會報告中美關係與中日航線。[46]

9月14日 迎接尼加拉瓜共和國總統當選人蘇慕薩（Anastasio Somoza Debayle）將軍伉儷訪華。[47]

9月20日 答覆立法委員王霱芬質詢，說明外交部當天應該「出門」的公文，絕不「過夜」。[48]

---

40 《蔣經國日記》，1974年7月29日，史丹福大學胡佛研究所藏。

41 〈中巴昨簽署議定書 擴大經濟技術合作 我將增派農工專家赴巴拉圭〉，《聯合報》，臺北，1974年8月4日，第1版。

42 〈季辛吉致電沈外長 保證信守條約承諾〉，《經濟日報》，臺北，1974年8月11日，第1版。

43 〈韓總統遇刺 我朝野震驚 沈外長致關切之忱〉，《聯合報》，臺北，1974年8月16日，第3版。

44 《蔣經國日記》，1974年8月15日，史丹福大學胡佛研究所藏。

45 〈蔣院長昨在院會中表示 中美繼續密切合作〉，《聯合報》，臺北，1974年8月16日，第1版；〈行政院會議議事錄 臺第四二一冊一三八七至一三八九〉，《行政院》，國史館藏，數位典藏號：014-000205-00448-001。

46 〈沈昌煥昨在監察院報告 美國信守對我承諾 福特仍遵守尼克森路線〉，《聯合報》，臺北，1974年9月6日，第1版。

47 〈民國六十三年嚴家淦副總統活動輯（九）〉，《嚴家淦總統文物》，國史館藏，數位典藏號：006-030204-00039-011；〈蘇慕薩伉儷訪華 嚴副總統夫婦昨到機場歡迎 陪同接受軍禮檢閱三軍儀隊〉，《聯合報》，臺北，1974年9月15日，第1版。

48 〈公文是否擔誤時效 立委外長各有說詞〉，《聯合報》，臺北，1974年9月21日，第2版；〈第一屆第五十四會期第二次會議紀錄〉（1974年9月20日），《立法院公報》，第63卷第70期，頁47-48。

接受尼加拉瓜共和國總統當選人蘇慕薩贈勳。[49]

9月23日 接見越南副總理陳文敦，就亞洲局勢及中越兩國有關問題交換意見。[50]

9月27日 列席立法院院會，答覆立法委員司徒政質詢，說明政府對於外交、僑務、國際宣傳之重視，以及一般經費之情形。[51]

10月1日 蔣經國約見，討論對美外交問題，周書楷同行。[52]

10月2日 接見美國新任協防臺灣司令史奈德中將（Edwin K. Snyder），及即將卸任的美國駐華大使館副館長來天惠，就中美共同利益事項交換意見。[53]

10月9日 接見哥斯大黎加總統特使呂華昌。[54]

10月12日 在立法院外交委員會報告外交施政及國際情勢，表示政府實施總體外交，發展對外關係，贏得國際重視。[55]

10月15日 陪同美國華裔參議員鄺友良前往中南部參觀。[56]

---

49 〈總統事略日記 63.07~63.09〉，《蔣中正總統文物》，國史館藏，數位典藏號：002-110101-00107-054；〈蘇慕薩代表尼政府　贈勳　蔣總統伉儷　我政府首長亦獲贈勳章〉，《聯合報》，臺北，1974 年 9 月 21 日，第 1 版。

50 〈蔣院長接見　越南副總理〉，《聯合報》，臺北，1974 年 9 月 24 日，第 2 版；〈蔣經國總統照片（二十三）〉，《蔣經國總統文物》，國史館藏，數位典藏號：005-030206-00050-010。

51 〈第一屆第五十四會期第四次會議紀錄〉（1974 年 9 月 27 日），《立法院公報》，第 63 卷第 72 期，頁 93。

52 《蔣經國日記》，1974 年 10 月 1 日，史丹福大學胡佛研究所藏。

53 〈史奈德來天惠昨拜會沈外長〉，《聯合報》，臺北，1974 年 10 月 3 日，第 2 版。

54 〈友邦使節發表賀詞　祝賀我國雙十國慶　安克志申致最熱忱賀意〉，《聯合報》，臺北，1974 年 10 月 10 日，第 2 版。

55 〈政府發展對外關係　贏得國際普遍重視〉，《聯合報》，臺北，1974 年 10 月 13 日，第 2 版。

56 〈總統事略日記（蔣經國剪報資料）63.08~63.10〉，《蔣中正總統文物》，國史館藏，數位典藏號：002-110102-00001-058；〈鄺友良兩度強調信念　中美友誼永恆不渝　並拜會蔣院長交換意見　對我建設進步深表讚佩〉，《聯合報》，臺北，1974 年 10 月 16 日，第 1 版；〈鄺友良昨發表訪華觀感　我國自由繁榮進步　前途充滿樂觀信心　強調美必信守協防承諾〉，《聯合報》，臺北，1974 年 10 月 18 日，第 1 版。

10月21日　蔣經國約見，討論對菲外交問題，周書楷同行。[57]

11月11日　在立法院外交委員會報告中美外交關係，指出一年來中美兩國友好合作繼續推進，兩國在經貿關係及文化科技合作有長足進步。[58]

11月13日　蔣經國約見，談外交人事。[59]

11月24日　出席中國國民黨第十屆五中全會，擔任提案審查委員會第3審查組召集人。[60]

　　　　　　受任為六十三年特種考試外交領事人員考試典試委員。[61]

11月27日　當選中國國民黨第十屆第5次中常委。[62]

11月28日　主持駐亞太地區使節會議，希望研商加強雙邊關係方案，拓展對亞太地區友好合作關係。[63]

12月 2 日　應邀列席立法院僑政委員會全體委員會議，報告保僑措施，並分別答覆立法委員蔡廷碩、阮樂化、劉彰德、徐亨、陳素等質詢。[64]

12月 3 日　接見第九屆中越經濟合作會議越南首席代表楊激壤。[65]

57　《蔣經國日記》，1974 年 10 月 21 日，史丹福大學胡佛研究所藏。

58　〈沈外長昨在立法院指出　中美關係繼續增進　美國廢止台灣決議案　不影響協防軍事承諾〉，《聯合報》，臺北，1974 年 11 月 12 日，第 1 版。

59　《蔣經國日記》，1974 年 11 月 13 日，史丹福大學胡佛研究所藏。

60　〈五中全會首次大會　聽取五院工作報告〉，《聯合報》，臺北，1974 年 11 月 25 日，第 2 版。

61　〈總統令〉（1974 年 11 月 24 日），《總統府公報》，第 2812 期，頁 1。

62　〈廿一位中常委名單〉，《經濟日報》，臺北，1974 年 11 月 28 日，第 1 版。

63　〈亞太使節會議揭幕　研討推展總體外交〉，《聯合報》，臺北，1974 年 11 月 29 日，第 2 版。

64　〈沈昌煥昨在立法院報告　政府重視保僑工作　放棄使用共匪護照僑胞　仍可申請政府發給護照〉，《聯合報》，臺北，1974 年 12 月 3 日，第 1 版；〈僑政委員會第五十四會期第四次全體委員會議紀錄〉（1974 年 12 月 2 日），《立法院公報》，第 64 卷第 4 期，頁 16-22。

65　〈第九屆中越經濟合作部長級會議昨揭幕　我將增派專家助越種植玉米甘蔗及發展製糖；並續予越工業貸款〉，《經濟日報》，臺北，1974 年 12 月 4 日，第 2 版。

12月14日　主持外交領事人員講習所第7期結業典禮。[66]

12月16日　蔣經國約見,談外交人事。[67]

12月23日　光復大陸設計研究委員會第21次全體委員會議在臺北
　　　　　市中山堂揭幕,先生報告中美關係繼續增進,政府開
　　　　　拓有利機運。[68]

66　〈外交人員講習　第七期昨結業〉,《聯合報》,臺北,1974年12月15日,第2版。

67　《蔣經國日記》,1974年12月16日,史丹福大學胡佛研究所藏。

68　〈國際局勢及我國外交施政—在光復大陸設計研究委員會全體委員第廿一次會議講詞〉
　　(六十三年十二月廿三日),收於:外交部新聞文化司編,《沈昌煥先生言論集》,頁
　　329-343;〈總統勉勵光復大陸設計委員會　把握當前革命情勢　合力創造更大成果〉,《聯
　　合報》,臺北,1974年12月23日,第1版;〈沈昌煥昨在光復會報告　中美關係繼續
　　增進　政府積極開拓有利機運〉,《聯合報》,臺北,1974年12月24日,第1版;〈沈
　　昌煥部長在光復會報告外交　我國表現堅決安定　目立自強屹立世界　中美間友好合作關
　　係繼續推進〉,《中央日報》,臺北,1974年12月24日,第3版。

民國64年（1975） 62歲

1月3日 與約旦駐華大使納薩貝（Anwar Nashashibi）簽訂《中約空運臨時協定》。[1] 16日行政院院會通過《中約空運臨時協定》。[2]

1月15日 蔣經國約見，討論美國對臺政策。次日，復約見。[3]

1月21日 與美國駐華大使安克志（Leonard S. Unger）代表兩國舉行《中美科技合作協定》延長5年換文儀式。[4]

1月25日 先生在外交部接待諾魯共和國總統戴羅伯。[5]

2月7日 先生與烏拉圭駐華代辦布俠東（Edison Bouchadon）代表兩國政府在臺北外交部主持《中華民國與烏拉圭商務協定》換文儀式。[6]

2月13日 蔣經國約見，討論對泰關係，深感憂慮。[7]

2月14日 外交部再度嚴正聲明西沙及南沙兩群島主權屬於中華民國。[8]

2月28日 在立法院答覆立法委員質詢，表示臺澎同胞有權利向

---

1 〈我與約旦將訂空運臨時協定〉，《經濟日報》，臺北，1975年1月1日，第2版。

2 〈政院院會通過中約空運協定〉，《經濟日報》，臺北，1975年1月17日，第2版；〈行政院會議議事錄 臺第四二六冊一四〇五至一四〇八〉，《行政院》，國史館藏，數位典藏號：014-000205-00453-003。

3 《蔣經國日記》，1975年1月15、16日，史丹福大學胡佛研究所藏。

4 〈中美科技合作協定 延長五年換文生效〉，《經濟日報》，臺北，1975年1月23日，第2版。

5 〈戴羅伯總統昨晤沈外長〉，《聯合報》，臺北，1975年1月26日，第2版。

6 〈中烏商務協定 七日換文〉，《經濟日報》，臺北，1975年2月5日，第2版。

7 《蔣經國日記》，1975年2月13日，史丹福大學胡佛研究所藏。

8 〈我外交部再度嚴正聲明 西沙及南沙兩群島 主權屬於中華民國〉，《聯合報》，臺北，1975年2月15日，第1版；〈總統事略日記（蔣經國剪報資料）64.01~64.04〉，《蔣中正總統文物》，國史館藏，數位典藏號：002-110102-00004-021。

日本索償債務。[9]

3月4日　在立法院強調保護國家的領土及領海是政府的責任，外傳日本漁船侵入我國領海作業，政府必須查明事實，會同有關部會妥善處理。[10]

3月15日　列席立法院外交委員會，報告外交施政和分析國際局勢，呼籲亞洲自由國家認清敵友，加強團結。[11]

3月22日　蔣經國約見，討論對日關係。24日，復約見，馬樹禮同行。[12]

3月28日　應邀在監察院外交委員會報告國際形勢，呼籲自由國家阻止共產黨赤化亞洲陰謀。[13]

4月5日　接見美國駐華大使安克志討論中南半島局勢。[14]

　　　　蔣中正總統因病於本日逝世。

4月6日　嚴家淦總統頒布蔣中正故總統治喪令，先生列名治喪大員。[15]

4月17日　陪同蔣夫人與蔣經國院長接見來華參加故總統蔣中正

9　〈外交部長昨表示　台澎同胞有權利　向日本索償債務〉，《聯合報》，臺北，1975年3月1日，第3版。

10　〈日漁船在彭佳嶼附近活動　我國軍艦正予密切監視中〉，《經濟日報》，臺北，1975年3月5日，第2版。

11　〈沈外長析亞洲局勢　指出共黨陰謀未變　呼籲自由國家加強團結〉，《聯合報》，臺北，1975年3月16日，第1版；〈沈昌煥外長呼籲亞洲自由國家　認清敵友加強團結　當前危局可證共黨無和解之意　為自由而戰值得舉世同情欽敬〉，《中央日報》，臺北，1975年3月16日，第1版。

12　《蔣經國日記》，1975年3月22、24日，史丹福大學胡佛研究所藏。

13　〈外長沈昌煥籲自由國家　阻止共黨赤化亞洲陰謀〉，《聯合報》，臺北，1975年3月29日，第2版；〈沈昌煥籲自由國家　阻止共黨赤化陰謀〉，《中央日報》，臺北，1975年3月29日，第3版。

14　〈沈外長接見安克志大使　討論中南半島局勢〉，《聯合報》，臺北，1975年4月6日，第2版。

15　〈故總統蔣公喪禮　政府決敬謹辦理　全國下半旗誌哀一個月　今在國父紀念館設靈堂〉，《聯合報》，臺北，1975年4月7日，第1版。

奉厝大典的各國特使。[16]

4月28日　出席中國國民黨第十屆中央委員會臨時全體會議報告
國際現勢，說明今後只要恪遵總裁蔣中正遺訓，堅持
國際正義，堅守民主陣容，深信必能突破難關，達成
反共復國的神聖使命。[17]

4月30日　對越南共和國淪陷發表聲明，呼籲自由國家勿對共產
黨存有幻想。[18]

5月 7 日　蔣經國約見，討論對美、對泰外交政策。[19]

5月10日　與來訪的沙烏地阿拉伯王國教育部長謝赫（Hamad Al-
Sheikh），分別代表雙方政府簽署中沙文化協定。[20]

5月28日　蔣經國約見，討論外交政策。[21]

6月 4 日　蔣經國約見，討論對韓、對菲外交政策。[22]

6月13日　接見來華訪問的哥斯大黎加外交部次長羅曼。[23]

6月17日　與羅曼次長分別代表兩國政府，在外交部簽署《中哥
技術合作協定補充協議》，延長技術合作協定效期，
並擴大農技合作範圍。[24]

16　〈蔣夫人與蔣院長　昨日接見各國特使〉，《聯合報》，臺北，1975年4月18日，第1版。

17　〈國民黨第十屆中委會　今日舉行臨時全會　將推選蔣經國為中委會主席　並就當前情勢
提示努力方向〉，《聯合報》，臺北，1975年4月28日，第1版；〈堅持國際正義　堅
守民主陣容　沈昌煥昨報告國際情勢〉，《聯合報》，臺北，1975年4月29日，第2版。

18　〈關於越南共和國之淪陷外交部部長沈昌煥發表聲明〉（1975年4月30日），《外交部
公報》，第40卷第2期，頁21。

19　《蔣經國日記》，1975年5月7日，史丹福大學胡佛研究所藏。

20　〈中沙簽訂文化協定〉，《聯合報》，臺北，1975年5月11日，第2版。

21　《蔣經國日記》，1975年5月28日，史丹福大學胡佛研究所藏。

22　《蔣經國日記》，1975年6月4日，史丹福大學胡佛研究所藏。

23　〈哥國外交次長　羅曼昨日訪華〉，《聯合報》，臺北，1975年6月14日，第2版。

24　〈中哥擴大農技合作範圍〉，《聯合報》，臺北，1975年6月18日，第2版；〈臺灣新
生報底片民國六十四年（四）〉，《台灣新生報》，國史館藏，數位典藏號：150-031400-
0004-024。

蔣經國約見，討論對泰、對菲、對印尼政策。[25]

6月23日 蔣經國約見，談泰國問題。[26]

6月30日 與美國駐華大使安克志分別代表雙方政府，以換文方式將《中美經濟社會發展基金協定》效期延長5年。[27]

7月8日 蔣經國約見，討論菲、泰、日三國之個別關係。[28]

7月9日 發表關於中日通航問題聲明，宣布我方已予同意中日通航，促進雙方友好關係。[29]

7月19日 在立法院外交委員會報告當前外交情勢與我國因應策略。[30]

7月22日 蔣經國約見，討論外交。[31]

7月28日 在六十四年國家建設研究會報告國際情勢及外交關係，呼籲盟邦團結互信，維護國際正義公理。[32]

蔣經國約見，談公務。[33]

8月8日 蔣經國約見，討論美國對臺政策。[34]

8月28日 蔣經國約見，談對美、泰和菲的關係，以及歡迎巴拉

25 《蔣經國日記》，1975年6月17日，史丹福大學胡佛研究所藏。

26 《蔣經國日記》，1975年6月23日，史丹福大學胡佛研究所藏。

27 〈中美經社基金協定　院會核備延期五年　中史技協延長三年〉，《經濟日報》，臺北，1975年7月25日，第2版。

28 《蔣經國日記》，1975年7月8日，史丹福大學胡佛研究所藏。

29 〈關於中日通航問題外交部部長沈昌煥發表聲明〉（1975年7月9日），《外交部公報》，第40卷第3期，頁23。

30 〈在亞洲鏈島防線中　我居重要戰略地位　國際間重視我堅強實力〉，《聯合報》，臺北，1975年7月20日，第1版。

31 《蔣經國日記》，1975年7月22日，史丹福大學胡佛研究所藏。

32 〈我已向廿五國提供技術服務　百餘國家及地區與我關係良好　沈昌煥向海內外學者發表演說〉，《聯合報》，臺北，1975年7月29日，第2版；〈沈昌煥在國建會報告外交情況　呼籲盟邦團結互信　維護國際正義公理　我對西太安定和平有重大貢獻〉，《中央日報》，臺北，1975年7月29日，第1版；〈臺灣新生報底片民國六十四年（六）〉，《台灣新生報》，國史館藏，數位典藏號：150-031400-0006-019。

33 《蔣經國日記》，1975年7月28日，史丹福大學胡佛研究所藏。

34 《蔣經國日記》，1975年8月8日，史丹福大學胡佛研究所藏。

圭總統來華訪問有關事項。[35]

8月29日 應邀在世盟中國分會及亞盟中國總會六十四年會員代表大會致詞，警告自由國家慎防共黨各個擊破。[36]

9月4日 歡迎海地共和國外交部長布魯突斯（Edner Brutus）訪華。[37]

成立對外工作小組，與周書楷一同擔任召集人。[38]

9月8日 接見美國前國防部長賴德。[39]

與來華訪問的海地共和國外交部長布魯突斯簽署聯合公報，強調兩國政府同意一致為維護國家獨立自主與相互尊重。[40]

9月17日 蔣宋美齡赴美就醫，前往機場送行。[41]

9月22日 陪同巴拉圭總統史托斯納爾拜會嚴家淦總統等人，以加強兩國合作。[42]

9月23日 擔任對外工作統一小組成員。[43]

9月25日 與來華訪問的巴拉圭外交部長薩比納（Raúl Sapena

---

35 《蔣經國日記》，1975年8月28日，史丹福大學胡佛研究所藏。

36 〈沈部長警告自由國家 慎防共黨各個擊破 指出共黨不容任何國家中立 強調必須鞏固集體防衛體系〉，《聯合報》，臺北，1975年8月30日，第1版。

37 〈海地外交部長布魯突斯訪華〉，《聯合報》，臺北，1975年9月5日，第2版；〈臺灣新生報底片民國六十四年（八）〉，《台灣新生報》，國史館藏，數位典藏號：150-031400-0008-008。

38 《蔣經國日記》，1975年9月4日，史丹福大學胡佛研究所藏。

39 〈蔣夫人蔣院長昨日接見賴德〉，《聯合報》，臺北，1975年9月8日，第1版；〈賴德昨表示將向福特建議 絕不接受共匪有損我國權益任何條件 認中美協防條約極為堅定〉，《聯合報》，臺北，1975年9月9日，第1版。

40 〈我與海地外交部長 昨日簽署聯合公報 強調兩國相互尊重維護獨立自主〉，《聯合報》，臺北，1975年9月9日，第2版；〈海地外交部長 布魯突斯離華〉，《聯合報》，臺北，1975年9月10日，第2版。

41 〈蔣經國照片資料輯集—民國六十四年（二）〉，《蔣經國總統文物》，國史館藏，數位典藏號：005-030206-00013-040。

42 〈巴拉圭總統率隨員赴蔣公陵寢致敬 昨天並拜會嚴總統接見蔣院長 我國決積極推動中巴經濟合作〉，《聯合報》，臺北，1975年9月23日，第2版。

43 〈政府成立工作小組 統一駐外機構事權〉，《聯合報》，臺北，1975年9月24日，第1版。

Pastor）代表雙方政府在總統府簽署觀光協定和投資
協定，雙方將共同發展觀光事業，加強經濟合作與財
政互惠。[44]

10月1日 蔣經國約見，談對美外交。[45]

10月17日 蔣經國約見，談孔、宋事。[46]

10月24日 接見美國駐華大使安克志。[47]

10月27日 列席立法院外交委員會，報告外交狀況，分析美國與
中國大陸現勢。[48]

11月13日 蔣經國約見，談對美外交。[49]

11月21日 接受國際獅子會總會長阿士朗（Harry J. Aslan）頒贈
獅子會榮譽獎章，感謝給予獅子會的協助。[50]

11月22日 代表政府贈勳給國際獅子會總會長阿士朗。[51]

11月29日 在立法院僑政委員會報告保僑措施，並綜合答覆立法
委員質詢。[52]

---

44 〈中巴發表共同宣言　加強合作維護和平　指出共黨威脅兩洲自由傳統　史托斯納爾總統
一行昨離華〉，《聯合報》，臺北，1975 年 9 月 26 日，第 1 版；〈中巴簽署觀光投資兩
項協定　將共同發展觀光事業　並加強投資技術合作〉，《聯合報》，臺北，1975 年 9
月 26 日，第 2 版。

45 《蔣經國日記》，1975 年 10 月 1 日，史丹福大學胡佛研究所藏。

46 《蔣經國日記》，1975 年 10 月 17 日，史丹福大學胡佛研究所藏。

47 〈沈外長接見安克志〉，《經濟日報》，臺北，1975 年 10 月 25 日，第 2 版。

48 〈沈昌煥昨在立院報告　中美保持密切接觸　美與共匪基本歧見無法調和　福特未來與匪
談判難有突破性進展〉，《聯合報》，臺北，1975 年 10 月 28 日，第 1 版。

49 《蔣經國日記》，1975 年 11 月 13 日，史丹福大學胡佛研究所藏。

50 〈獅會遠東及東南亞年會揭幕展開活動　昨天晚上舉行青年之夜招待各國獅友　我總會開
酒會歡迎阿士朗及外國獅友　今進行專題討論分由魏鏞等三人主講〉，《經濟日報》，臺
北，1975 年 11 月 22 日，第 7 版。

51 〈我贈勳阿士朗〉，《經濟日報》，臺北，1975 年 11 月 23 日，第 2 版。

52 〈政府決盡最大努力　維護各地僑胞權益　沈昌煥在立院報告保僑措施　深信僑胞必更團
結擊敗共匪統戰〉，《中央日報》，臺北，1975 年 11 月 30 日，第 1 版；〈僑政委員會
第五十六會期第四次全體委員會議議事錄〉（1975 年 11 月 29 日），《立法院公報》，
第 65 卷第 4 期，頁 1-4、9-11。

12月 1 日　蔣經國約見，檢討外交政策。[53]

　　　　　　受任為六十四年特種考試外交領事人員考試典試委員。[54]

12月 8 日　蔣經國約見，研討對美外交。[55]

　　　　　　接見美國駐華大使安克志，獲告知國務院助理國務卿哈比（Philip Charles Habib）將訪華。[56]

12月 9 日　參加行政院長蔣經國接見美國國務院主管東亞及太平洋事務助理國務卿哈比之談話。[57]

12月12日　蔣經國約見，討論外交政策。[58]

12月18日　在監察院外交委員會分析全球對立情勢將延續，我國應保持原則、積極奮鬥、克服困難。[59]

12月23日　應邀在光復大陸設計研究委員會第22次會議報告國際情勢。[60]

53　《蔣經國日記》，1975 年 12 月 1 日，史丹福大學胡佛研究所藏。

54　〈總統令〉（1975 年 12 月 1 日），《總統府公報》，第 2971 期，頁 1。

55　《蔣經國日記》，1975 年 12 月 8 日，史丹福大學胡佛研究所藏。

56　〈美大使通知沈部長　哈比今日訪華　報告福特與匪會談經過〉，《聯合報》，臺北，1975 年 12 月 9 日，第 1 版。

57　〈蔣院長昨日正告美助卿哈比　我反對美與匪交往　中美保持友好亞洲才有和平　哈比說明中美關係並無改變〉，《聯合報》，臺北，1975 年 12 月 10 日，第 1 版。

58　《蔣經國日記》，1975 年 12 月 12 日，史丹福大學胡佛研究所藏。

59　〈沈外長昨分析世局　對立情勢仍將延續　我國保持原則因應世變　積極奮鬥必能克服困難〉，《聯合報》，臺北，1975 年 12 月 19 日，第 1 版。

60　〈光復大陸設計研究會今開大會　嚴總統特頒訓詞勉勵薈獻嘉猷〉，《經濟日報》，臺北，1975 年 12 月 23 日，第 2 版。

民國65年（1976） 63歲

1月27日　先生表示從中華民國退出聯合國以後，許多外國政府官員到臺灣，觀察是何種精神使中華民國屹立不搖。[1]

1月29日　蔣經國於行政院會議後約見，討論外交問題，周書楷同行。[2]

2月6日　與經濟部組織經濟外交首長工作聯繫會報。[3]

2月18日　主持在淡江文理學院舉辦的北區教授春節年會。[4]

2月27日　在立法院答覆立法委員邱仕豐質詢，表示將強化外交陣容，推展總體外交。[5]

3月4日　接見美國駐華大使安克志，並交換意見。[6]

3月5日　答覆立法委員謝仁釗質詢，分析尼克森訪問中國大陸問題。[7]

3月21日　蔣經國約見，談政務與私事。[8]

3月31日　在立法院外交委員會報告國際現勢，表示美國繼續維持對我國外交關係及條約關係，是符合美國及自由世

1　〈星洲總理李光耀　訪華四天後返國〉，《聯合報》，臺北，1976年1月28日，第1版。

2　《蔣經國日記》，1976年1月29日，史丹福大學胡佛研究所藏。

3　〈政府決增設海外商務機構　擴大技術合作及推動貿易〉，《經濟日報》，臺北，1976年2月7日，第1版。

4　〈北區教授年會　昨續舉行兩場　分別由高魁元、沈昌煥主持〉，《聯合報》，臺北，1976年2月19日，第2版；〈北區教授年會昨續舉行兩場〉，《中央日報》，臺北，1976年2月19日，第4版。

5　〈政府強化外交陣容　推展總體外交　立法委員昨天建議政府　加速規劃社會安全制度〉，《聯合報》，臺北，1976年2月28日，第2版；〈沈昌煥在立法院表示　我積極加強與各國關係〉，《中央日報》，臺北，1976年2月28日，第3版。

6　〈沈外長接見安克志大使〉，《聯合報》，臺北，1976年3月5日，第2版。

7　〈尼克森媚匪言行　我政府不予置評　沈昌煥外長昨日表示〉，《聯合報》，臺北，1976年3月6日，第2版。

8　《蔣經國日記》，1976年3月21日，史丹福大學胡佛研究所藏。

界利益。[9]

4月9日 接見沙烏地阿拉伯王國計畫部長納茲爾等人。[10]

4月12日 接見哥斯大黎加外交部長法西奧（Gonzalo Facio Segreda）。[11]

4月16日 與哥斯大黎加外交部長法西奧在臺北發表聯合公報，加強雙方經濟與技術合作。[12]

4月18日 蔣經國約見，討論外交問題。[13]

4月19日 在立法院僑政委員會報告，表示政府必努力保護僑胞權益，並綜合答覆立法委員質詢。[14]

5月13日 列席立法院外交委員會，答覆立法委員質詢。[15]

5月31日 機場歡迎賴索托王國總理約拿旦（Leabua Jonathan）訪華。[16]次日，在臺北賓館舉行歡迎酒會。[17]

9　〈沈昌煥外長昨表示　美將繼續支持我國　本報董事長王惕吾指出　中美兩國共同利益一致〉，《聯合報》，臺北，1976年4月1日，第2版；〈沈昌煥外長促民主國家　嚴防俄匪分化詭計　安哥拉局勢發展是非洲危急信號　美維持與我關係符合美本身利益〉，《中央日報》，臺北，1976年4月1日，第1版。

10　〈我願提供人力經驗　助沙推行五年經濟計畫　納茲爾昨與孫運璿舉行會談〉，《經濟日報》，臺北，1976年4月9日，第1版。

11　〈哥斯達黎加外交部長　德西奧昨天來訪〉，《聯合報》，臺北，1976年4月13日，第2版。

12　〈中華民國外交部長沈昌煥閣下、哥斯大黎加外交部長法西奧閣下聯合公報〉（1976年4月16日），《外交部公報》，第41卷第2期，頁19；〈中哥發表聯合公報　雙方加強經技合作〉，《經濟日報》，臺北，1976年4月18日，第2版；〈臺灣新生報底片民國六十五年（三）〉，《台灣新生報》，國史館藏，數位典藏號：150-031500-0003-027。

13　《蔣經國日記》，1976年4月18日，史丹福大學胡佛研究所藏。

14　〈僑政委員會第五十七會期第四次會議紀錄〉（1976年4月19日），《立法院公報》，第65卷第45期，頁32-35、38-39。

15　〈立委改變質詢方式〉，《聯合報》，臺北，1976年5月14日，第2版；〈沈外長昨在立院稱　中美邦交親善　美如片面背棄盟邦　決不會為人民接受〉，《聯合報》，臺北，1976年5月14日，第1版。

16　〈賴索托總理昨抵華訪問　將參觀我經建設施商討技合問題〉，《經濟日報》，臺北，1976年6月1日，第2版；〈蔣經國照片資料輯集—民國六十五年（一）〉，《蔣經國總統文物》，國史館藏，數位典藏號：005-030206-00017-029。

17　〈嚴總統贈勛賴國四首長〉，《經濟日報》，臺北，1976年6月2日，第1版。

6月3日　陪同賴索托王國總理約拿旦參觀各處。[18]

6月5日　與賴索托王國外交部長莫拉博（Charles Dube Molapo）簽署聯合公報，繼續以農技協助賴國政府與人民。[19]

6月21日　在立法院外交委員會秘密會議指出我居亞太樞紐地位。[20]

8月3日　在國家建設研究會報告國際關係，指出中共內部危機四伏，終必爆發抗暴革命。[21]

8月9日　與中非共和國外交部長法蘭克（Antonio Franck）發表聯合公報，強調誠摯友誼與合作意願。[22]

8月20日　機場歡迎史瓦濟蘭王國總理馬佩夫親王（Maphevu Dlamini）來華訪問。[23]

8月28日　陪同蔣經國南巡高雄，傍晚於高雄圓山飯店討論外交問題。[24]

9月6日　主持中華民國工商界慶祝美國建國200週年友好訪問團行前簡報，表示今後需要加強拓展貿易，提升我國產品輸美的競爭力。[25]

18 〈蔣院長昨設晚宴　款待約拿旦總理〉，《聯合報》，臺北，1976年6月4日，第2版；〈賴索托總理約拿旦　參觀大統百貨公司〉，《經濟日報》，臺北，1976年6月5日，第7版。

19 〈我將續以農技協助賴國　中賴簽聯合公報強調密切合作〉，《經濟日報》，臺北，1976年6月6日，第1版；〈臺灣新生報底片民國六十五年（六）〉，《台灣新生報》，國史館藏，數位典藏號：150-031500-0006-009。

20 〈外長沈昌煥昨指出　我居亞太樞紐地位〉，《聯合報》，臺北，1976年6月22日，第2版。

21 〈國際情勢—在國家建設研究會報告〉（六十五年八月三日），收於：外交部新聞文化司編，《沈昌煥先生言論集》，頁344-356；〈外交部長沈昌煥昨指出　共匪內部危機四伏終必爆發抗暴革命〉，《聯合報》，臺北，1976年8月4日，第2版。

22 〈中華民國外交部長沈昌煥閣下、中非共和國外交部長法蘭克閣下聯合公報〉（1976年8月9日），《外交部公報》，第41卷第3期，頁11-12。

23 〈史瓦濟蘭總理訪華　將參觀我經建設施〉，《經濟日報》，臺北，1976年8月21日，第2版；〈史國總理馬佩夫昨離華　盛讚我國農村建設成功〉，《經濟日報》，臺北，1976年8月27日，第2版。

24 《蔣經國日記》，1976年8月28日，史丹福大學胡佛研究所藏。

25 〈為加強中美經濟貿易關係　今後將不斷組團赴美訪問〉，《經濟日報》，臺北，1976

10月 8 日　陪同薩爾瓦多財政部長馬丁內斯（Álvaro Ernesto Martínez）出席記者會，說明將在臺北設置大使館。[26]

10月 9 日　接見來華參加雙十國慶活動的美國參議員葛瑞佛。[27]

10月12日　與巴拉圭共和國外交部長紐蓋世（Alberto Nogués）發表聯合公報，強調兩國堅決團結，對抗共產勢力。[28]

10月14日　列席立法院外交委員會，報告國際局勢，希望泰國反共措施成功。[29]

11月 6 日　陪同烏拉圭共和國訪問團赴高雄參觀楠梓加工出口區。[30]

11月 7 日　與烏拉圭外交部部長白蘭柯（Juan Carlos Blanco Estradé）發表聯合公報。[31]

11月12日　中國國民黨第十一次全國代表大會於臺北召開，至18日結束。

11月13日　中國國民黨第十一次全國代表大會第2次大會，通過先生為提案審查委員會第六審查組召集人。[32]

年 9 月 7 日，第 2 版。

26　〈薩國歡迎我業者投資　馬丁內斯說薩決在我國設大使館〉，《經濟日報》，臺北，1976年 10 月 9 日，第 2 版。

27　〈葛瑞佛參議員　昨拜會沈昌煥〉，《中央日報》，臺北，1976 年 10 月 10 日，第 3 版。

28　〈中巴外長聯合公報強調　兩國堅決團結一致　對抗共產邪惡勢力〉，《聯合報》，臺北，1976 年 10 月 13 日，第 2 版；〈臺灣新生報底片民國六十五年（二十）〉，《台灣新生報》，國史館藏，數位典藏號：150-031500-0020-025；〈中華民國外交部部長沈昌煥閣下、巴拉圭共和國外交部部長紐蓋世閣下聯合公報〉（1976 年 10 月 12 日），《外交部公報》，第 41 卷第 4 期，頁 22。

29　〈沈部長昨列席立院指出　我國希望泰國　反共措施成功〉，《聯合報》，臺北，1976年 10 月 15 日，第 4 版；〈泰政府採反共措施　我深盼其獲致成功　沈昌煥在立院報告國際局勢〉，《中央日報》，臺北，1976 年 10 月 15 日，第 1 版。

30　〈烏拉圭外長一行　參觀高雄加工區〉，《經濟日報》，臺北，1976 年 11 月 7 日，第 2 版；〈臺灣新聞報底片民國六十五年（七）〉，《台灣新聞報》，國史館藏，數位典藏號：156-030114-0007-011。

31　〈中華民國外交部部長沈昌煥閣下、烏拉圭共和國外交部部長白蘭柯閣下聯合公報〉（1976年 11 月 7 日），《外交部公報》，第 41 卷第 4 期，頁 22-23。

32　〈各審查組召集人推定〉，《聯合報》，臺北，1976 年 11 月 14 日，第 2 版。

11月15日 在中國國民黨第十一次全國代表大會進行外交報告，
與會者踴躍提問討論。[33]

擔任中國國民黨第十一次全國代表大會宣言起草委員
會召集人。[34]

報告「全黨奉行　總裁遺囑決議文」審查意見。[35]

11月17日 當選中國國民黨第十一屆中央委員。[36]

11月19日 獲中國國民黨第十一屆中央委員會第1次全體會議通
過為中央常務委員。[37]

11月22日 主持使節會議，討論各項外交問題。[38]

11月 奉蔣經國密令，前往新加坡，謁見星國總理李光耀，
並與星國外交部長拉惹勒南（Rajaratnam）會面，商
談派遣台灣人才協助裕廊工業區經營與城市經營事
宜。[39]

12月 1日 在立法院僑政委員會呼籲國人不要輕信謠傳，盲目移
民巴西。[40]

---

33 〈沈昌煥在十一全大會提出外交報告要點　以大無畏精神迎接挑戰〉，《中央日報》，臺
北，1976年11月16日，第2版；〈十一全大會今日議程〉，《聯合報》，臺北，1976
年11月15日，第2版；〈亞洲情勢險惡　我居戰略要衝　惟有我國光復大陸河山　亞洲
才可獲致永遠安定〉，《聯合報》，臺北，1976年11月16日，第2版。

34 〈宣言起草及決議案整理　召集人昨公布〉，《聯合報》，臺北，1976年11月16日，第2版。

35 〈奉行總裁遺囑　沈昌煥報告審查意見〉，《中央日報》，臺北，1976年11月16日，第3版。

36 〈中國國民黨十一全大會代表　昨選出本屆中央委員〉，《經濟日報》，臺北，1976年
11月18日，第1版。

37 〈中央常務委員人選　昨經一中全會通過　共廿二人　四人係新任〉，《聯合報》，臺北，
1976年11月20日，第1版。

38 〈使節會議明舉行　將全面檢討外交〉，《聯合報》，臺北，1976年11月21日，第2版；
〈使節會議昨起舉行　將就有關問題進行檢討〉，《聯合報》，臺北，1976年11月23日，
第2版。

39 胡為真講述、汪士淳撰寫，《國運與天涯：我與父親胡宗南、母親葉霞翟的生命紀事》（臺
北：時報文化，2018年），頁91-92。沈昌煥密訪新加坡詳細時間，經與時任沈昌煥秘書
胡為真確認為1976年11月。

40 〈沈外長表示　不可盲目移民巴西〉，《聯合報》，臺北，1976年12月2日，第2版；〈政
府竭力從事保僑便僑　沈昌煥籲僑胞與駐外單位合作　為維護僑社安定繁榮共同努力〉，

12月 6 日　受任為六十五年特種考試外交領事人員考試典試委
　　　　　　員。[41]

12月 8 日　蔣經國約見，討論對美外交要領。[42]

12月22日　在立法院外交委員會報告最近外交施政及駐外使領館
　　　　　　業務概況，表示將加強對美外交關係。[43]

12月23日　在光復大陸設計研究委員會全體委員會議分析國際局
　　　　　　勢。[44]

　　　《中央日報》，臺北，1976 年 12 月 2 日，第 1 版。

41　〈總統令〉（1976 年 12 月 6 日），《總統府公報》，第 3130 期，頁 1。

42　《蔣經國日記》，1976 年 12 月 8 日，史丹福大學胡佛研究所藏。

43　〈外交委員會第五十八會期第七次全體委員會議紀錄〉（1976 年 12 月 22 日），《立法
　　院公報》，頁 57-60、66-67。

44　〈國際局勢──在光復大陸設計研究委員會年會講詞〉（六十五年十二月廿三日），收於：
　　外交部新聞文化司編，《沈昌煥先生言論集》，頁 357-370；〈政府堅持獨立自主原則
　　加強推動總體外交　光大會全體會議昨揭幕　沈昌煥外長昨分析世局〉，《聯合報》，臺
　　北，1976 年 12 月 24 日，第 2 版。

民國66年（1977） 64歲

1月6日 蔣經國約見，討論對美外交要領。[1]

1月26日 參加中國國民黨中常會後，蔣經國約見，討論外交問題。[2]

2月11日 接見韓國前國務總理金鍾泌，就兩國有關事項交換意見。[3]

2月15日 蔣經國至外交部指示中美關係實務。[4]

2月 蔣經國數度約見，討論外交問題。[5]

3月12日 蔣經國在日記中記載約見先生時應注意事項。[6]

3月19日 在立法院外交委員會報告施政，並分析當前國際情勢變化。[7]

3月20日 歡迎瓜地馬拉共和國外交部長莫黎那（Adolfo Molina Orantes）夫婦暨其隨員來華訪問。[8]

3月21日 陪同瓜地馬拉共和國外交部長莫黎那等拜會蔣經國，

---

1 《蔣經國日記》，1977年1月6日，史丹福大學胡佛研究所藏。

2 《蔣經國日記》，1977年1月26日，史丹福大學胡佛研究所藏。

3 〈韓國前總理金鍾泌訪華 昨曾前往慈湖謁陵〉，《聯合報》，臺北，1977年2月11日，第1版；〈金鍾泌沈昌煥 主張中韓應該加強合作〉，《聯合報》，臺北，1977年2月12日，第2版。

4 〈蔣院長昨告新聞界 中美關係保持良好 沈劍虹再訪問美國務院〉，《聯合報》，臺北，1977年2月16日，第1版。

5 《蔣經國日記》，1977年2月25日，史丹福大學胡佛研究所藏。

6 《蔣經國日記》，1977年3月12日，史丹福大學胡佛研究所藏。

7 〈支持鐵幕內人民爭人權 世局逆流必可扭轉 沈外長在立院委會分析國際情勢 籲自由世界重視匪剝奪人權事實〉，《聯合報》，臺北，1977年3月20日，第1版。

8 〈瓜國外交部長 莫黎那昨訪華〉，《聯合報》，臺北，1977年3月21日，第2版；〈臺灣新生報底片民國六十六年（三）〉，《台灣新生報》，國史館藏，數位典藏號：150-031600-0003-022。

對國際局勢交換意見。[9]

3月23日　與瓜地馬拉外交部長莫黎那發表聯合公報，簽署文化
　　　　　協定。[10]

4月6日　　應邀在立法院僑政委員會報告保僑措施，並答覆立法
　　　　　委員質詢。[11]

4月7日　　蔣經國約見，談國內外事務。[12]

4月8日　　接見美國參議員高華德（Barry Morris Goldwater）。[13]
　　　　　蔣中正總統逝世二周年紀念講述。[14]

4月30日　在立法院外交委員會報告最近國際形勢與中美外交關
　　　　　係，並答覆立法委員程滄波、王藹芬、許孝炎、謝仁
　　　　　釗、陶鎔、陳紹賢、鄒志奮質詢。[15]

6月27日　接見日本國會議員秦野章，會談中日復航問題，並交
　　　　　換意見。[16]

7月1日　　發表聲明，對美國國務卿范錫（Cyrus Roberts Vance）
　　　　　在亞洲學會發表演說所反映的美國對華政策，提出強
　　　　　烈異議。[17]

9　〈蔣院長接見瓜外長　廣泛交換世局意見〉，《聯合報》，臺北，1977年3月22日，第2版。
10　〈中瓜聯合公報強調　致力袪除共黨暴行　同意加強貿易經技合作　中瓜兩國外長昨簽署
　　文化協定〉，《聯合報》，臺北，1977年3月24日，第2版。
11　〈僑政委員會第五十九會期第七次會議紀錄〉（1977年4月6日），《立法院公報》，
　　第66卷第83期，頁32-35、38-40。
12　《蔣經國日記》，1977年4月7日，史丹福大學胡佛研究所藏。
13　〈沈外長接見高華德〉，《聯合報》，臺北，1977年4月9日，第2版。
14　〈總統　蔣公的外交思想、處理外交問題的原則和精神—紀念總統　蔣公逝世二週年講
　　述〉（六十六年四月八日），收於：外交部新聞文化司編，《沈昌煥先生言論集》，頁
　　371-374。
15　〈最近國際情勢之發展與中美關係—在立法院外交委員會公開會講詞〉（六十六年四月卅
　　日），收於：外交部新聞文化司編，《沈昌煥先生言論集》，頁375-387；〈外交委員會
　　第五十九會期第四次全體會議紀錄〉（1977年4月30日），《立法院公報》，第66卷
　　第62期，頁24-25、27-29。
16　〈日國會議員秦野章訪華〉，《聯合報》，臺北，1977年6月27日，第2版。
17　〈我對范錫演說提強烈異議〉，《經濟日報》，臺北，1977年7月2日，第1版；〈外

7月 5日　蔣經國約見，談外交事務。[18]

8月 2日　應邀在國家建設研究會分析國際情勢，以中共拉美制
　　　　　俄目的是在挑起美俄大戰。[19]

8月19日　在監察院外交委員會報告外交情勢，將擴大與東協五
　　　　　國經技合作。[20]

　　　　　蔣經國約見，談對美外交。[21]

8月26日　接見美國助理國務卿郝爾布魯克，陪同蔣經國聽取國
　　　　　務卿范錫前往中國大陸之行的簡報。[22]

8月31日　於國家安全會議中報告中美關係。[23]

9月23日　在立法院答覆立法委員質詢時，說明已向美國說明反
　　　　　對其與中共交往的立場。[24]

10月29日　列席立法院外交委員會，報告外交施政和國際情勢。[25]

11月 7日　在立法院僑政委員會分析近來外交部面對的僑胞問
　　　　　題，並綜合答覆立法委員質詢。[26]

交部部長沈昌煥就美國國務卿范錫先生於66年6月29日在亞洲學會之演說所反映之美
國對華政策發表嚴正聲明〉（1977年7月1日），《外交部公報》，第42卷第3期，頁
15。

18　《蔣經國日記》，1977年7月5日，史丹福大學胡佛研究所藏。

19　〈國際情勢—在國家建設研究會報告〉（六十六年八月二日），收於：外交部新聞文化司
　　編，《沈昌煥先生言論集》，頁388-402；〈沈外長昨分析國際情勢　共匪拉美制俄目的是
　　實圖挑起美俄大戰〉，《聯合報》，臺北，1977年8月3日，第1版。

20　〈監察院外交委員會邀請外交部長沈昌煥報告最近我國外交情勢〉（1977年9月12日），
　　《監察院公報》，第1110期，頁14166。

21　《蔣經國日記》，1977年8月19日，史丹福大學胡佛研究所藏。

22　〈蔣院長接見美助理國務卿　聽取范錫匪區之行的簡報　並忠告認清敵友　確保亞洲和
　　平〉，《經濟日報》，臺北，1977年8月27日，第2版。

23　〈卸任總統後：中美及美匪關係資料〉，《嚴家淦總統文物》，國史館藏，數位典藏號：
　　006-010904-00005-006。

24　〈蔣院長與卡特　保持函電連繫〉，《聯合報》，臺北，1977年9月24日，第1版。

25　〈共匪到處製造混亂　正圖挑起世界大戰　沈昌煥昨在立院報告國際情勢　揭穿匪叫嚷
　　「四個現代化」陰謀〉，《聯合報》，臺北，1977年10月30日，第1版；〈匪在國際
　　點火　企圖挑起大戰　沈昌煥認匪藉此掩飾內部亂局〉，《中央日報》，臺北，1977年
　　10月30日，第1版。

26　〈僑政委員會第六十會期第六次會議紀錄〉（1977年11月7日），《立法院公報》，第

11月16日 受任為六十六年特種考試外交領事人員考試典試委員。[27]

12月23日 在光復大陸設計研究委員會全體委員會議報告國際局勢，促請民主國家團結反共。[28]

66 卷第 104 期，頁 19-23、27-28。

27 〈總統令〉（1977 年 11 月 16 日），《總統府公報》，第 3278 期，頁 2。

28 〈當前國際情勢—在光復大陸研究設計委員會全體委員會議講詞〉（六十六年十二月廿三日），收於：外交部新聞文化司編，《沈昌煥先生言論集》，頁 403-415；〈光復會進行研究 開闢敵後戰場 沈外長指匪幫敗徵畢露 促請民主國家團結反共〉，《聯合報》，臺北，1977 年 12 月 24 日，第 2 版。

民國67年（1978） 65歲

1月 9 日　蔣經國院長接見外交工作人員並有所指示。[1]

2月 1 日　機場歡迎薩爾瓦多外交部長馬丁內斯夫婦訪華。[2]

2月 2 日　接見薩爾瓦多外交部長馬丁內斯，並交換意見。[3]次日下午，先生夫婦陪同馬丁內斯，部長暨夫人飛往高雄參觀工業設施。[4]

2月 8 日　與薩爾瓦多外交部長馬丁內斯簽署聯合公報。[5]

2月15日　中國國民黨第十一屆二中全會第4次大會中選出中央常務委員22人，先生連任中央常務委員。[6]

2月16日　主持外交部駐外使節會議。[7]

2月18日　綜合外交部駐外使節會議各首長及使節提供的意見。[8]

2月21日　在立法院指稱我堅定外交政策，贏得友邦尊重。[9]

3月 2 日　在第一屆國民大會第六次會議第3次大會提出外交報

1　〈蔣院長勉外交工作人員　堅守國家基本立場　主動開拓對外關係〉，《聯合報》，臺北，1978 年 1 月 10 日，第 1 版。

2　〈薩爾瓦多外長昨訪華　蔣院長接見馬丁內斯〉，《聯合報》，臺北，1978 年 2 月 2 日，第 2 版；〈蔣經國照片資料輯集—民國六十六年至六十七年（二）〉，《蔣經國總統文物》，國史館藏，數位典藏號：005-030206-00025-019。

3　〈中薩外長廣泛交換意見〉，《聯合報》，臺北，1978 年 2 月 3 日，第 2 版。

4　〈嚴總統贈勳薩外長〉，《聯合報》，臺北，1978 年 2 月 4 日，第 2 版。

5　〈中華民國外交部長沈昌煥閣下、薩爾瓦多共和國外交部長馬丁矗斯閣下聯合公報〉（1978 年 2 月 8 日），《外交部公報》，第 42 卷第 5 期，頁 10-11。

6　〈中央常務委員　全部當選連任〉，《聯合報》，臺北，1978 年 2 月 16 日，第 1 版。

7　〈駐外使節會議　今起舉行三天　將討論拓展貿易等議題〉，《經濟日報》，臺北，1978 年 2 月 16 日，第 3 版；〈使節會議昨天揭幕　檢討加強對外工作〉，《聯合報》，臺北，1978 年 2 月 17 日，第 2 版。

8　〈政府將採切實步驟　加強中美外交關係　使節會議商獲具體結論〉，《聯合報》，臺北，1978 年 2 月 19 日，第 2 版。

9　〈沈昌煥答立委質詢稱　我堅定外交政策　已贏得友邦尊重〉，《聯合報》，臺北，1978 年 2 月 22 日，第 1 版。

告。[10]

3月18日 在立法院外交委員會報告中共加強統戰，亞太地區國家應有所警覺。[11]

3月27日 列席立法院僑政委員會，報告「維護海外僑胞權益之措施」，並綜合答覆立法委員質詢。[12]

5月20日 參加中華民國第六任總統副總統就職典禮。[13]
在臺北賓館舉行酒會，招待來華慶祝中華民國總統、副總統就職之各國貴賓與新聞界人士。[14]

5月26日 呈蔣經國總統，為美國總統國家安全事務助理布里辛斯基（Zbigniew Kazimierz Brzeziński）宣布訪問中國大陸，即電囑沈劍虹，速洽美國國務次卿紐松與助理國務卿郝爾布魯克，表示我政府之關切和不滿。[15]

5月29日 總統令任命新閣員，先生續任外交部長。[16]

5月30日 參加行政院新任首長宣誓就職。[17]

6月1日 呈蔣經國總統，為駐美大使沈劍虹擬與美國國務院助理國務卿郝爾布魯克會談，乃將總統5月29日接見駐華大使安克志談話之主要內容電告。[18]

---

10 〈外交報告—在第一屆國民大會第六次會議報告〉（六十七年三月二日），收於：外交部新聞文化司編，《沈昌煥先生言論集》，頁416-430；〈沈外長強調推展實質外交 我以機動作法與敵人周旋〉，《聯合報》，臺北，1978年3月3日，第2版。

11 〈共匪加強統戰活動 自由世界已經警覺〉，《聯合報》，臺北，1978年3月19日，第2版。

12 〈僑政委員會第六十一會期第八次會議紀錄〉（1978年3月27日），《立法院公報》，第67卷第48期，頁67-70、72-73。

13 〈蔣總統勤政親民 使節團一致推崇 新任正副總統接受使節觀賀〉，《聯合報》，臺北，1978年5月21日，第2版。

14 〈沈外長昨酒會招待來華外賓〉，《聯合報》，臺北，1978年5月21日，第2版。

15 〈外交—外交事務散件資料（一）〉，《蔣經國總統文物》，國史館藏，數位典藏號：005-010205-00184-002。

16 〈行政院完成改組 總統任命新閣員〉，《經濟日報》，臺北，1978年5月30日，第1版。

17 〈政院新任首長 昨日宣誓就職〉，《經濟日報》，臺北，1978年5月31日，第1版。

18 〈外交—外交事務散件資料（一）〉，《蔣經國總統文物》，國史館藏，數位典藏號：005-010205-00184-003。

6月 2 日　呈蔣經國總統，美軍協防司令部海軍上校湯姆斯，就
　　　　　駐華美軍動態曾透露，美方迄無具體計畫就撤軍問題
　　　　　定下明確日期、數目等。[19]

6月20日　呈蔣經國總統，關於合眾社報導美、日、西歐政、
　　　　　經、學術界三邊委員會秘密會議中，美國總統卡特對
　　　　　美共關係談判三條件致詞內容基本上正確，惟並未提
　　　　　及加速一詞。[20]

6月24日　在立法院外交委員會報告中美關係。[21]

6月28日　呈蔣經國總統，報告日本與中共即將恢復締結所謂和
　　　　　平友好條約談判之情形。[22]

7月 3 日　呈蔣經國總統，報告關於陳菊被捕事件美方之反應情
　　　　　形，如我方處理不當，恐人權單位借題發揮，影響某
　　　　　種武器售我國或進出口銀行對我國貸款。[23]

7月 5 日　呈蔣經國總統，美國駐華大使館政治參事班立德來部
　　　　　會晤北美司司長王孟顯，告稱需外交部備文向美方保
　　　　　證所有飛行器應嚴守距大陸海岸15海哩。[24]

7月 6 日　行政院長孫運璿指示外交部積極拓展對外關係。[25]

19　〈外交─外交事務散件資料（一）〉，《蔣經國總統文物》，國史館藏，數位典藏號：
　　005-010205-00184-004。
20　〈外交─外交事務散件資料（一）〉，《蔣經國總統文物》，國史館藏，數位典藏號：
　　005-010205-00184-006。
21　〈中美共同防禦條約　絕非美方任何片面聲明所能取代　沈外長昨在立法院報告中美關
　　係〉，《聯合報》，臺北，1978年6月25日，第1版。
22　〈外交─外交事務散件資料（一）〉，《蔣經國總統文物》，國史館藏，數位典藏號：
　　005-010205-00184-007。
23　〈外交─外交事務散件資料（一）〉，《蔣經國總統文物》，國史館藏，數位典藏號：
　　005-010205-00184-008。
24　〈外交─外交事務散件資料（一）〉，《蔣經國總統文物》，國史館藏，數位典藏號：
　　005-010205-00184-010、005-010205-00184-012。
25　〈孫院長昨指示外交部　積極拓展對外關係　全力加強對美外交〉，《聯合報》，臺北，
　　1978年7月6日，第2版。

7月14日　呈蔣經國總統，報告美國國務卿范錫答中央社記者有關與中共關係正常化之談話內容。[26]

7月25日　呈蔣經國總統，前美國加州州長雷根助理艾倫密告沈劍虹，有關鄧小平表示美國與中華人民共和國間國家戰略與經濟利益，不需等待臺灣問題之解決。[27]

7月29日　在中國國民黨六十七年黨務工作會議，報告當前國際局勢，促請國人迎接挑戰。[28]

8月1日　主持外交部駐外使節會議。[29]

8月3日　蔣經國總統召見駐外大使，先生陪同與會。[30]

8月12日　就日本與中共政權簽訂所謂「和平友好條約」一事，發表嚴正聲明，日本與中共締約將造成亞洲禍患。[31]
　　　　呈蔣經國，關於採購長距斜攝攝影機一案，王孟顯約見美國駐華大使館參事班立德，告以我政府立場，該採購案應與我軍機執行大陸沿岸偵巡任務分開。[32]

9月12日　蔣經國約見，並予以中共與俄共爆發戰爭時的指示。[33]

9月22日　在立法院聲明中美共同防禦條約不能代替，同時說明

26　〈外交—外交事務散件資料（一）〉，《蔣經國總統文物》，國史館藏，數位典藏號：005-010205-00184-014。

27　〈外交—外交事務散件資料（一）〉，《蔣經國總統文物》，國史館藏，數位典藏號：005-010205-00184-016。

28　〈沈昌煥在黨工會議分析世局　促請國人迎接挑戰　認自由世界唯有反共始克自保　我推展總體外交已獲顯著績效〉，《中央日報》，臺北，1978年7月30日，第2版。

29　〈外交部今召開駐外使節會議〉，《聯合報》，臺北，1978年8月1日，第2版；〈孫院長期勉駐外使節　發揮奉獻犧牲精神　積極推動總體外交〉，《聯合報》，臺北，1978年8月2日，第2版。

30　〈總統昨日召見六位駐外大使　指示堅守不與匪妥協政策〉，《聯合報》，臺北，1978年8月4日，第1版。

31　〈外交部部長沈昌煥就日本與共匪偽政權簽訂所謂『和平友好條約』一事發表聲明〉（1978年8月12日），《外交部公報》，第42卷第7期，頁9。

32　〈外交—外交事務散件資料（一）〉，《蔣經國總統文物》，國史館藏，數位典藏號：005-010205-00184-021。

33　《蔣經國日記》，1978年9月12日，史丹福大學胡佛研究所藏。

中美關係。[34]

9月24日　在外交部舉行酒會歡迎史瓦濟蘭王國總理馬佩夫率團訪華。[35]

9月29日　接正中書局來函，告以海外分支機構經費短絀，請為協助。10月9日函覆。[36]並分別致函蕭繼宗、黎元譽，告知關於正中書局六十九年度補助專款事已函請鍾時益協助編列。

10月23日　在立法院外交委員會報告外交施政及國際情勢，籲請自由世界不要幫助中共發展科技及軍事工業，以免自食惡果。[37]

10月25日　受任為六十七年特種考試外交領事暨外交行政人員及第2次國際新聞人員考試典試委員。[38]

10月27日　歡迎東加王國國王杜包四世（Taufa'ahau Tupou IV）來訪，兩國將加強觀光合作事宜。[39]

10月30日　列席立法院僑政委員會，報告保僑措施，並答覆立法委員司徒政、陳錦濤、劉彰德、徐亨質詢。[40]

10月31日　機場歡送東加王國國王杜包四世一行離華。[41]

11月12日　接見來華訪問的美國眾議員普瑞斯一行41人。[42]

34　〈沈昌煥外長向立委說明　中美共同防禦條約　片面聲明不能代替〉，《聯合報》，臺北，1978 年 9 月 23 日，第 1 版。

35　〈史瓦濟蘭王國總理馬佩夫昨訪華〉，《聯合報》，臺北，1978 年 9 月 25 日，第 1 版。

36　〈加強文化建設案（二）〉，《外交部》，國史館藏，數位典藏號：020-099910-0010。

37　〈沈外長告自由世界　助匪發展科技　將必自食惡果〉，《聯合報》，臺北，1978 年 10 月 24 日，第 1 版。

38　〈總統令〉（1978 年 10 月 25 日），《總統府公報》，第 3425 期，頁 1。

39　〈東加國王昨偕后來訪〉，《聯合報》，臺北，1978 年 10 月 28 日，第 2 版。

40　〈僑政委員會第六十二會期第六次會議紀錄〉（1978 年 10 月 30 日），《立法院公報》，第 68 卷第 6 期，頁 44-52。

41　〈東加王昨離華〉，《聯合報》，臺北，1978 年 11 月 1 日，第 2 版。

42　〈來華美議員麥唐納強調　中美防禦條約不應廢棄　美議員昨訪我空軍並聽國防簡報〉，《聯合報》，臺北，1978 年 11 月 13 日，第 1 版。

11月13日	陪同蔣經國總統接見美國眾議院軍事委員會訪問團。[43]
11月27日	呈蔣經國總統，為美國駐華大使館政治參事班立德向章孝嚴透露有關美國與中共關係正常化相關問題。[44]
12月 9 日	蔣經國約見，談外交。[45]
12月16日	出席中國國民黨臨時中常會，討論美國政府決定自明年1月1日起承認中共政權，斷絕與我國外交關係相關問題。[46]
	先生因中美關係發生嚴重變化，請辭外交部長職獲准。[47]
	總統發布緊急處分令。[48]
12月18日	連任中國國民黨中常委。[49]
12月20日	中國國民黨採取非常行動，決定成立工作組，規劃具體改革方案，先生擔任文化宣傳組召集人。[50]
12月21日	外交部同仁以茶會歡送先生，新舊外交部長舉行交接典禮。[51]

43 〈蔣總統昨告美議員團 我需要高性能飛機 我國防利益與美國防利益密切相關 保持亞太地區安定我力量必須加強〉，《聯合報》，臺北，1978年11月14日，第1版。

44 〈外交—外交事務散件資料（一）〉，《蔣經國總統文物》，國史館藏，數位典藏號：005-010205-00184-039。

45 《蔣經國日記》，1978年12月9日，史丹福大學胡佛研究所藏。

46 〈國民黨中委會宣布 明日召開三中全會〉，《聯合報》，臺北，1978年12月17日，第1版。

47 〈沈外長辭職奉核准 孫院長請辭獲總統慰留 外長職務由孫院長暫兼〉，《聯合報》，臺北，1978年12月17日，第1版；〈孫院長辭職獲慰留 外長沈昌煥辭職奉准 遺職暫由孫院長兼理〉，《中央日報》，臺北，1978年12月17日，第3版。

48 〈總統發布緊急處分令：一、軍事單位全面加強戒備 二、維持經濟穩定持續發展 三、中央民意代表選舉延期〉，《經濟日報》，臺北，1978年12月17日，第2版。

49 〈國民黨中常委均連任〉，《聯合報》，臺北，1978年12月19日，第2版。

50 〈國民黨採取非常行動 決即日成立工作組 規劃具體改革方案 常務委員嚴家淦任總召集人〉，《聯合報》，臺北，1978年12月21日，第2版。

51 〈新任外交部長 蔣彥士就職〉，《聯合報》，臺北，1978年12月22日，第2版。

民國68年（1979） 66歲

1月1日 美國與中共建交，我國宣布與美國斷交。

1月6日 主持中國國民黨中央工作組文化宣傳小組座談會。[1]

1月10日 受聘為外交部顧問。[2]

1月 蔣經國於日記中記錄，沈昌煥退休後較閒，常有討論，頗為受益。[3]

2月8日 葡萄牙宣布承認中共，我國決定斷交。

主持中國國民黨北區大專教授春節年會，與會教授建議革新黨政工作，使國家從危機邁向轉機。[4]

6月20日 總統發布命令，特派先生為動員戡亂時期國家安全會議秘書長。[5]

6月29日 在國父紀念月會宣誓就職國家安全會議秘書長。[6]

7月2日 國家安全會議新舊任秘書長舉行交接典禮，先生正式接任秘書長。[7]

9月4日 六十八年第2次國家建設研究會籌備委員會召開首次

---

1 〈大專教授昨建議政府　國內外重大事情　儘量讓民眾知道〉，《聯合報》，臺北，1979年1月7日，第2版。

2 〈沈昌煥擔任外交部顧問〉，《中央日報》，臺北，1979年1月10日，第3版。

3 《蔣經國日記》，1979年1月16日，史丹福大學胡佛研究所藏。

4 〈大專教授昨建議　革新黨政工作　使國家從危機邁向轉機〉，《聯合報》，臺北，1979年2月9日，第2版。

5 〈總統令〉，《聯合報》，臺北，1979年6月21日，第2版。

6 〈新任司法院長等宣誓　總統殷望貫徹法治　維護司法尊嚴端肅司法風氣　要以法治防止民主政治偏差〉，《聯合報》，臺北，1979年6月30日，第2版。

7 〈沈昌煥接任新職　希望國家安全會議同仁　竭智盡忠共同達成任務〉，《聯合報》，臺北，1979年7月3日，第2版；〈沈昌煥接任新職〉，《中央日報》，臺北，1979年7月3日，第3版。

委員會議，聘請先生擔任政治組籌備工作召集人。[8]

9月20日　陪同蔣經國自基隆乘船出海，前往馬祖，2天後返航。[9]

10月26日　出席六十八年國家建設研究會籌備委員會第4次委員會議。[10]

11月 8 日　呈蔣經國，奉交研審美方片面聲明終止《中美共同防禦條約》之回應。[11]

11月13日　主持六十八年第2次國家建設研究會政治組討論。[12]

12月10日　中國國民黨第十一屆四中全會選出主席團與通過議案審委會召集人選，先生擔任第四審查組召集人。[13]

8　〈二次國建會籌備委會　昨委員會議〉，《經濟日報》，臺北，1979 年 9 月 5 日，第 2 版。

9　《蔣經國日記》，1979 年 9 月 24 日，史丹福大學胡佛研究所藏。

10　〈國家建設研究會　明年將舉行一次　預定明年九月間舉行〉，《聯合報》，臺北，1979年 10 月 27 日，第 2 版。

11　〈國家安全會議資料（二十九）〉，《蔣經國總統文物》，國史館藏，數位典藏號：005-010206-00042-006。

12　〈國建會今起分組討論　經建組主題為：檢討當前經濟情勢，研擬因應措施　由俞國華主持〉，《經濟日報》，臺北，1979 年 11 月 13 日，第 1 版。

13　〈四中全會選出主席團　並通過議案審委會召集人〉，《經濟日報》，臺北，1979 年 12月 11 日，第 2 版。

民國69年（1980）　67歲

4月 8日　出席中國大陸災胞救濟總會第30屆會員大會。[1]

5月10日　陪同蔣經國總統視察臺中港與中彰大橋。[2]

5月11日　陪同蔣經國總統視察屏東。[3]

5月12日　陪同蔣經國總統視察臺機公司。[4]

6月16日　陪同蔣經國總統出席陸軍軍官學校校慶典禮。[5]

8月28日　應邀赴東京參加《美日安保條約》二十週年紀念活動。[6] 30日在紀念《美日安保條約》二十週年討論會前的早餐會發表談話。[7]

8月31日　於《美日安保條約》二十週年紀念會閉幕後受訪，闡述紀念會意義。[8]

9月 5日　受訪說明出席《美日安保條約》紀念會情形。[9]

1　〈孫院長昨天呼籲自由國家　粉碎共黨難民戰術陰謀　制裁共黨枉顧人道作法　讚揚救總代表政府撫輯流亡的卓越貢獻〉，《聯合報》，臺北，1980 年 4 月 9 日，第 2 版。

2　〈蔣總統昨巡視台中港　高興看到中彰大橋迅速通車〉，《聯合報》，臺北，1980 年 5 月 11 日，第 2 版。

3　〈總統昨訪屏縣　巡視霧臺東港　關切琉球鄉民飲水問題〉，《聯合報》，臺北，1980 年 5 月 12 日，第 2 版。

4　〈總統昨指示台機公司　發展重型精密工業　促進國內工業升級〉，《聯合報》，臺北，1980 年 5 月 13 日，第 2 版。

5　〈總統昨主持陸軍官校校慶　校閱三軍五校學生部隊　勉勵師生發揮黃埔精神〉，《民生報》，臺北，1980 年 6 月 17 日，第 7 版。

6　〈日美安保條約二十週年紀念　沈昌煥等一行應邀　在日參加各項活動〉，《中央日報》，臺北，1980 年 8 月 29 日，第 2 版。

7　〈沈昌煥告美日軍事專家　我不與匪談判　決心面對挑戰〉，《中央日報》，臺北，1980 年 8 月 31 日，第 2 版。

8　〈美日安保會議閉幕　承認我戰略重要性　沈昌煥評論美日專家真知灼見〉，《中央日報》，臺北，1980 年 9 月 1 日，第 2 版。

9　〈沈昌煥昨返國〉，《聯合報》，臺北，1980 年 9 月 6 日，第 2 版。

10月11日　陪同蔣經國總統視察高雄。[10]

10月12日　陪同蔣經國總統視察屏東琉球鄉。[11]

10月13日　陪同蔣經國總統與高雄縣長黃友仁同進早餐。[12]

10月19日　陪同蔣經國總統視察花蓮、臺東。[13]

11月8日-9日　陪同蔣經國總統視察澎湖地方建設。[14]

10　〈蔣總統視察高雄縣　分訪旗山六龜美濃　關懷山地育幼院童生活　並與各地區所遇民眾閒話家常〉，《聯合報》，臺北，1980 年 10 月 12 日，第 2 版。

11　〈蔣總統巡視屏東縣　冒強風訪問琉球鄉　對離島居民生活獲改善表欣慰　關懷榮民及信望愛孤兒們生活〉，《聯合報》，臺北，1980 年 10 月 13 日，第 2 版。

12　〈總統與黃友仁同進早餐　詳詢高縣建設農漁情況〉，《經濟日報》，臺北，1980 年 10 月 14 日，第 2 版。

13　〈蔣總統抵花東兩縣　深入鄉村巡視建設　分訪殘障兒童之家以及育幼院　對慈善機構良好績效感到安慰〉，《聯合報》，臺北，1980 年 10 月 20 日，第 2 版。

14　〈蔣總統冒強烈季風　巡視澎湖地方建設　垂詢中南半島難民的飲食起居　關懷農漁民生活深入村里訪問〉，《聯合報》，臺北，1980 年 11 月 10 日，第 2 版。

民國70年（1981） 68歲

1月27日 擔任中華民國留美同學會監事。[1]

4月1日 擔任中國國民黨第十二次全國代表大會之大會宣言起草委員會召集人。[2]

4月2日 在中國國民黨十二全大會發言，提出對中共及大陸同胞稱呼見解。[3]

4月3日 當選中國國民黨第十二屆中央委員。[4]

4月6日 擔任中國國民黨第十二屆中常委。[5]

5月27日 擔任七十年特種公務人員甲等考試典試委員。[6]

---

1 〈留美同學會改選理監事〉，《聯合報》，臺北，1981年1月28日，第7版。

2 〈宣言起草委員會委員及召集人 全會通過名單〉，《聯合報》，臺北，1981年4月2日，第2版。

3 〈對大陸偽政權 何者稱呼為宜 全會中曾引起熱烈討論〉，《聯合報》，臺北，1981年4月3日，第2版。

4 〈國民黨第十二屆中央委員 全會昨天選出一百五十人 並選出候補中央委員七十五人〉，《聯合報》，臺北，1981年4月4日，第1版。

5 〈中常委人選變動幅度很小 顯示黨政人事以安定為主〉，《聯合報》，臺北，1981年4月7日，第2版。

6 〈總統令〉（1981年5月27日），《總統府公報》，第3832期，頁1。

民國71年（1982） 69歲

1月12日 　奉派擔任慶賀宏都拉斯共和國總統副總統就職典禮特
　　　　　使。[1]

1月17日 　與夫人黎蘭率特使團赴宏都拉斯參加該國總統就職典
　　　　　禮。[2]

1月20日 　抵達巴拿馬，22日拜會巴拿馬外交部長荷黑·伊魯加
　　　　　（Jorge Illueca），就亞洲及國際政治情勢等事務交換意
　　　　　見。[3]

1月25日 　出席駐宏都拉斯大使于彭舉辦之歡迎特使團酒會。[4]

1月28日 　應哥斯大黎加總統羅德里哥·卡拉索（Rodrigo Carazo
　　　　　Odio）邀請，抵達聖荷西訪問。[5]

2月10日 　特使團歸國。[6]

2月13日 　受訪說明訪問中美洲經過。[7]

4月10日 　在立法院說明國家安全會議職責。[8]

5月31日 　出席外交部長朱撫松宴請美國聯邦參議員高華德晚

1　〈總統令〉（1982年1月12日），《總統府公報》，第3929期，頁1。
2　〈宏國新總統將就職　我派沈昌煥為特使　宏國新大使昨抵華履任〉，《聯合報》，臺北，
　　1982年1月13日，第2版。
3　〈沈昌煥抵巴拿馬　今晉見巴國總統〉，《聯合報》，臺北，1982年1月22日，第2版；
　　〈沈昌煥拜會巴拿馬外長〉，《聯合報》，臺北，1982年1月24日，第2版。
4　〈沈昌煥特使參加　宏總統就職大典〉，《聯合報》，臺北，1982年1月28日，第1版。
5　〈哥總統接見沈昌煥夫婦〉，《聯合報》，臺北，1982年2月1日，第2版。
6　〈總統電賀孟赫　當選哥新元首　訪宏特使沈昌煥返國〉，《中央日報》，臺北，1982
　　年2月11日，第1版。
7　〈中美洲三友邦希望　與我加強合作　沈昌煥暢談訪問經歷〉，《中央日報》，臺北，
　　1982年2月13日，第2版。
8　〈沈昌煥昨在立法院說明　國家安全會議職責　綜理動員戡亂大政　尊重憲政常軌不輕易
　　處理政務〉，《中央日報》，臺北，1982年4月11日，第3版。

宴。[9]

6 月 2 日 　陪同蔣經國總統接見美國聯邦參議員高華德。[10]

6 月 13 日 　應邀於銘傳商專畢業典禮上演講。[11]

6 月 15 日 　擔任三民主義統一中國設計推動組召集人。[12]

---

9 〈傳雷根上週以私人函件　向蔣總統一再保證　決續支持中華民國　高華德明發表嚴正聲明〉，《聯合報》，臺北，1982 年 6 月 1 日，第 1 版。

10 〈總統昨接見高華德　交換中美問題意見　應以台灣關係法為基礎　各方面進一步加強合作〉，《聯合報》，臺北，1982 年 6 月 3 日，第 1 版。

11 〈銘傳昨畢業禮　沈昌煥以自律相勉〉，《中央日報》，臺北，1982 年 6 月 14 日，第 4 版。

12 〈貫徹三民主義統一中國　全面設立推動組織　近期集會擬定作業程序〉，《聯合報》，臺北，1982 年 6 月 16 日，第 2 版。

民國72年（1983）　70歲

4月 5 日　出席於中正紀念堂舉行之先總統蔣中正逝世八週年全
國紀念會。[1]

10月 8 日　擔任研修動員戡亂時期臨時條款小組成員。[2]

10月31日　陪同蔣經國總統赴慈湖謁陵。[3]

1　〈蔣公逝世八週年　全國昨集會紀念〉，《經濟日報》，臺北，1983年4月6日，第2版。
2　〈中央民代決定不遴選的政策意義〉，《聯合報》，臺北，1983年10月9日，第2版。
3　〈總統率黨政軍代表　赴慈湖謁陵〉，《聯合報》，臺北，1983年11月1日，第2版。

民國73年（1984） 71歲

2月15日 續任中國國民黨中常委。[1]

2月28日 在第一屆國民大會第7次會議報告國家安全會議核定三項方案。[2]

4月15日 與外交部長朱撫松在臺北賓館宴請來華訪問的美國參議員高華德。[3]

5月28日 總統發布命令，特任先生為總統府秘書長。[4]

5月31日 觀禮行政院新任首長宣誓儀式。[5]

6月1日 接任總統府秘書長。[6]

6月5日 宣誓就職總統府秘書長。[7]

7月16日 擔任第七屆考試委員提名小組成員。[8]

7月20日 代表蔣經國總統接受35位畫家致贈作品。[9]

7月21日 陪同蔣經國總統接見駕駛「華僑精神號」返國的旅美華僑蔡雲輔。[10]

1　〈執政黨中常委卅一人膺選〉，《聯合報》，臺北，1984年2月16日，第1版。

2　〈上次國民大會閉會以來　國安會議核定三項方案　我領海延伸為十二海里決議案　國代主張實施後應送國大備案〉，《聯合報》，臺北，1984年2月29日，第2版。

3　〈總統款待高華德交換世局意見　維護中美關係實符合兩國利益〉，《聯合報》，臺北，1984年4月16日，第1版。

4　〈總統令〉（1984年5月28日），《總統府公報》，第4301期，頁1。

5　〈政院新任首長宣誓就職〉，《經濟日報》，臺北，1984年6月1日，第2版。

6　〈沈昌煥昨接任總統府秘書長〉，《聯合報》，臺北，1984年6月2日，第2版。

7　〈沈昌煥汪道淵昨就任新職〉，《聯合報》，臺北，1984年6月6日，第2版。

8　〈考試委員提名作業　將突破三大慣例　七人專案小組成立〉，《聯合報》，臺北，1984年7月16日，第2版。

9　〈三十五位畫家　贈蔣總統作品　由沈昌煥代表總統接受〉，《中央日報》，臺北，1984年7月21日，第9版。

10　〈蔡雲輔愛國熱忱　蔣總統至表讚揚〉，《聯合報》，臺北，1984年7月22日，第3版。

7月26日	出席考試院改組專案作業審查會議。[11]
	代表蔣經國總統接受林玉山等12位國畫家致贈合繪的「春融仁宇」圖。[12]
8月7日	晚上於圓山飯店宴請諾貝爾物理獎得主丁肇中博士。[13]
8月14日	陪同蔣經國總統接見奪機投奔自由的卓長仁等6人。[14]
9月1日	陪同蔣經國總統接見美國聯邦參議員丹頓夫婦。[15]
9月24日	陪同蔣經國總統接見美國共和黨全國委員會高級顧問理查‧艾倫（Richard Allen）。[16]
10月15日	美籍華裔作家劉宜良（筆名：江南）於美國加州遭國防部情報局派員槍殺，「江南案」爆發。[17]
10月21日	代表蔣經國總統於華僑節慶祝大會中宣讀總統賀詞。[18]
11月6日	參加蔣經國總統主持之財經座談。[19]
11月14日	陪同蔣經國總統接見美國聯邦眾議員訪問團。[20]
12月5日	陪同蔣經國總統接見美中經濟協會理事長甘乃迪（David Kennedy）夫婦及該會祕書長莫維禮夫婦。[21]
12月13日	先生右眼患有視網膜剝離症，於臺北榮民總醫院進行

11　〈考試院人事改組　商獲初步結論〉，《聯合報》，臺北，1984年7月26日，第2版。

12　〈春融仁宇呈獻總統〉，《聯合報》，臺北，1984年7月27日，第12版。

13　〈沈昌煥款宴丁肇中〉，《中央日報》，臺北，1984年8月8日，第3版。

14　〈總統接見六義士話家常　關懷大陸同胞殷殷垂詢〉，《聯合報》，臺北，1984年8月15日，第1版。

15　〈蔣總統昨接見　美參議員丹頓〉，《聯合報》，臺北，1984年9月2日，第2版。

16　〈蔣總統接見艾倫〉，《聯合報》，臺北，1984年9月25日，第2版。

17　〈劉宜良在美遭槍殺〉，《聯合報》，臺北，1984年10月17日，第5版。

18　〈僑胞昨集會慶祝佳節‧沈秘書長代表宣讀總統賀詞　李副總統期勉洞燭中共奸計〉，《聯合報》，臺北，1984年10月22日，第2版。

19　〈蔣總統前瞻國家經濟發展方向　把握穩定與成長並重原則　朝向自由化與國際化努力〉，《經濟日報》，臺北，1984年11月7日，第1版。

20　〈總統接見美眾議員訪問團〉，《聯合報》，臺北，1984年11月15日，第2版。

21　〈總統接見甘乃迪莫維禮〉，《聯合報》，臺北，1984年12月6日，第2版。

手術。[22] 江南案事涉美國公民遭臺灣當局行政單位槍
殺，美國在臺協會派員來臺過問，在先生因眼疾無法
視事期間，以探病為名，赴醫院確認先生眼疾的真
假。[23]

---

22 〈沈昌煥患眼疾　順利完成手術〉，《中央日報》，臺北，1984 年 12 月 18 日，第 3 版。
23 沈大川先生記述。

民國74年（1985） 72歲

1月21日 蔣經國總統集合先生與國家安全會議秘書長汪道淵、國家安全局長汪敬煦、國防部長宋長志、參謀總長郝柏村組成的處理江南案5人幕僚小組。後由先生主持小組會議，決定如何處理江南案的相關事務。[1]

2月11日 陪同蔣經國總統接見美國聯邦參議院臨時議長塞蒙德（James Strom Thurmond）夫婦、白宮輸出委員會副主席陳香梅女士。[2]

3月12日 出席紀念國父逝世六十週年暨植樹節，代表蔣經國總統在陽明山公園手植一株羅漢松。[3]

3月16日 陪同蔣經國總統接見日本前首相岸信介及故首相佐藤榮作夫人佐藤寬子。[4]

4月5日 赴慈湖恭謁先總統蔣中正陵寢。[5]

5月6日 代表蔣經國總統接受民間友人致贈之國畫「松鶴長春圖」，慶祝總統七秩晉六華誕。[6]

5月12日 擔任中國國民黨輔選小組成員。[7]

1　郝柏村，《八年參謀總長日記》（臺北：天下遠見出版，2000年），上冊，1985年1月21日，頁674。

2　〈總統約見塞蒙德和陳香梅　就中美關切問題交換意見〉，《聯合報》，臺北，1985年2月12日，第2版。

3　〈總統昨特派沈昌煥　在陽明山公園植樹〉，《聯合報》，臺北，1985年3月13日，第1版。

4　〈總統昨約見岸信介〉，《聯合報》，臺北，1985年3月17日，第2版。

5　〈蔣公昨逝世十週年　全國各界虔敬追思　總統及政府首長赴慈湖謁陵　日華文化協會舉行紀念大會〉，《聯合報》，臺北，1985年4月6日，第2版。

6　〈蔣總統今天華誕　民間老友獻松鶴圖祝嘏　三軍將領簽名致敬效忠〉，《聯合報》，臺北，1985年5月7日，第2版。

7　〈針對年底縣市長選舉　執政黨成立輔選小組〉，《聯合報》，臺北，1985年5月12日，第2版。

5月30日　　出席哥斯大黎加總統孟赫（Luis Alberto Monge）舉辦
　　　　　　之酒會。[8]

6月28日　　陪同蔣經國總統接見日本自民黨政調會會長藤尾正
　　　　　　行。[9]

7月2日　　　陪同蔣經國總統接見美國眾議員訪華團。[10]

7月5日　　　當選中華民國捐血運動協會第五屆監事。[11]

7月22日　　出席民國七十四年國家建設研究會開幕典禮，代表蔣
　　　　　　經國總統宣讀書面賀詞。[12]
　　　　　　陪同蔣經國總統接見美國漫畫家勞瑞（Ranan Lurie）
　　　　　　及其女達芬。[13]

7月23日　　出席中國國民黨中央提名審核小組首次會議。[14]

7月31日　　出席中國國民黨中常會，討論縣市長、省市議員提名
　　　　　　參選問題。[15]

8月2日　　　陪同蔣經國總統接見國家建設研究會總領隊劉德勇及
　　　　　　副總領隊孫震。[16]

8月6日　　　陪同蔣經國總統接見第一位進入太空的華裔太空人王

8　〈總統參加孟赫酒會〉，《聯合報》，臺北，1985年5月31日，第2版。

9　〈總統接見藤尾正行〉，《經濟日報》，臺北，1985年6月29日，第2版。

10　〈總統接見美眾議員〉，《聯合報》，臺北，1985年7月3日，第2版。

11　〈捐血運動協會昨改選理監事〉，《經濟日報》，臺北，1985年7月6日，第9版。

12　〈總統書勉參加國建會專家學者　以學識經驗拓展國家建設　七四年國家建設研究會昨開幕〉，《經濟日報》，臺北，1985年7月23日，第2版。

13　〈蔣總統接見勞瑞　讚許漫畫藝術造詣　帶給人們深遠啟示〉，《聯合報》，臺北，1985年7月23日，第3版。

14　〈執政黨中央提名小組　昨交換資料審核意見〉，《聯合報》，臺北，1985年7月24日，第2版。

15　〈中常會通過審核小組意見　未經提名黨員不得參選　關中有信心贏得勝利也贏得民心〉，《聯合報》，臺北，1985年8月1日，第3版。

16　〈總統嘉勉國建貢獻　使政府施政更完善周延　七四年國建會昨日閉幕〉，《經濟日報》，臺北，1985年8月3日，第2版。

贛駿博士。[17]

8月9日　陪同蔣經國總統接見美國聯邦眾議員柏頓、韓森夫婦、羅瀾夫婦以及布拉茲夫婦。[18]

8月21日　陪同蔣經國總統接見美國聯邦參議員訪華團代表杜爾。[19]

9月15日　代表蔣經國總統致祭總統府資政張其昀。[20]

10月16日　陪同蔣經國總統接見美國共和黨全國委員會高級顧問艾倫。[21]

10月29日　觀禮第五屆司法院大法官宣誓。[22]

11月18日　出席中國國民黨高層會議，檢討地方公職人員選舉得失。[23]

與義大利論壇報及快訊報駐西德特派記者左拉圖會面。[24]

12月16日　擔任總統府新舊任參軍長及國家安全局新舊任局長監交人。[25]

17　〈蔣總統接見王贛駿　稱許他的卓越成就　國科會決定推動太空科學研究，將設推動小組　請王贛駿作顧問〉，《聯合報》，臺北，1985 年 8 月 7 日，第 3 版。

18　〈總統接見美眾議員　強調中美經貿合作〉，《聯合報》，臺北，1985 年 8 月 10 日，第 2 版。

19　〈蔣總統接見美參議員訪華團　指出中美合作經貿將續成長〉，《經濟日報》，臺北，1980 年 8 月 22 日，第 3 版。

20　〈張其昀之喪今公祭　蔣總統昨頒褒揚令〉，《聯合報》，臺北，1985 年 9 月 15 日，第 2 版；〈張其昀之喪　昨舉行公祭〉，《聯合報》，臺北，1985 年 9 月 16 日，第 2 版。

21　〈蔣總統昨接見艾倫〉，《聯合報》，臺北，1985 年 10 月 17 日，第 2 版。

22　〈十六位大法官宣誓　蔣總統昨親臨主持〉，《聯合報》，臺北，1985 年 10 月 30 日，第 2 版。

23　〈執政黨昨檢討地方選舉　關切選舉風氣未能改善〉，《聯合報》，臺北，1985 年 11 月 19 日，第 1 版。

24　〈左拉圖拜會沈昌煥　表達對蔣總統敬意　讚佩我社會各方面蓬勃發展〉，《中央日報》，臺北，1985 年 11 月 19 日，第 2 版。

25　〈汪敬煦繼任參軍長　宋心濂接長安全局〉，《聯合報》，臺北，1985 年 12 月 17 日，第 2 版。

民國75年（1986） 73歲

1月6日 出席蔣經國總統頒授大綬景星勳章給美國聯邦參議員高華德授勳典禮。[1]

2月4日 參加蔣經國總統邀請五院正、副院長在總統府之茶敘。[2]

3月8日 主持中國國民黨中央政策會舉行之外交座談會。[3]

3月12日 出席紀念國父逝世六十一週年及七十五年植樹節植樹活動。[4]

3月27日 於立法院答覆質詢，表示赦免權的行使須有法律根據。[5]

3月29日 擔任中國國民黨第十二屆三中全會提案審查委員會第三審查組召集人。[6]

3月31日 續任中國國民黨中常委。[7]

4月7日 陪同蔣經國總統接見日本眾議員椎名素夫。[8]

6月20日 陪同李登輝副總統視察翡翠水庫施工情形。[9]

---

1 〈總統昨贈勳給高華德　並接見三位美眾議員〉，《聯合報》，臺北，1986年1月7日，第2版。

2 〈總統昨約見五院首長交換國是意見　強調力行法治恢宏憲政體制　殷望大家虛心檢討多求革新〉，《聯合報》，臺北，1986年2月5日，第1版。

3 〈黨籍立委殷盼突破困局　主張採取靈活彈性外交〉，《聯合報》，臺北，1986年3月9日，第1版。

4 〈國父逝世紀念　政府首長植樹〉，《聯合報》，臺北，1986年3月13日，第2版。

5 〈沈昌煥在立法院表示　赦免權的行使　須有法律根據　最後的決定權仍在立院〉，《中央日報》，臺北，1986年3月28日，第2版。

6 〈提案審查組召集人名單〉，《聯合報》，臺北，1986年3月30日，第3版。

7 〈蔣主席提名中常委　三十一人全額通過〉，《經濟日報》，臺北，1986年4月1日，第1版。

8 〈蔣總統接見椎名素夫〉，《聯合報》，臺北，1986年4月8日，第2版。

9 〈李副總統巡視翡翠水庫　指示省市充分協調合作〉，《聯合報》，臺北，1986年6月

6月27日	出席全國行政會議開幕典禮，代表蔣經國總統宣讀書面致詞。[10]
6月28日	出席外交部宴請新加坡總理李光耀晚宴。[11]
6月29日	列席蔣經國總統與新加坡總理李光耀於大直寓所之會談。[12]
7月8日	陪同蔣經國總統接見馬來西亞前總理東姑拉曼及美國聯邦參議員訪問團。[13]
7月14日	出席七十五年國家建設研究會開幕典禮，代表蔣經國總統宣讀書面致詞。[14]
8月6日	擔任中國國民黨候選人提名審核委員。[15]
9月3日	陪同李登輝副總統出席中樞紀念革命先烈及秋祭陣亡將士典禮。[16]
9月17日	陪同蔣經國總統接見來華訪問的東加王國國王杜包四世及王后瑪德雅華。[17]
10月7日	蔣經國總統接受《華盛頓郵報》發行人葛蘭姆（Katharine Meyer Graham）採訪，表示政府即將解

21 日，第 7 版。

10 〈俞揆勉行政人員七點任事原則 具備整體意識・重視民意溝通〉，《聯合報》，臺北，1986 年 6 月 28 日，第 1 版。

11 〈李光耀總理伉儷抵華訪問 蔣總統昨天親赴機場迎迓 將就雙方共同關切問題交換意見〉，《聯合報》，臺北，1986 年 6 月 29 日，第 1 版。

12 〈中星兩國間經貿合作關係 總統昨與李光耀交換意見〉，《經濟日報》，臺北，1986 年 6 月 30 日，第 1 版。

13 〈總統昨接見東姑拉曼等外賓〉，《聯合報》，臺北，1986 年 7 月 9 日，第 2 版。

14 〈蔣總統殷望國建會學人坦誠建言 開創國家現代化康莊大道 加速邁入已開發國家行列〉，《聯合報》，臺北，1986 年 7 月 15 日，第 1 版。

15 〈增額國代及立委選舉提名 執政黨組成七人審核小組〉，《聯合報》，臺北，1986 年 8 月 7 日，第 2 版。

16 〈中樞昨秋祭國殤〉，《聯合報》，臺北，1986 年 9 月 4 日，第 2 版。

17 〈蔣總統接見東加國王〉，《聯合報》，臺北，1986 年 9 月 18 日，第 2 版。

嚴。[18]

12月15日 陪同蔣經國總統在總統府接見美國聯邦眾議員訪華團。[19]

12月18日 陪同蔣經國總統接見諾貝爾化學獎得主李遠哲博士。[20]

12月27日 陪同新加坡總理李光耀至臺中參觀國立自然科學博物館。[21]

18 Daniel Southerland, "Taiwan's President to Propose End to Island's Martial Law," *The Washington Post*, October 8, 1986, p. 3.

19 〈總統接見美眾議員訪華團　就中美經貿廣泛交換意見〉,《聯合報》,臺北,1986年12月16日,第2版。

20 〈成就卓越不忘本　總統嘉許李遠哲〉,《聯合報》,臺北,1986年12月19日,第3版。

21 〈李光耀昨赴臺中　參觀科學博物館〉,《聯合報》,臺北,1986年12月28日,第2版。

民國76年（1987）　74歲

1月16日　下午出席由蔣經國總統邀請五院院長、副院長於總統
　　　　　府之餐敘。[1]

1月22日　列席總統聽取行政院各單位業務簡報會議。[2]

2月 8日　受蔣經國總統特派，上午參加總統府戰略顧問顧祝同
　　　　　一級上將喪禮並致祭。[3]

2月27日　陪同蔣經國總統接見美國共和黨全國委員會共同主席
　　　　　雷莫玲女士。[4]

3月 3日　陪同蔣經國總統接見美國重要婦女訪華團及哥斯大黎
　　　　　加共和國總統府部長等兩批外賓。[5]

3月12日　植樹節代表蔣經國總統至國父史蹟紀念館前的逸仙公
　　　　　園，手植高5公尺的龍柏一株，象徵國父精神長存。[6]

3月27日　陪同蔣經國總統約見監察院新任正副院長黃尊秋、馬
　　　　　空群。[7]

4月 3日　列席立法院會議，說明總統府資政與國策顧問名額、
　　　　　待遇問題。[8]

1　〈蔣總統邀五院院長茶敘　勉續努力擴大革新效果〉，《聯合報》，臺北，1987年1月
　　17日，第1版。
2　〈總統期勉行政人員重視民眾權益　做到民之所好好之民之所惡惡之〉，《聯合報》，臺
　　北，1987年1月23日，第1版。
3　〈顧祝同之喪　昨公祭安葬〉，《聯合報》，臺北，1987年2月9日，第2版。
4　〈蔣總統接見雷莫玲　交換中美關係意見〉，《聯合報》，臺北，1987年2月28日，第2版。
5　〈總統接見兩批外賓　與美婦女領袖哥國官員　分就當前世局交換意見〉，《聯合報》，
　　臺北，1987年3月4日，第2版。
6　〈蔣總統昨派沈昌煥　在逸仙公園植龍柏〉，《聯合報》，臺北，1987年3月13日，第7版。
7　〈總統約見黃尊秋馬空群　殷望克盡職守澄清吏治　昨敦聘余俊賢為總統府資政〉，《聯
　　合報》，臺北，1987年3月28日，第2版。
8　〈總統府資政與國策顧問　名額多少待遇若干　沈昌煥在立院說明〉，《中央日報》，臺

4月 5日 參加紀念先總統蔣中正逝世十二週年大會。[9]

4月15日 陪同蔣經國總統在總統府接見美國國會議員洛克斐勒（John Rockefeller IV）等5人。[10]

4月20日 陪同蔣經國總統接見瓜地馬拉共和國副總統賈必歐（Roberto Carpio）夫婦與美國聯邦參議員韓福瑞。[11]

5月 2日 上午於總統府觀禮行政院新任首長宣誓。[12]

5月 9日 上午於總統府觀禮蔣經國總統頒授總統府資政張羣中正勳章典禮。[13]

6月22日 下午陪同蔣經國總統在總統府接見索羅門群島總理阿利布亞（Ezekiel Alebua）夫婦。[14]

7月 4日 上午陪同蔣經國總統接見沙烏地阿拉伯王國蘇爾坦親王。[15]

7月15日 中華民國政府宣告臺灣地區解嚴。[16]

7月27日 代表總統前去司法院長林洋港母親陳太夫人喪禮致祭。[17]

8月20日 擔任中國國民黨中常會政治小組成員。[18]

北，1987年4月3日，第2版。

9 〈蔣公逝世十二週年 各界集會虔敬追思 政府首長昨往慈湖謁陵〉，《聯合報》，臺北，1987年4月6日，第2版。

10 〈蔣總統接見美五位議員 就經貿等問題交換意見〉，《聯合報》，臺北，1987年4月16日，第2版。

11 〈總統昨接見兩批外賓 就當前局勢交換意見〉，《聯合報》，臺北，1987年4月21日，第2版。

12 〈新任首長宣誓 總統親臨監誓〉，《聯合報》，臺北，1987年5月3日，第2版。

13 〈張羣公忠謀國足為楷範 總統昨特授中正勳章 並贈鏡屏祝賀百齡萬壽〉，《聯合報》，臺北，1987年5月10日，第2版。

14 〈總統接見索羅門總理 就雙方關係交換意見〉，《聯合報》，臺北，1987年6月23日，第2版。

15 〈總統接見蘇珮坦親王〉，《聯合報》，臺北，1987年7月5日，第2版。

16 〈總統令〉（1987年7月14日），《總統府公報》，第4794期，頁1。

17 〈林洋港母喪 各界昨公祭〉，《聯合報》，臺北，1987年7月28日，第5版。

18 〈執政黨中常會任務編組 各小組即將展開運作〉，《聯合報》，臺北，1987年8月20日，

8月21日	陪同蔣經國總統接見巴拿馬共和國立法議會議長狄阿士夫婦及美國國會西裔眾議員訪問團。[19]
9月 3日	上午陪同李登輝副總統出席於圓山忠烈祠舉行之中樞秋祭陣亡將士典禮。[20]
10月 6日	晚間出席國立中正文化中心國家戲劇院、國家音樂廳啟用首演。[21]
10月10日	上午陪同蔣經國總統參加國慶大會，晚間於臺北賓館參加外交部主辦之國慶酒會。[22]
10月22日	下午陪同蔣經國總統接見聖露西亞總理康普頓（Sir John George Melvin Compton）夫婦。[23]
10月31日	陪同李登輝副總統赴慈湖謁陵。[24]
11月12日	出席蔣經國總統主持中樞紀念國父誕辰典禮。[25]
12月 1日	總統府戰略顧問、陸軍一級上將何應欽10月21日病逝，今日舉行公祭，先生擔任喪禮覆旗官。[26]

第 2 版。

19 〈總統昨接見兩批外賓〉，《聯合報》，臺北，1987 年 8 月 22 日，第 2 版。

20 〈中樞秋祭陣亡將士　李副總統代表主祭〉，《聯合報》，臺北，1987 年 9 月 4 日，第 2 版。

21 〈劇院樂廳　展現丰姿　華燈燦麗　嘉賓雲集〉，《聯合報》，臺北，1987 年 10 月 7 日，第 3 版。

22 〈總統勗勉海內外同胞更緊密團結　將青天白日滿地紅光輝照耀大陸〉，《聯合報》，臺北，1987 年 10 月 11 日，第 1 版；〈國慶酒會嘉賓雲集〉，《聯合報》，臺北，1987 年 10 月 11 日，第 2 版。

23 〈總統接見聖露西亞總理〉，《聯合報》，臺北，1987 年 10 月 23 日，第 2 版。

24 〈黨政軍首長　赴慈湖謁陵〉，《聯合報》，臺北，1987 年 11 月 1 日，第 2 版。

25 〈國父誕辰紀念大會　蔣總統昨親臨主持〉，《聯合報》，臺北，1987 年 11 月 13 日，第 2 版。

26 〈何應欽將軍昨安葬〉，《聯合報》，臺北，1987 年 12 月 2 日，第 2 版。

民國77年（1988） 75歲

1月1日 出席中華民國七十七年中樞開國紀念典禮及元旦團拜。[1]

1月4日 主持總統府新年團拜，致詞勉勵同仁。[2]

1月13日 蔣經國總統過世。出席李登輝副總統宣誓繼任總統典禮，並擔任蔣經國故總統治喪委員會委員。[3]

1月15日 上午陪同李登輝總統在總統府接見美國聯邦參議員洛克斐勒。[4]

1月19日 陪同李登輝總統接見各國駐華使節，[5]下午陪同總統與五院院長會談。[6]

1月20日 下午陪同李登輝總統接見省市首長及議會議長。[7]

1月22日 擔任蔣經國故總統移靈禮執紼大員。[8]

1月25日 陪同李登輝總統於總統府接見諾貝爾獎得主丁肇中博士。[9]

1　〈中樞開國紀念典禮　蔣總統昨親臨主持〉，《聯合報》，臺北，1988年1月2日，第1版。
2　〈高層人士對政局發展樂觀　認政治自由化可發揮調節功能〉，《聯合報》，臺北，1988年1月6日，第1版。
3　〈李登輝宣誓繼任第七任總統〉，《經濟日報》，臺北，1988年1月14日，第1版；〈治喪委員名單〉，《聯合報》，臺北，1988年1月14日，第1版。
4　〈李總統接見美參議員　雙方交換中美未來經貿意見　洛克斐勒對兩天來親眼所見深為感動〉，《經濟日報》，臺北，1988年1月16日，第2版。
5　〈各國駐華使節　昨晉見李總統〉，《聯合報》，臺北，1988年1月20日，第2版。
6　〈李總統指示政府今後工作原則：崇法務實　向歷史負責〉，《民生報》，臺北，1988年1月20日，第2版。
7　〈李總統昨約見省市府會首長　拜訪五位戰略顧問交換國是〉，《聯合報》，臺北，1988年1月21日，第2版。
8　〈蔣故總統今移靈忠烈祠　定下午起開放供民眾瞻仰遺容〉，《聯合報》，臺北，1988年1月22日，第1版。
9　〈李總統接見丁肇中〉，《聯合報》，臺北，1988年1月26日，第2版。

1月26日　陪同李登輝總統於總統府邀晤各級學校校長及教師代表。[10]

1月27日　出席中國國民黨中常會，提案連署李登輝出任中國國民黨代理主席。[11]

1月29日　出席故總統蔣經國先生公祭。[12]

1月30日　出席故總統蔣經國先生奉厝大典，擔任中國國民黨黨旗覆旗官。[13]

2月12日　陪同李登輝總統接見教廷萬民福音部長董高樞機主教。[14]

2月14日　參加於國家戲劇院舉辦之蔣經國故總統追思音樂會。[15]

3月 2日　出席國家安全會議，審議中央政府總預算。[16]

3月10日　呈李登輝總統，說明旅美學者張捷遷教授電邀張學良赴美參加東北大學紀念會案。[17]

3月14日　擔任「動員戡亂時期自由地區增加中央民意代表名額辦法」研修專案小組成員。[18]

3月29日　出席於圓山忠烈祠舉行之中樞紀念革命先烈暨春祭陣

10　〈李總統昨邀晤校長及教師代表　聽取當前教育發展意見〉，《聯合報》，臺北，1988年1月27日，第2版。

11　〈李登輝膺任國民黨代理主席〉，《經濟日報》，臺北，1988年1月28日，第1版。

12　〈黨政軍及各界代表兩萬餘人　昨參加經國先生公祭〉，《聯合報》，臺北，1988年1月30日，第2版。

13　〈蔣故總統今奉厝大典　九時啟靈全國默哀一分鐘〉，《經濟日報》，臺北，1988年1月30日，第1版。

14　〈教廷萬民福音部長　昨晉見李總統〉，《聯合報》，臺北，1988年2月13日，第2版。

15　〈李總統參加追思音樂會〉，《聯合報》，臺北，1988年2月15日，第2版。

16　〈國安會通過中央總預算　歲出入各五六八三億元〉，《經濟日報》，臺北，1988年3月3日，第2版。

17　〈旅美（日）人士為張學良案陳情〉，《總統府》，國史館藏，數位典藏號：011-100400-0052。

18　〈增額中央民代名額與分配　國安會年底完成研議方案〉，《聯合報》，臺北，1988年3月15日，第1版。

亡將士典禮。[19]

4月4日　出席於中正紀念堂舉行之紀念先總統蔣中正逝世十三週年大會。[20]

4月6日　擔任中國國民黨中常會第13次全國代表大會議題第六研究分組召集人。[21]

4月14日　陪同李登輝總統接見聖克里斯多福總理賽孟滋（Kennedy Simmonds）夫婦。[22]

4月15日　陪同李登輝總統接見第七屆世界高齡田徑賽金牌得主王錦昌。[23]

4月18日　答覆立法委員吳梓建議開放參觀總統府與總統官邸一事。[24]

4月20日　出席中國國民黨中常會，聽取大陸工作會報告後發言。[25]

4月22日　蔣經國故總統逝世百日，先生率同總統府各單位主管至大溪陵寢致哀。[26]

5月4日　下午陪同李登輝總統在總統府接見史瓦濟蘭王國總理蘇傑（Sotja Dlamini）伉儷。[27]

---

19 〈中樞昨春祭陣亡將士〉，《聯合報》，臺北，1988年3月30日，第1版。

20 〈李總統主持紀念蔣公大會　李登輝總統先生今天早上主持紀念　蔣公逝世十三週年〉，《聯合晚報》，臺北，1988年4月4日，第1版。

21 〈十三全議題研究分組名單〉，《聯合報》，臺北，1988年4月7日，第2版。

22 〈總統接見聖國總理〉，《聯合報》，臺北，1988年4月15日，第2版。

23 〈李總統昨接見王錦昌〉，《聯合報》，臺北，1988年4月16日，第4版。

24 〈總統府與總統官邸　可否定期開放參觀〉，《聯合晚報》，臺北，1988年4月19日，第3版。

25 〈專案研究中共統戰新動向　政府將釐訂新的大陸政策〉，《聯合報》，臺北，1988年4月22日，第1版。

26 〈李總統到大溪謁陵〉，《民生報》，臺北，1988年4月23日，第6版。

27 〈李總統接見史國總理　就加強經合交換意見〉，《聯合報》，臺北，1988年5月5日，第2版。

5月 9日　陪同李登輝總統接見國民大會憲政研討會常務委員。[28]

5月12日　陪同李登輝總統接見出席行政院第10次科技顧問會議的外籍顧問。[29]

　　　　　　主持緊急會議，因應中國民航班機遭劫持降落清泉崗基地事件。[30]

5月17日　陪同李登輝總統接見國民大會主席團全體聯絡人，討論民眾請願遊行事件。[31]

　　　　　　呈李登輝總統，說明旅美學者張捷遷教授來函對張學良自由表示質疑案。[32]

5月23日　出席總統府5月份國父紀念月會，聽取旅美學者吳茂昆報告「超導體發展現況與未來用途」。[33]

5月24日　陪同李登輝總統出席中央研究院座談，聽取吳大猷院長簡報，並與18位所長會談。[34]

6月 1日　擔任中國國民黨十三全會代表資格審查委員。[35]

　　　　　　對於世臺會回臺開會案，呈李登輝總統說明研擬採駐

28　〈李總統昨告訴憲研會常委　政府有決心維護公權力　依法充實國會而非全面改選〉，《聯合報》，臺北，1988 年 5 月 10 日，第 1 版。

29　〈李總統接見外籍科技顧問〉，《經濟日報》，臺北，1988 年 5 月 13 日，第 2 版。

30　〈政軍首長明快周延處理　因應緊急事件粗具模式〉，《聯合報》，臺北，1988 年 5 月 14 日，第 3 版；〈危機處理　總統主導全局〉，《聯合報》，臺北，1988 年 5 月 15 日，第 3 版。

31　〈李總統昨強調團結革新　絕不縱容暴力遊行請願〉，《聯合報》，臺北，1988 年 5 月 18 日，第 1 版。

32　〈旅美（日）人士為張學良案陳情〉，《總統府》，國史館藏，典藏號：011-100400-0052。

33　〈我國旅美科學家吳茂昆　昨在總統府月會報告超導體用途〉，《民生報》，臺北，1988 年 5 月 24 日，第 6 版。

34　〈李總統巡視中研院　強調支持研究工作〉，《聯合晚報》，臺北，1988 年 5 月 24 日，第 2 版；〈我是否派旅美院士參加 ICSU　李總統表示兩週內答覆〉，《聯合報》，臺北，1988 年 5 月 25 日，第 2 版。

35　〈執政黨十三全會　秘書處規程核定〉，《聯合報》，臺北，1988 年 6 月 2 日，第 2 版。

美代表錢復建議函覆。[36]

6月8日　擔任中國國民黨第十三次全國代表大會現階段大陸政策案指導委員。[37]

6月15日　出席中國國民黨中常會，討論「黨章修訂案」草案。[38]

6月18日　擔任中國國民黨十三全會宣言研究小組召集人。[39]

6月20日　陪同李登輝總統接見臺灣省各縣市及臺北市、高雄市議會正、副議長。[40]

6月24日　陪同李登輝總統接見瓜地馬拉共和國新任駐華大使希梅內斯（Carlos Humberto Jiménez Quiroa）。[41]

7月1日　出席國家安全會議專案小組會議，討論中央民意代表增額案。[42]

7月4日　出席李登輝總統歡迎新加坡總理李光耀來華訪問晚宴。[43]

7月7日　上午出席中國國民黨第十三次全國代表大會在林口中正體育館的開幕典禮。[44]

7月8日　擔任中國國民黨第十三次全國代表大會宣言起草委員

36　〈世界臺灣同鄉會返臺開會〉，《總統府》，國史館藏，典藏號：011-100400-0051。

37　〈到大陸投資設廠　可千萬貿然不得　黎昌意說先住住看再決定〉，《經濟日報》，臺北，1988年6月9日，第2版。

38　〈執政黨原則通過　維持革命民主屬性　不設副主席〉，《聯合晚報》，臺北，1988年6月15日，第2版。

39　〈執政黨十三全宣言擬妥　將籲中共放棄四大堅持〉，《聯合晚報》，臺北，1988年6月18日，第1版。

40　〈總統殷望正副議長要有使命感　領導民眾配合政府推動建設〉，《聯合報》，臺北，1988年6月21日，第1版。

41　〈瓜地馬拉大使　呈遞到任國書〉，《聯合報》，臺北，1988年6月25日，第2版。

42　〈增額中央民代究應多少　意見分歧・仍難協議〉，《聯合報》，臺北，1988年7月2日，第1版。

43　〈總統款宴李光耀〉，《聯合報》，臺北，1988年7月5日，第2版。

44　〈風和日麗　莊嚴肅穆　冠蓋雲集　國民黨十三全　今晨揭開序幕〉，《聯合晚報》，臺北，1988年7月7日，第4版。

　　　　　　　會召集人。⁴⁵

7月12日　　連任中國國民黨第十三屆中央委員。⁴⁶

7月14日　　續任中國國民黨中央常務委員。⁴⁷

7月15日　　下午陪同李登輝總統接見全體返國參加使節會議的駐
　　　　　　　外使節及代表。⁴⁸

7月20日　　出席中國國民黨中常會，討論行政院人事案。⁴⁹

7月21日　　陪同李登輝總統接見美國聯邦眾議員訪華團歐斯禮夫
　　　　　　　婦等7人。⁵⁰

7月25日　　出席行政院新任部會首長宣誓典禮。⁵¹

7月29日　　出席國家安全會議專案小組會議，討論「動員戡亂時
　　　　　　　期自由地區增加中央民意代表名額辦法」。⁵²

8月1日　　陪同李登輝總統接見聖露西亞國會議長聖克萊・但尼
　　　　　　　爾。⁵³

8月3日　　出席中國國民黨中常會，聽取國際情勢報告後發言。⁵⁴

45　〈大會宣言起草委員名單〉，《聯合報》，臺北，1988年7月9日，第3版。

46　〈執政黨昨選出十三屆中委〉，《聯合報》，臺北，1988年7月13日，第1版；〈風雲
　　際會　任重道遠　明天要更好！〉，《聯合報》，臺北，1988年7月13日，第3版。

47　〈執政黨十三屆中常委產生　李煥續任中委會秘書長　內閣局部改組已成定局〉，《聯合
　　報》，臺北，1988年7月15日，第1版。

48　〈李總統期望我駐外使節　因地制宜突破外交現況〉，《聯合報》，臺北，1988年7月
　　16日，第2版。

49　〈黨政團結　開始行動　新閣員「一時之選」　中常委「鼓掌通過」〉，《聯合晚報》，
　　臺北，1988年7月20日，第1版；〈第十三屆中央常務委員會第一次會議與會同志發言
　　速記錄〉（1988年7月20日），收於：石之瑜編著，《台灣最後一位保守政治家：沈昌
　　煥在「復興基地」的見證》（臺北：翰蘆圖書，2003年），頁21-22。

50　〈總統接見美眾議員〉，《聯合報》，臺北，1988年7月22日，第2版。

51　〈新任首長宣誓　總統主持典禮〉，《聯合報》，臺北，1988年7月26日，第2版。

52　〈中央民代增加名額　國安會昨未獲結論〉，《聯合報》，臺北，1988年7月30日，第3版。

53　〈總統接見聖國議長〉，《聯合報》，臺北，1988年8月2日，第2版。

54　〈沈昌煥堅持「三不」　強調國人應有憂患意識〉，《聯合晚報》，臺北，1988年8月
　　3日，第2版；〈第十三屆中央常務委員會第三次會議與會同志發言速記錄〉（1988年8
　　月3日），收於：石之瑜編著，《台灣最後一位保守政治家：沈昌煥在「復興基地」的見
　　證》，頁23-27。

8月12日	出席國家安全會議專案小組會議，討論「動員戡亂時期自由地區增加中央民意代表名額辦法」，決定總額。[55]
8月17日	出席中國國民黨中常會，聽取考紀會報告後發言。[56]
8月18日	陪同李登輝總統接見美國聯邦參議員何林斯及薛爾畢夫婦。[57]
8月19日	陪同李登輝總統接見全國各宗教團體代表。[58]
8月22日	陪同李登輝總統接見索羅門群島總理阿利布亞及天然資源部部長貝拉。[59]
8月29日	陪同李登輝總統接見參加七十七年「國際青年育樂營」的各國首席代表。[60]
9月 1日	陪同李登輝總統接見諾貝爾獎得主、德國物理學家克里辛（Klous von Klitzing）博士。[61]
9月 3日	上午出席於圓山忠烈祠舉行之中樞秋祭陣亡將士典禮。[62]
9月14日	出席中國國民黨中常會，聽取陸工會報告後發言。[63]
9月16日	陪同李登輝總統接見世界歸正教會聯盟秘書長白逸文。[64]

55 〈增額中央民代總額確定　國代375名　立委150名　監委54名〉，《聯合報》，臺北，1988年8月13日，第1版。

56 〈第十三屆中央常務委員會第五次會議與會同志發言速記錄〉（1988年8月17日），收於：石之瑜編著，《台灣最後一位保守政治家：沈昌煥在「復興基地」的見證》，頁28。

57 〈總統接見美參議員〉，《聯合報》，臺北，1988年8月19日，第2版。

58 〈李總統接見宗教代表〉，《聯合報》，臺北，1988年8月20日，第3版。

59 〈總統接見索羅門總理〉，《聯合報》，臺北，1988年8月23日，第2版。

60 〈總統接見國青代表　闡釋世界大同理想〉，《聯合報》，臺北，1988年8月30日，第3版。

61 〈總統接見克里辛博士〉，《聯合報》，臺北，1988年9月2日，第3版。

62 〈中樞秋祭陣亡將士　李總統親臨主祭〉，《聯合報》，臺北，1988年9月4日，第2版。

63 〈第十三屆中央常務委員會第九次會議與會同志發言速記錄〉（1988年9月14日），收於：石之瑜編著，《台灣最後一位保守政治家：沈昌煥在「復興基地」的見證》，頁29-34。

64 〈李總統接見白逸文　強調政治主張不可危害國家安全〉，《聯合報》，臺北，1988年9

9月21日	出席中國國民黨中常會，討論立法委員胡秋原訪大陸之黨紀處分案。[65]
10月 1 日	出席國家安全會議專案小組會議，討論《動員戡亂時期自由地區增加中央民意代表名額辦法》。[66]
10月 5 日	出席中國國民黨中常會，聽取世界反共聯盟第21屆大會概要報告後發言。[67]
10月10日	出席中華民國七十七年國慶紀念典禮。[68]
10月12日	出席中國國民黨中常會，討論蘇聯貿易訪問團案，發言質疑「是不是反共的基本國策改變了？」。[69]
10月17日	請辭總統府秘書長，受聘總統府資政。[70]
10月18日	出席總統府新舊任秘書長交接典禮。[71]

月 17 日，第 2 版。

65　〈嚴處胡秋原　顧慮蔡許案　胡案發展，觸及統獨言論的消長關係。執政黨中常會中有人指出，如果不處分胡秋原，將如何處理台獨問題……〉，《聯合報》，臺北，1988 年 9 月 22 日，第 2 版；〈第十三屆中央常務委員會第十次會議與會同志發言速記錄〉（1988 年 9 月 21 日），收於：石之瑜編著，《台灣最後一位保守政治家：沈昌煥在「復興基地」的見證》，頁 35-39。

66　〈充實中央民意機構　原則敲定　增額國代遞增三倍〉，《聯合晚報》，臺北，1988 年 10 月 1 日，第 2 版。

67　〈第十三屆中央常務委員會第十一次會議與會同志發言速記錄〉（1988 年 10 月 5 日），收於：石之瑜編著，《台灣最後一位保守政治家：沈昌煥在「復興基地」的見證》，頁 40-41。

68　〈中樞國慶紀念典禮　總統強調仁愛為本〉，《聯合晚報》，臺北，1988 年 10 月 10 日，第 2 版。

69　〈對蘇貿易應從整體利益考量　執政黨中常會決定深入檢討〉，《聯合報》，臺北，1988 年 10 月 13 日，第 1 版；〈第十三屆中央常務委員會第十二次會議與會同志發言速記錄〉（1988 年 10 月 12 日），收於：石之瑜編著，《台灣最後一位保守政治家：沈昌煥在「復興基地」的見證》，頁 42-52。

70　〈沈昌煥辭職　李元簇繼任　事出突然　幾分意外〉，《中央日報》，臺北，1988 年 10 月 18 日，第 2 版；〈沈昌煥甫卸任即被敦聘總統府資政　長青樹大老聲勢不減〉，《聯合晚報》，臺北，1988 年 10 月 18 日，第 2 版。

71　〈總統府秘書長今天下午新舊交接〉，《聯合晚報》，臺北，1988 年 10 月 18 日，第 2 版；〈李元簇接任總統府秘書長　沈昌煥移交印信後表示，得卸仔肩　心情輕鬆多了。〉，《聯合報》，臺北，1988 年 10 月 19 日，第 2 版；〈總統府秘書長新舊交接　同仁致贈沈昌煥銀盾　以誌感念〉，《中央日報》，臺北，1988 年 10 月 19 日，第 2 版。

11月 2 日 出席中國國民黨中常會，聽取組工會、考紀會報告後
發言。[72]

---

72 〈第十三屆中央常務委員會第十五次會議與會同志發言速記錄〉（1988 年 11 月 2 日），
收於：石之瑜編著，《台灣最後一位保守政治家：沈昌煥在「復興基地」的見證》，頁
53-55。

民國78年（1989）　76歲

3月15日　晚上與夫人黎蘭於中泰賓館宴請賓客，慶祝結婚五十週年金婚紀念。[1]

5月24日　出席中國國民黨中常會，發言聲援大陸民主運動。[2]

5月31日　出席中國國民黨中常會，聽取大陸及海外情勢報告後發言。[3]

6月3日　出席中國國民黨第十三屆中央委員會第2次全體會議主席團會議。[4]

6月5日　續任中國國民黨中常委。[5]

6月7日　出席中國國民黨中常會，討論大陸情勢，提出「全民團結、鞏固基地、推翻暴政、重建中華」16字箴言。[6]

6月14日　出席中國國民黨中常會，討論大陸情勢。[7]

8月23日　出席中國國民黨中常會，討論國民黨公職選舉候選人

1　〈沈昌煥歡度「金婚」　半世紀恩愛　重溫舊夢　一甲子情侶　再作新人〉，《中央日報》，臺北，1989年3月16日，第11版。

2　〈沈昌煥在常會中呼籲　不要讓海外批評我們冷漠〉，《中央日報》，臺北，1989年5月25日，第2版。

3　〈李主席談話　沈昌煥欽佩〉，《聯合晚報》，臺北，1989年5月31日，第2版；〈第十三屆中央常務委員會第四十一次會議與會同志發言速記錄〉（1989年5月31日），收於：石之瑜編著，《台灣最後一位保守政治家：沈昌煥在「復興基地」的見證》，頁56-58。

4　〈三個審查組召集人名單〉，《聯合報》，臺北，1989年6月4日，第6版。

5　〈卅一人連任中常委　宋楚瑜為秘書長〉，《聯合報》，臺北，1989年6月6日，第9版。

6　〈執政黨應掌握復國契機　中常委大老疾呼　李主席甚表重視〉，《聯合晚報》，臺北，1989年6月7日，第1版；〈第十三屆中央常務委員會第四十二次會議與會同志發言速記錄〉（1989年6月7日），收於：石之瑜編著，《台灣最後一位保守政治家：沈昌煥在「復興基地」的見證》，頁59-62。

7　〈大陸工作應重現階段情勢　沈昌煥批評依「文件」辦事　不合時宜〉，《聯合晚報》，臺北，1989年6月14日，第2版；〈第十三屆中央常務委員會第四十三次會議與會同志發言速記錄〉（1989年6月14日），收於：石之瑜編著，《台灣最後一位保守政治家：沈昌煥在「復興基地」的見證》，頁63-68。

共同主張。[8]

9月27日 出席中國國民黨中常會，聽取大陸工作會報對中共分析報告，並在行政院文化建設委員會報告後發言。[9]

11月15日 出席中國國民黨中常會，聽取大陸工作會報對中共第十三屆五中全會的分析報告，表示報告內容沒有任何政治性，完全為事務態度與角度。[10]

12月6日 出席中國國民黨中常會，討論公職選舉挫敗原因，指出「這是政策上的失敗，致使民心怨氣很重，今後黨政運作一定要加強」。[11]

12月23日 應邀出席光復大陸設計研究委員會年會。[12]

12月25日 應邀出席國民大會年會開幕典禮。[13]

---

8 〈第十三屆中央常務委員會第五十三次會議與會同志發言速記錄〉（1989年8月23日），收於：石之瑜編著，《台灣最後一位保守政治家：沈昌煥在「復興基地」的見證》，頁69-70。

9 〈陸工會主任蕭昌樂預測：老鄧明年三月退休〉，《聯合晚報》，臺北，1989年9月27日，第2版；〈第十三屆中央常務委員會第五十八次會議與會同志發言速記錄〉（1989年9月27日），收於：石之瑜編著，《台灣最後一位保守政治家：沈昌煥在「復興基地」的見證》，頁71-73。

10 〈蕭昌樂報告中共五全內容 被指責令人失望 沈昌煥：大陸事務不能隔岸觀火〉，《聯合晚報》，臺北，1989年11月15日，第2版；〈第十三屆中央常務委員會第六十四次會議與會同志發言速記錄〉（1989年11月15日），收於：石之瑜編著，《台灣最後一位保守政治家：沈昌煥在「復興基地」的見證》，頁74-75。

11 〈大選挫敗 大老開砲 中常會發言熱烈 李煥強調：打傷警察要嚴辦〉，《聯合晚報》，臺北，1989年12月6日，第1版；〈第十三屆中央常務委員會第六十七次會議與會同志發言速記錄〉（1989年12月6日），收於：石之瑜編著，《台灣最後一位保守政治家：沈昌煥在「復興基地」的見證》，頁76-78。

12 〈逼退 民進黨國代 化粧秀鬧場 尿袋輪椅道具登場 老少一度對罵 光復會議程延遲〉，《聯合晚報》，臺北，1989年12月23日，第2版。

13 〈今年未動用警察權 國大年會開幕禮 民進黨發動抗爭 逼退抗議口號 打斷總統致詞 會場內外數度激烈叫罵衝撞 大小抗議布條舉上主席台〉，《聯合報》，臺北，1989年12月26日，第3版。

民國79年（1990） 77歲

1月22日 出席中國國民黨臨時中央委員全體會議，討論決議文。[1]

2月11日 出席中國國民黨臨時中央委員全體會議，討論黨內總統、副總統候選人提名選舉辦法。[2]

2月14日 出席中國國民黨中常會，對大陸問題等發言。[3]

3月21日 出席中國國民黨中常會，討論國是會議，表示國是會議不是萬靈丹，最重要的是執政黨內部必須放棄私見，真誠合作。[4]

3月31日 出席中國國民黨國是會議黨內研究小組會議。[5]

4月12日 出席李登輝總統召開之高層國是座談。[6]

4月25日 出席中國國民黨中常會，對刪除國防預算等發言。[7]

---

1 〈國民黨臨全會決議文昨擬妥　確定列李登輝為總統候選人〉，《聯合報》，臺北，1990年1月23日，第2版。

2 〈重量級人物針鋒相對　起立？投票？提名案表決方式見仁見智　李煥、林洋港、孫運璿、郝柏村贊成票選　宋楚瑜、高育仁、邱創煥、吳伯雄主張起立〉，《聯合報》，臺北，1990年2月12日，第3版。

3 〈第十三屆中央常務委員會第七十七次會議與會同志發言速記錄〉（1990年2月14日），收於：石之瑜編著，《台灣最後一位保守政治家：沈昌煥在「復興基地」的見證》，頁79-81。

4 〈研討憲政體制　政治革新　國家統一　國是會議　可能六月底前召開　執政黨李主席已指定蔣彥士為籌備委員會召集人；謝東閔、李煥為執政黨研究小組召集人。〉，《聯合報》，臺北，1990年3月22日，第1版；〈第十三屆中央常務委員會第八十一次會議與會同志發言速記錄〉（1990年3月21日），收於：石之瑜編著，《台灣最後一位保守政治家：沈昌煥在「復興基地」的見證》，頁82-83。

5 〈國民黨首度研究會　中評、中常委11人出席〉，《聯合晚報》，臺北，1990年3月31日，第1版。

6 〈李總統召開高層國是座談　今起分三批進行　下午首批中常委包括李煥等十餘人〉，《聯合晚報》，臺北，1990年4月12日，第1版。

7 〈李登輝：文化的根不能動　奉祀官編制以法制化解決　故宮不宜歸入文化部〉，《聯合晚報》，臺北，1990年4月25日，第1版；〈第十三屆中央常務委員會第八十六次會議

5月 2 日　出席中國國民黨中常會，討論行政院長人選。[8]

6月13日　出席中國國民黨中常會，討論江澤民提出黨對黨談判建議，指出「這是一個有謀略，經過研究後的談話」。出席中國國民黨中常會，對新聞報導等發言。[9]

6月18日　出席中國國民黨國是會議的研究小組會議，討論國是會議五大議題。[10]

7月18日　出席中國國民黨中常會，聽取國貿局長許柯生報告後發言。[11]

8月 9 日　主持茶話會，向中國國民黨籍監察委員說明考試院人事提名案。[12]

11月 7 日　出席中國國民黨中常會，聽取文化建設委員會主任委員郭為藩報告「現階段文化政策的輪廓」。[13]

11月26日　主持中國國民黨籍監察委員就監委年度巡察所發現施政缺失之先期座談。[14]

12月14日　回憶總統府資政張羣。[15]

與會同志發言速記錄〉（1990 年 4 月 25 日），收於：石之瑜編著，《台灣最後一位保守政治家：沈昌煥在「復興基地」的見證》，頁 84-86。

8　〈執政黨昨天中常會後　「官場語言」談閣揆人選　多數中常委當時仍不知情〉，《聯合報》，臺北，1990 年 5 月 3 日，第 2 版。

9　〈江澤民提出黨對黨談判建議　沈昌煥：是個有謀略的談話〉，《中央日報》，臺北，1990 年 6 月 14 日，第 2 版；〈第十三屆中央常務委員會第九十三次會議與會同志發言速記錄〉（1990 年 6 月 13 日），收於：石之瑜編著，《台灣最後一位保守政治家：沈昌煥在「復興基地」的見證》，頁 87-89。

10　〈執政黨溝通國是會立場　將採小組討論確立五大議題主張〉，《聯合晚報》，臺北，1990 年 6 月 18 日，第 3 版。

11　〈推動經貿關係　黨政大老建言〉，《經濟日報》，臺北，1990 年 7 月 19 日，第 2 版。

12　〈國民黨辦茶話會　被提名人與黨籍監委昨第一次溝通　朱安雄頻放砲　黨工忙「消毒」〉，《聯合報》，臺北，1990 年 8 月 10 日，第 4 版。

13　〈納入國建六年計畫　多位中常委關注　郝揆：文化建設很重要〉，《聯合晚報》，臺北，1990 年 11 月 7 日，第 2 版。

14　〈立院監院「兩個婆婆」監督　職權不獨立　「財務司法」審計部角色難為　化解年終檢討爭執　執政黨籍監委座談〉，《聯合報》，臺北，1990 年 11 月 26 日，第 3 版。

15　〈大老學者推崇張羣　良相佐國　壽德兩全〉，《聯合報》，臺北，1990 年 12 月 15 日，第 2 版。

民國80年（1991）　78歲

1月3日　出席中國國民黨中央憲政改革說明會。[1]

1月13日　出席蔣經國故總統逝世三週年紀念會，以「仰之彌
高、歷久彌新」為題，報告蔣經國故總統行誼。[2]

2月19日　出席中國國民黨中常會，聽取國科會主委夏漢民報告
後發言。[3]

3月22日　出席中國國民黨中央委員會憲政改革座談會。[4]

5月11日　對是否適宜承認外蒙為一獨立國家發表看法，認為外
蒙問題極為複雜，必須從長計議。[5]

6月8日　受聘擔任故宮博物院指導委員會委員。[6]

7月3日　擔任大陸工作指導小組成員。[7]

7月31日　對中越航線臨時喊停發表看法。[8]

1　〈中常委大都支持　一機關兩階段修憲〉，《聯合晚報》，臺北，1991年1月3日，第2
版；〈「一機關兩階段」修憲方案　執政黨內高層出現不同聲音　傳部分中常委建議採「一
階段」修憲〉，《聯合報》，臺北，1991年1月4日，第2版。

2　〈時代巨人仰之彌高　追思經國先生　中樞昨集會　蔣氏家屬並舉行超薦法會　蔣孝武、
章孝嚴到場　在經國先生靈前行叩拜禮〉，《聯合報》，臺北，1991年1月14日，第5版；
〈蔣故總統經國先生逝世三週年　李總統親臨主持紀念大會　沈昌煥在會中報告經國先生
行誼〉，《中央日報》，臺北，1991年1月14日，第2版。

3　〈國科會鼓勵教師下工廠　可憑技術報告升等　大專院校實務課程優先延攬技術人員〉，
《聯合晚報》，臺北，1991年2月20日，第5版。

4　〈憲政五大原則　執政黨中委普遍支持　李元簇主持座談會　謝東閔等建議二階段以後
修憲繼續堅持五大原則〉，《聯合報》，臺北，1991年3月23日，第4版。

5　〈外蒙獨立　我應暫不應認　政院與立委商定位問題　認為不宜過早表態〉，《聯合晚
報》，臺北，1991年5月11日，第1版。

6　〈清點工作結束　故宮管理易貌　成立三十六年的故宮管理委員會解散後　行政院改聘原
職人員為指導委員〉，《聯合報》，臺北，1991年6月17日，第5版。

7　〈執政黨陸指組改組　郝柏村等任召集人〉，《聯合晚報》，臺北，1991年7月3日，
第1版。

8　〈沈昌煥：我們不可能與共黨國家發展親密關係〉，《聯合晚報》，臺北，1991年7月31日，
第3版。

9月4日　　出席李登輝總統主持之「蘇聯變局後情勢及我因應作
　　　　　為」諮詢會議。[9]

9月25日　　出席中國國民黨中常會，對立法院衝突事件感受「令
　　　　　人痛心至極」。[10]

10月15日　　出席中國國民黨討論民進黨通過臺獨黨綱案之會談。[11]

10月16日　　出席中國國民黨中常會，針對民進黨臺獨黨綱案發
　　　　　言。[12]

10月24日　　《經濟日報》專文報導先生政治理念「有格調」。[13]

11月30日　　參加立法院長梁肅戎晚宴，回憶外交往事。[14]

9　〈蘇聯變局後　我因應作為總統邀黨政軍大老首長諮商　會議重點為兩岸關係，有人認為
　　必須注意中共動態，有人則擔憂台獨會受誤導鼓勵。〉，《聯合報》，臺北，1991 年 9
　　月 5 日，第 1 版；〈因應蘇聯變局李總統諮詢會　統獨問題並非討論集點　總統短期內無
　　召開類似會議計畫　談台獨看法互異　論圈結說詞一致〉，《聯合報》，臺北，1991 年 9
　　月 6 日，第 2 版。

10　〈沈昌煥對立院亂象深感痛心　指立委近來只熱衷外交事務卻不管內政，是本末倒置作
　　法。〉，《中央日報》，臺北，1991 年 9 月 26 日，第 2 版。

11　〈針對民進黨台獨黨綱案　執政黨凝聚共識　徵詢中常委意見〉，《聯合晚報》，臺北，
　　1991 年 10 月 15 日，第 1 版。

12　〈如何處理台獨黨綱　執政黨歷來最熱鬧的中常會　22 人次言猶未盡　「還有人想舉
　　手」〉，《聯合報》，臺北，1991 年 10 月 17 日，第 3 版；〈蘇南成中常會上台語發言：
　　國民黨軟弱〉，《聯合晚報》，臺北，1991 年 10 月 17 日，第 3 版。

13　〈辦外交應多做少說　不需要各種「名堂」　沈昌煥政治理念「有格調」〉，《經濟日報》，
　　臺北，1991 年 10 月 20 日，第 24 版。

14　〈政壇大老餐敘言歡　梁肅戎作東　拿過往趣事下酒〉，《聯合晚報》，臺北，1991 年
　　12 月 1 日，第 4 版。

民國81年（1992） 79歲

1月9日 出席中國國民黨中評委主席團與中常委餐會。[1]

3月6日 出席中國國民黨修憲策劃小組與中常委協調修憲座談
會。[2]

3月9日 出席中國國民黨臨時中常會，討論總統選舉方式案，
發言表達對總統選舉方式改為直選，非常驚訝。[3]

3月14日 出席中國國民黨第十三屆三中全會，討論憲改案。[4]

3月15日 出席中國國民黨第十三屆三中全會，討論憲改案表決
方式，主張應採不記名方式，且要達三分之二多數才
算通過。[5]

3月25日 參與中國國民黨中常會政治小組，再作總統選舉方式
研究。[6]

3月28日 出席中國國民黨中常會政治小組，討論總統選舉方
式，作出初步結論。[7]

4月1日 出席中國國民黨中常會，聽取大陸工作會報告後發

---

1 〈執政黨高層對召開三中全會達成基本共識〉，《中央社》，1992年1月9日。
2 〈執政黨中常委修憲協調會 也傳總統直選聲浪〉，《聯合晚報》，臺北，1992年3月6日，第3版。
3 〈臨時中常會 七個半小時 直選VS.委選 發言如拔河 許水德率先為直選造勢 陳履安發言李元簇發火〉，《聯合報》，臺北，1992年3月10日，第3版。
4 〈兩派人士 會前仍各有堅持 謝東閔俞國華盼勿用表決，陶百川「沒話說」，馬英九「很多事情真的不知道」。〉，《聯合晚報》，臺北，1992年3月14日，第3版。
5 〈表決 記名不記名？兩派內部意見未整合〉，《聯合晚報》，臺北，1992年3月15日，第3版。
6 〈政治小組名單〉，《聯合晚報》，臺北，1992年3月25日，第1版。
7 〈總統選舉方式 不必在今年定案 執政黨直選派國代：宜多作討論 委選派也反對臨會討論相關提案〉，《聯合晚報》，臺北，1992年3月28日，第2版。

言，表示應密切注意與大陸經濟關係。[8]

4月15日 出席中國國民黨中常會，聽取蒙藏委員會報告後發言。[9]

5月3日 擔任中日關係研究會名譽董事長。[10]

5月9日 出席在懷恩堂舉行之前總統府秘書長張羣冥誕追思禮拜。[11]

7月22日 出席中國國民黨中常會，討論大陸政策議題，發言表示有關兩岸關係的推動以及大陸政策的制訂，一定要先在內部形成共識。[12]

7月29日 出席中國國民黨大陸工作指導小組，討論「兩岸經貿關係的現況檢討及未來展望」。[13]

8月22日 出席中國國民黨臨時中常會，討論中韓斷交相關問題，發言表達意見，希望國人不要情緒化。[14]

8月26日 出席中國國民黨中常會，聽取革命實踐研究院報告後發言，表示不能接受國民黨作為執政黨過去是「威權政黨」的說法。[15]

---

8 〈大陸各地成立組織 吸收臺資 沈昌煥：應密切注意〉，《中央日報》，臺北，1992年4月2日，第3版。

9 〈對外蒙工作 郝揆：能作不能說 中常會上主張全數收回蒙藏委會報告 敏感〉，《聯合晚報》，臺北，1992年4月15日，第2版。

10 〈中日關係研究會21年慶 中日名流聚一堂 梁井新一籲加強中日交流〉，《聯合晚報》，臺北，1992年5月3日，第2版。

11 〈張岳軍冥誕追思禮拜〉，《中央社》，1992年5月9日。

12 〈沈昌煥等中常委表示 推動兩岸關係及制訂大陸政策 應先在民間形成共識〉，《中央日報》，臺北，1992年7月23日，第2版。

13 〈經貿交流朝導多於禁規劃 黃昆輝：將提供廠商更明確活動空間〉，《經濟日報》，臺北，1992年7月30日，第2版。

14 〈中國國民黨臨時中常會 譴責南韓不顧道義行徑 支持政府採取主動斷交等強硬措施 郝柏村：今後還要繼續努力推動李總統主導的務實外交〉，《中央日報》，臺北，1992年8月23日，第2版。

15 〈宋楚瑜談訪美：民主革新必受尊重 祝基瀅觀察美大選：競選策略漸受媒體左右〉，《聯合報》，臺北，1992年8月27日，第4版。

9月5日　出席周書楷喪禮，擔任黨旗覆蓋官。[16]

9月10日　出席中國國民黨不分區立委提名細節會議，強調不分區立委應回歸全國不分區代表的意義。[17]

10月21日　出席中國國民黨中常會，聽取大陸工作會對中共十四大報告。[18]

10月24日　出席三民主義統一中國大同盟十週年大會。[19]

10月28日　出席中國國民黨中常會，建議修正第二屆立法委員中國國民黨候選人參選共同主張。[20]

10月30日　出席中華婦女反共聯合會舉行紀念先總統蔣中正誕辰禮拜，於會中講述蔣公行誼。[21]

　　　　　下午出席第二屆立法委員全國不分區代表與僑選立法委員黨內提名工作事前會議。[22]

11月11日　出席中國國民黨中常會，討論「一中一臺」與「調降證交稅」兩項黨紀處分案。[23]

11月18日　遭立法委員候選人陳哲男指控為「賣臺集團」成員。[24]

16　〈李總統參加周書楷喪禮〉，《聯合報》，臺北，1992年9月6日，第4版。

17　〈宋楚瑜邀部分中常委溝通提名細節　與會常委對提名作業高度肯定　情勢複雜選區提名秋節後見分曉〉，《聯合報》，臺北，1992年9月11日，第4版；〈宋楚瑜邀集10位中常委　徵詢提名名單意見　沈昌煥：不分區立委應重視省籍分配〉，《中國時報》，臺北，1992年9月11日，第4版。

18　〈執政黨剖析中共十四大後政局　大陸工作會代主任指出：大陸和平演變不可避免，對台政策基調仍不變。〉，《聯合晚報》，臺北，1992年10月21日，第2版。

19　〈大同盟慶十週年　改為社會團體　秘書長高銘輝指除可擴大活動空間　並能避免因屬政團有推薦候選人參選之嫌〉，《聯合晚報》，臺北，1992年10月24日，第2版。

20　〈執政黨修正通過參選共同主張　重申「堅持一個中國」立場　並堅決反對台獨、一中一台〉，《聯合晚報》，臺北，1992年10月28日，第2版。

21　〈婦聯會紀念先總統蔣公誕辰〉，《中央社》，1992年10月30日。

22　〈執政黨中常委肯定全國不分區代表篩選工作〉，《中央社》，1992年10月30日。

23　〈執政黨中常會　發言一面倒　一中一台黨紀處分　主席踩煞車　黨的政策從重處分之議暫緩　證交稅案　宋楚瑜以個人去留要求通過〉，《聯合報》，臺北，1992年11月12日，第3版。

24　〈陳哲男：郝揆拆國民黨的台〉，《聯合報》，臺北，1992年11月19日，第4版。

11月25日　出席中國國民黨中常會政治小組，討論「一個中國」
意涵。[25]

12月 2 日　出席中國國民黨中常會，討論陳哲男「一中一臺」主
張及攻擊同黨同志為「賣臺四奸」的黨紀案，發言表
示被攻擊是賣臺集團，十分不平，堅持黨的主張「漢
賊不兩立」。[26]

12月23日　提十六字諍言，反省二屆立委選戰失利。[27]

25　〈中常會政治小組成員指一個中國聲明應簡潔〉，《中央社》，1992 年 11 月 25 日。

26　〈提振軍紀　吳王同意斬愛妃　整肅黨紀　主席通過開除案〉，《聯合報》，臺北，1992
年 12 月 3 日，第 2 版。

27　〈記取教訓、虛心檢討、徹底改革、精誠團結　選戰失利　沈昌煥提 16 字諍言　對宋楚
瑜請辭　沈：我這裡沒新聞　多位黨政要員指責任不應宋一人承擔〉，《聯合晚報》，臺
北，1992 年 12 月 23 日，第 2 版。

民國82年（1993）　80歲

1月 6 日　出席中國國民黨中常會，討論內閣總辭案，會後受訪
　　　　　　說：「我這裡沒有新聞。」[1]

1月11日　至總統府討論內閣人事案。[2]

1月14日　出席李登輝總統宴請總統府資政之晚宴。[3]

1月20日　出席中國國民黨中常會，討論內閣總辭案。[4]

1月29日　參與行政院院長郝柏村晚宴。[5]

2月 2 日　與總統府秘書長蔣彥士會面，討論總辭、新閣揆人
　　　　　　選。[6]

2月 8 日　李登輝主席約見，討論行政院長人選案，會後受訪表
　　　　　　示黨內民主很重要。[7]

3月10日　出席中國國民黨中常會，討論新任中央委員會秘書長
　　　　　　人選案。於討論案後，針對黨務提出意見，指出第二
　　　　　　屆立法委員選舉檢討報告完全沒有提到誰該為選舉失

1　〈內閣總辭交中常會討論？執政黨大老多不願表意見〉，《聯合晚報》，臺北，1993 年 1
　　月 6 日，第 2 版。

2　〈執政黨李主席下午再約見八位中常委　其中包括沈昌煥、許歷農、邱創煥、李國鼎等
　　人〉，《聯合晚報》，臺北，1993 年 1 月 11 日，第 1 版。

3　〈李總統宴請資政　謝東閔強調團結　首先發言指人才應好好利用沒什麼老少問題　隨後
　　也僅辜振甫發言餘均無意見〉，《聯合報》，臺北，1993 年 1 月 15 日，第 2 版。

4　〈總辭案敏感　看誰在說話　李煥、林洋港不表意見　連戰說「未研究」　許歷農、沈昌
　　煥則支持郝揆應由黨決定的看法〉，《聯合晚報》，臺北，1993 年 1 月 20 日，第 3 版。

5　〈郝揆決總辭　建議林洋港接任　昨邀部分中常委會商　盼邱創煥任執政黨秘書長　郝表
　　明不接受黨職安排　提案交中常會集體討論〉，《聯合報》，臺北，1993 年 1 月 30 日，
　　第 1 版。

6　〈再受命與大老會晤　蔣彥士指情勢樂觀〉，《聯合報》，臺北，1993 年 2 月 4 日，第 3 版。

7　〈國民黨中常委晉見主席　大老們齊籲團結　郝柏村李煥許歷農明確支持林洋港組閣　謝
　　東閔強調在上有容乃大在下不貪則剛〉，《聯合報》，臺北，1993 年 2 月 9 日，第 3 版。

利負責，簡直是推卸責任。[8]

3月17日 出席中國國民黨中常會政治及黨務小組，就第二屆立法委員輔選進行檢討，發言表達選舉失敗的原因是高估了自己組織的力量，低估了反對黨的力量，低估了選民的程度及自行參選者的影響力。[9]

3月31日 出席中國國民黨中常會，聽取大陸工作會報告大陸政情。[10]

4月29日 擔任中國國民黨第十四次全國代表大會籌備指導小組成員。[11]

5月5日 出席中國國民黨中常會，聽取海基會董事長辜振甫對辜汪會談報告。[12]

5月11日 出席餐會，聽取郝柏村報告訪美經過，與討論中國國民黨十四全大會擴大當然黨代表問題。[13]

5月17日 出席餐會，討論中國國民黨第十四次全國代表大會問題。[14]

6月9日 續擔任大陸工作指導小組成員。[15]

---

8 〈五位中常委對當前黨務坦誠檢討、具體建言　李煥：不能只在人事上兜圈子；郝柏村：立委選舉檢討報告不痛不癢；沈昌煥：選舉失利無人敢負責；　李國鼎：敗選沒有任何處置，沒有是非；許歷農：期許新任秘書長為黨整體做事。〉，《中央日報》，臺北，1993年3月11日，第2版。

9 〈黨內情勢，初選弊多利少，提名制度也有問題　執政黨中常委，表達強烈憂患意識〉，《聯合報》，臺北，1993年3月18日，第4版。

10 〈國民黨中常會　蕭行易報告大陸政情　李煥等中常委紛發言〉，《聯合報》，臺北，1993年4月1日，第2版。

11 〈俞國華任籌備十四全召集人　是否在中山樓召開　仍得再研究〉，《聯合報》，臺北，1993年4月29日，第6版。

12 〈辜振甫中常會報告辜汪會談　李主席嘉勉　中常委肯定〉，《聯合報》，臺北，1993年5月6日，第3版。

13 〈要求黨中央擴大溝通　如果周內無法達成共識　非主流昨晚聚會　多人主張不惜走向分裂〉，《聯合晚報》，臺北，1993年5月12日，第1版。

14 〈執政黨部分中常委再度研商十四全大會事宜〉，《中央社》，1993年5月17日。

15 〈執政黨大陸工作指導小組人事調整〉，《中央社》，1993年6月9日。

6月16日 出席中國國民黨中常會，討論中國國民黨第十四次全國代表大會文宣。發言表示文宣訴求應強調民主革新、精誠團結、爭取選舉勝利、造福民眾等目標。[16]

7月 5 日 討論中國國民黨第十四次全國代表大會政綱。[17]

7月 7 日 出席中國國民黨中常會，討論中國國民黨第十四次全國代表大會的政治號召，建議：「將內容修正為民主、革新、團結、奮鬥、建設臺灣、再造中華。」[18]

7月27日 下午出席大陸工作指導小組會議，討論陸指組工作簡則修正草案。[19]

8月11日 出席中國國民黨中常會，對「新黨」成立表達意見，認為「是國民黨最大損失，黨中央應反省、檢討」。[20]

8月18日 受聘擔任中國國民黨第十四屆中央評議委員主席團主席。[21]

11月12日 參加西湖工商舉辦之張岳軍先生紀念館落成典禮。[22]

12月14日 出席中國國民黨中央委員和中評委座談會前會，對政府推動重返聯合國和國際社會問題提出看法。[23]

---

16 〈十四全文宣主訴定　未獲中常會通過〉，《聯合晚報》，臺北，1993 年 6 月 16 日，第 2 版。

17 〈十四全政綱濃縮為18條　增列重返聯國等條文〉，《聯合晚報》，臺北，1993 年 7 月 5 日，第 2 版。

18 〈民主、革新、團結、奮鬥、建設台灣、再造中華　14 全訴求　改為「政治號召」〉，《聯合晚報》，臺北，1993 年 7 月 7 日，第 2 版。

19 〈國民黨中央陸指組集會〉，《中央社》，1993 年 7 月 27 日。

20 〈走過來時路　國民黨13屆中常委有肯定有遺憾　林洋港:有成就,也有值得反省的地方。李國鼎:有些時代能做事,有些時代不能做事。沈昌煥:新連線組黨,黨中央應該好好檢討。謝東閔:我要離開了!〉，《聯合晚報》，臺北，1993 年 8 月 11 日，第 3 版。

21 〈李登輝提名　大會鼓掌通過　中評會增聘　中評委一三八人　主席團主席十四人　名單〉，《聯合報》，臺北，1993 年 8 月 19 日，第 4 版。

22 〈西湖工商設立張群紀念館〉，《聯合報》，臺北，1993 年 11 月 13 日，第 14 版。

23 〈國民黨高層:明年修憲可能趨單純化　國民黨中評委級大老多人　要求保持現行憲法完整性　建議李主席察納雅言〉，《聯合報》，臺北，1993 年 12 月 15 日，第 2 版。

12月25日　悼念前總統嚴家淦，推崇嚴前總統對國家建設的貢
　　　　　　獻。[24]

---

24 〈德高　望重　才大　心細　黨政要員一致感佩嚴氏謙沖和風骨〉，《聯合報》，臺北，
　　1993 年 12 月 26 日，第 2 版。

民國83年（1994） 81歲

1月22日 擔任前總統嚴家淦奉安典禮覆旗官。[1]

4月18日 參加中國國民黨中央評議委員主席團主席座談，討論
黨版修憲案，發言主張總統直選應採絕對多數。[2]

---

1 〈「任滿引退　謙德唯馨」　嚴前總統奉安大典　總統致祭場面莊嚴〉，《聯合晚報》，
臺北，1994 年 1 月 22 日，第 1 版。

2 〈中評委主席團座談憲改　限制言論免責權　許水德：這不是李主席的意見〉，《聯合報》，
臺北，1994 年 4 月 19 日，第 2 版。

民國84年（1995） 82歲

1月11日 擔任大陸工作指導小組指導委員。[1]

8月18日 出席中國國民黨第十四屆中央評議委員主席團會議，
聽取第十四次全國代表大會第2次會議籌備狀況。[2]

1 〈國民黨大陸工作指導小組改組　連戰吳伯雄許水德任召集人〉，《經濟日報》，臺北，
1995 年 1 月 12 日，第 3 版。
2 〈倪文亞任國民黨十四全中評委二次會主席〉，《中央社》，1995 年 8 月 18 日。

民國85年（1996） 83歲

3月11日 聯合報系創辦人王惕吾於本日病逝，先生至設於聯合報的靈堂弔唁。[1]

5月 2日 出席行政院新聞局成立49年慶祝茶會，回憶新聞局初成立時情形。[2]

5月 6日 出席大陸工作指導小組會議，討論兩岸關係，表示「大陸把球丟過來，我們不一定非要把球丟回去不可」。[3]

5月22日 續受聘為總統府資政。[4]

6月17日 參加李登輝總統宴請總統府資政晚宴。[5]

8月20日 出席中國國民黨中評委主席團會議。[6]

9月18日 續擔任大陸工作指導小組成員。[7]

12月 9日 出席李登輝總統邀請總統府資政晚宴。[8]

---

1 〈李副總統等弔祭王惕吾 李總統夫人、連戰及各界人士紛至聯合報弔唁 靈堂設置三天供親友行禮致哀〉，《聯合報》，臺北，1996年3月12日，第1版。

2 〈新聞局四十九年慶 歷任局長回娘家 沈昌煥述往：從手工業到電子時代 邵玉銘戲說「全方位的訓練單位」〉，《聯合報》，臺北，1996年5月3日，第4版。

3 〈連戰：營造全民對兩岸關係共識 國民黨陸指組會議 許水德提出「統一中國」概念 沈昌煥呼籲重視香港問題〉，《聯合報》，臺北，1996年5月7日，第1版。

4 〈李總統核聘首批資政、國策顧問百人〉，《中央日報》，臺北，1996年5月23日，第1版。

5 〈李總統昨宴請資政 說明國家大政發展方向 強調最重要在「保護中華民國」〉，《聯合報》，臺北，1996年6月18日，第2版。

6 〈國民黨今開中評委主席團會議〉，《中央社》，1996年8月20日。

7 〈國民黨今天通過大陸工作指導小組名單〉，《中央社》，1996年9月18日。

8 〈李總統強調重建司法教育文化與社會〉，《中央社》，1996年12月9日。

民國86年（1997） 84歲

3月17日 參加中國國民黨副主席俞國華率領之蔣夫人宋美齡女士祝壽團，赴美祝賀蔣夫人百歲嵩壽。[1]

3月18日 與祝壽團成員向蔣宋美齡夫人拜壽。[2]

3月19日 與祝壽團前往紐約華埠拜會中華公所。[3]

3月20日 出席蔣夫人暖壽宴。[4]

3月21日 出席蔣夫人百齡嵩壽感恩禮拜及壽宴慶生。[5]

5月20日 獲續聘總統府資政。[6]

8月26日 獲續聘中國國民黨第十五屆中央評議委員。[7]

8月31日 夫人黎蘭女士捐贈國父墨寶予故宮博物院。[8]

10月 7 日 出席蔣緯國上將治喪委員會議，並擔任治喪委員會副主任委員。[9]

---

1 〈祝壽團下午啟程赴美〉，《聯合晚報》，臺北，1997 年 3 月 17 日，第 4 版。

2 〈蔣夫人戴起眼鏡細讀總統賀電 步行下樓梯 接見祝壽團 妙語詢舊識 巧喻百朵花〉，《聯合報》，臺北，1997 年 3 月 20 日，第 5 版。

3 〈國民黨祝壽團拜會紐約華埠〉，《中央社》，1997 年 3 月 19 日。

4 〈蔣夫人接受親友暖壽〉，《中央社》，1997 年 3 月 20 日。

5 〈蔣夫人百秩壽誕 以感恩禮拜及壽宴慶生〉，《中央社》，1997 年 3 月 21 日。

6 〈李總統新聘總統府資政及國策顧問〉，《中央社》，1997 年 5 月 20 日。

7 〈國民黨公佈第十五屆中央評議委員三八九人〉，《中央社》，1997 年 8 月 26 日。

8 〈國父墨寶天下為公 黎蘭捐贈故宮收藏〉，《聯合報》，臺北，1997 年 8 月 31 日，第 18 版。

9 〈蔣緯國十九日上午公祭後安葬於五指山公墓〉，《中央社》，1997 年 10 月 7 日。

民國87年（1998） 85歲

2月9日 　擔任圓山大飯店董事長及總經理移交典禮監交人。[1]

3月15日 　偕夫人於臺北中泰賓館慶賀結婚五十九周年。[2]

5月8日 　出席於三軍軍官俱樂部召開之總統府資政馬紀壯上將治喪委員會會議，擔任治喪委員會副主任委員。[3]

5月22日 　獲續聘總統府資政。[4]

6月23日 　出席圓山大飯店重建慶祝酒會。[5]

6月25日 　因停止呼吸送醫急救。[6]

7月2日 　因腦中風併發多重器官衰竭，病逝於臺北榮民總醫院，享壽85歲。[7]

7月3日 　《聯合報》專文報導先生生平。[8]

7月4日 　李登輝總統至家中弔唁，[9]新聞局長程建人緬懷先生風範。[10]

7月16日 　舉行家祭、大殮，家屬謹遵遺囑，以莊肅簡樸為原則。[11]

1　〈韋振甫領航圓山飯店啟新頁　嚴長壽掌舵昨舉行董事長、總經理交接　沈昌煥期許再登世界十大旅館〉，《中央日報》，臺北，1998年2月10日，第5版。

2　周琇環、蔡盛琦、陳世局編註，《沈昌煥日記：戰後第一年1946》，頁XXIV；石之瑜編著，《寧靜致遠美麗人生：沈昌煥先生紀念文集》，頁12。

3　〈馬紀壯二十二日公祭出殯　安葬五指山國軍公墓〉，《中央社》，1998年5月8日。

4　〈李總統今核聘總統府資政與國策顧問〉，《中央社》，1998年5月22日。

5　石之瑜編著，《寧靜致遠美麗人生：沈昌煥先生紀念文集》，頁40。

6　〈沈昌煥深度昏迷急救中〉，《中央日報》，臺北，1998年7月2日，第4版。

7　〈外交部對前長官沈昌煥、蔣彥士相繼去世感沉痛〉，《中央社》，1998年7月2日。

8　〈沈昌煥　漢賊不兩立　外交教父　中美斷交辭外長　官邸護衛　理念不合終去職〉，《聯合報》，臺北，1998年7月3日，第4版。

9　〈李總統到蔣彥士及沈昌煥家中弔唁〉，《中央社》，1998年7月4日。

10　〈程建人緬懷蔣彥士和沈昌煥〉，《中央社》，1998年7月4日。

11　〈沈昌煥之喪明舉行公祭〉，《中央日報》，臺北，1998年9月29日，第4版。

8月1日 　李登輝總統明令褒揚，輓詞「懋績永昭」。[12]

9月30日 　於臺北市立第一殯儀館景行廳舉行公祭儀式。[13]

10月10日 　葬於臺北縣三峽鎮龍泉墓園。

————————————

2005年

2月8日 　夫人黎蘭女士逝世，後與先生合葬於臺北縣三峽鎮龍
泉墓園。

————————————

12 〈總統明令褒揚蔣彥士、沈昌煥〉，《聯合報》，臺北，1998年8月2日，第4版；〈總
統令明令褒揚：蔣彥士、沈昌煥〉（1998年8月12日），《總統府公報》，第6231號，
頁6。

13 〈沈昌煥公祭今舉行　李總統、連戰前往致祭〉，《中央社》，1998年9月30日。

附錄一　沈昌煥先生出使／出訪各國時間次序表

次序	時間	地點	主要行程
1	1944年1月	英屬印度（今印度共和國）	派任駐印度專員公署二等秘書。
2	1949年7月	菲律賓共和國	與蔣中正參加碧瑤會議。
3	1949年8月	大韓民國	與蔣中正訪問韓國。
4	1951年11月	法蘭西共和國	參加聯合國大會第六屆常會。
5	1952年1月	德意志聯邦共和國（西德）	發表演講。
6	1955年8月	美利堅合眾國	視察駐美使領館和駐聯合國辦事處的業務，向美方解釋孫立人案。
7	1955年8月	墨西哥合眾國	視察駐墨使館。
8	1957年7月	日本國	拜見日本副首相石井光次郎等日本官員。
9	1957年7月	瓜地馬拉共和國	拜見瓜國總統卡司蒂優，會見瓜國官員，受勛。
10	1957年7月	薩爾瓦多共和國	拜見薩國總理及薩國總統來慕斯。
11	1957年7月	宏都拉斯共和國	會見宏國官員，拜見並贈勛宏國軍人聯合執政團二位執政。
12	1957年8月	尼加拉瓜共和國	拜見並贈勛尼國總統蘇慕薩，會見尼國外交部長。
13	1957年8月	哥斯大黎加共和國	拜見哥國總統費益瑞斯。

次序	時間	地點	主要行程
14	1957年8月	巴拿馬共和國	拜見並贈勳巴拿馬總統拉瓜地亞，受勳，會見巴拿馬華僑。
15	1957年8月	多明尼加共和國	拜見多國新任總統杜琦樂。
16	1957年8月	古巴共和國	拜見古巴總統巴蒂斯塔並贈勳。
17	1957年8月	哥倫比亞共和國	會見哥國外交部長，拜見哥國五人軍事團。
18	1957年9月	秘魯共和國	訪問秘魯。
19	1957年9月	巴西聯邦共和國	會見巴西外交部長，拜見巴西總統庫比契克。
20	1957年9月	巴拉圭共和國	拜見並贈勳巴拉圭總統斯特洛斯納。
21	1957年9月	烏拉圭共和國	訪問烏拉圭。
22	1957年9月	阿根廷共和國	拜見並贈勳阿根廷總統阿蘭布茹。
23	1957年9月	智利共和國	拜見智利總統伊本茲，參觀全球最大銅礦場。
24	1957年10月	玻利維亞共和國	拜見並贈勳玻國總統西洛士。
25	1957年10月	厄瓜多共和國	拜見並贈勳厄瓜多總統龐斯。
26	1957年10月	委內瑞拉玻利瓦共和國	拜見並贈勳委國總統畢律茲。

次序	時間	地點	主要行程
27	1957年10月	海地共和國	參加海地總統杜伐列就職典禮。
28	1959年5月	西班牙國（今西班牙王國）	派任駐西班牙特命全權大使
29	1959年9月	聯合國	參加聯合國大會第十四屆常會。
30	1961年1月	菲律賓共和國	參加中、菲、韓、越四國外交部長會議。
31	1961年2月	大韓民國	拜見韓國總理張勉等韓國官員。
32	1961年3月	日本國	拜見日本首相池田勇人，會見日本朝野人士。
33	1961年7月	美利堅合眾國	與陳誠副總統訪問美國。
34	1961年9月	聯合國	參加聯合國大會第十六屆常會。
35	1961年11月	教廷	參加教宗若望二十三世的加冕三週年及八十華誕的慶祝儀式。
36	1961年11月	義大利共和國	主持我國駐歐使節會議。
37	1963年3月	越南共和國（南越）	與副總統兼行政院長陳誠訪問南越。
38	1963年3月	菲律賓共和國	與陳誠副總統夫婦訪問菲律賓。
39	1963年6月	教廷	會見教廷傳信部長阿加根尼和臺北總教區總主教田耕莘，受贈銀質勛章，參加新教宗保祿六世加冕典禮。
40	1963年7月	義大利共和國	主持我國駐歐使節會議。

次序	時間	地點	主要行程
41	1963年7月	希臘王國（今希臘共和國）	與隨員李善中、曹時英前往希臘。
42	1963年7月	茅利塔尼亞伊斯蘭共和國	拜見茅國總統達達赫。
43	1963年7月	塞內加爾共和國	拜見及贈勛塞國總統桑果。
44	1963年7月	上伏塔共和國（今布吉納法索共和國）	接受上伏塔總統亞默可贈勛。
45	1963年7月	象牙海岸共和國	與象國代總統戴尼斯發表兩國建交公報。
46	1963年7月	尼日共和國	與尼日外交部長馬雅凱發表兩國建交公報。
47	1963年7月	賴比瑞亞共和國	會見賴國代理外交部長，拜見賴國總統，參加國慶閱兵及招待會。
48	1963年7月	達荷美共和國（今貝南共和國）	參加達荷美獨立三週年紀念活動。
49	1963年7月	多哥共和國	訪問多哥。
50	1963年8月	喀麥隆共和國	訪問喀麥隆。
51	1963年8月	查德共和國	訪問查德。
52	1963年8月	中非共和國	訪問中非。
53	1963年8月	喀麥隆共和國	拜見喀麥隆總統阿希喬及會見喀麥隆朝野人士。
54	1963年8月	加彭共和國	加彭外交部長接待，拜見加彭總統姆巴。
55	1963年8月	剛果共和國	訪問剛果共和國，逢民眾暴動，提早離開。
56	1963年8月	剛果民主共和國	提前訪問剛果民主共和國。

次序	時間	地點	主要行程
57	1963年8月	盧安達共和國	訪問盧安達。
58	1963年8月	馬拉加西共和國（今馬達加斯加共和國）	馬國外交部長接待，拜見馬國總統齊拉那。
59	1963年8月	法蘭西共和國	會見法國外交部長墨維爾。
60	1964年9月	泰王國	拜見泰國總理他農、副總理巴博將軍和溫惠泰耶公親王。
61	1964年9月	馬來西亞	與馬國總理拉曼會談。
62	1964年9月	菲律賓共和國	菲律賓外交部長孟德斯接待。
63	1964年11月	聯合國	參加聯合國大會第十九屆常會。
64	1965年1月	美利堅合眾國	接見駐美使領，主持領事會議，拜見美國副總統韓福瑞及美國官員。
65	1965年2月	加拿大	訪問加拿大。
66	1965年6月	菲律賓共和國	訪問紐西蘭途經菲律賓，與菲律賓外交部長孟德斯兩次會談。
67	1965年6月	紐西蘭	拜見紐西蘭總理兼外交部長荷里沃克，會見紐西蘭朝野人士。
68	1965年7月	澳大利亞聯邦	會見澳洲外交部長海斯勒克，拜見澳洲總理孟席斯，發表兩國聯合公報。

次序	時間	地點	主要行程
69	1965年8月	日本國	拜見昭和天皇，拜見日本首相佐藤榮作、前首相吉田茂、岸信介，拜會日本外相椎名悅三郎，發表兩國聯合公報。
70	1966年9月	教廷	派任駐教廷特命全權大使。
71	1967年7月	西班牙國（今西班牙王國）	參加我國駐歐使節會議。
72	1968年7月	希臘王國（今希臘共和國）	參加我國駐歐使節會議。
73	1969年3月	泰王國	派任駐泰國特命全權大使。
74	1972年6月	大韓民國	參加亞太理事會第七屆部長級會議。
75	1976年11月	新加坡共和國	奉密令拜見新加坡總理李光耀，會見新加坡外交部長拉惹勒南。
76	1982年1月	宏都拉斯共和國	參加宏國總統就職典禮
77	1982年1月	巴拿馬共和國	與巴拿馬外交部長荷黑·伊魯加會談
78	1982年1月	哥斯大黎加共和國	應邀訪問哥斯大黎加。
79	1997年3月	美利堅合眾國	參加中國國民黨副主席俞國華率領之蔣夫人宋美齡女士祝壽團。

附錄二　沈昌煥先生出使／出訪國家國號變更表

出使當時國號	現今國號	變更流變
英屬印度	印度共和國	1858年英國政府中止東印度公司代管後建立，1947年改制為大英國協自治領的印度聯邦，1950年正式獨立為現今印度共和國。
德意志聯邦共和國（西德）	德意志聯邦共和國（德國）	1949年自同盟國軍事佔領德國後建立，1990年德意志民主共和國（東德）合併為現今德意志聯邦共和國（德國）。
西班牙國	西班牙王國	1936年佛朗哥政權推翻西班牙第二共和建立。1975年王室復辟後改制為現今西班牙王國。
越南共和國（南越）	越南社會主義共和國	1955年自越南國公投改制為共和國，1975年為越南人民軍推翻，並建立越南南方共和國，1976年與越南民主共和國（北越）合併為現今越南社會主義共和國。
希臘王國	希臘共和國	1945年希臘王國自德軍佔領後重建，1974年公投廢黜王室後改制為現今希臘共和國。
上伏塔共和國	布吉納法索共和國	1958年自法屬西非建立法蘭西共同體的上伏塔自治共和國，1960年正式獨立，1984年變更國號為現今布吉納法索共和國。

出使當時國號	現今國號	變更流變
達荷美共和國	貝南共和國	1958年自法屬西非建立法蘭西共同體的達荷美自治共和國，1960年正式獨立，1975年建立貝南人民共和國，1990年改制為現今貝南共和國。
馬拉加西共和國	馬達加斯加共和國	1958年自法屬馬達加斯加建立法蘭西共同體的馬拉加西自治共和國，1960年正式獨立，1975年建立馬達加斯加人民共和國，1992年改制為現今馬達加斯加共和國。

國家圖書館出版品預行編目(CIP)資料

沈昌煥先生年譜簡編 / 王文隆編. -- 初版. -- 臺北市：
國立政治大學人文中心, 2023.10
　　面；　公分 --（政大人文系列叢書）
ISBN 978-626-7147-30-6（平裝）

1.CST: 沈昌煥 2.CST: 年譜

783.3986　　　　　　　　　　112016346

政大人文系列叢書
沈昌煥先生年譜簡編

出 版 者　國立政治大學人文中心
策 劃 人　沈大川
審　　定　劉維開
編　　者　王文隆
執行編輯　黃瑜平、石翊君
封面設計　談明軒
地　　址　116011臺北市文山區指南路二段64號
電　　話　886-2-2939-3091 #69314
傳　　真　886-2-2938-7160
網　　址　https://hc.nccu.edu.tw

經　　銷　元照出版有限公司
地　　址　100007臺北市中正區館前路28號7樓
電　　話　886-2-2375-6688
傳　　真　886-2-2331-8496
網　　址　http://www.angle.com.tw
郵撥帳號　19246890
戶　　名　元照出版有限公司

法律顧問　黃旭田律師
電　　話　886-2-2391-3808

印　　製　鴻柏印刷事業股份有限公司
出版一刷　2023年10月
定　　價　500元
I S B N　9786267147306